남북 관계, 어떻게 풀어야 하는가

이 도서의 국립중앙도서관 출판예정도서목록(CIP)은 서지정보유통지원시스템 홈페이지(http://seoji.nl.go.kr)와 국가자료공동목록시스템(http://www.nl.go.kr/kolisnet)에서 이용하실 수 있습니다. (CIP제어번호: CIP2015006323)

남북 관계, 어떻게 풀어야 하는가

신기욱·데이비드 스트로브·조이스 리 지음

박진경 옮김

한울
아카데미

한국어판을 발간하며

　남북 관계가 좀처럼 개선의 돌파구를 찾지 못하고 있다. '한반도 신뢰 프로세스'를 주창하며 새로운 남북 관계 정립을 추진해온 박근혜 정부는 출범 직전부터 북한의 핵실험 때문에 힘든 상황을 맞았고, 개성공단의 폐쇄와 재개를 오가면서 2013년을 보냈다. 2014년 초에는 이산가족 상봉에 이은 남북 고위급 회담 개최 등으로 관계 개선에 대한 기대가 있었다. 그러나 '통일 대박론'과 '드레스덴 선언'에 대한 북한의 반발로 경색 국면은 한동안 지속되었다. 10월 초 아시안게임 폐막식 참석을 위해 북한의 고위 관리 '3인방'이 방한하면서 다시 한 번 남북 관계 개선에 대한 기대가 높아졌지만 대북전단 살포 등에 대한 공방 속에 2014년도 지나갔다.

　지난 수년 동안 남북 관계가 경색된 가운데 북한은 핵과 미사일 개발을 꾸준히 추진하고 있다. 이 상태라면 4차 핵실험과 핵을 미사일에 탑재할 수 있는 소형화 또한 시간문제로 보인다. 더구나 김정은 정권은 아직 불안정한 모습을 보이고 있으며 미국과 중국 간의 전략적 불신도 심화되는 등 한반도 안보 상황은 악화되고 있다. 하지만 북핵 등 한반도 안보 문제에 주요 관련국이라고 할 수 있는 미국과 중국은 현재의 대북정책을 전환할 의지나 여유가 없어 보인다. 미국은 현재의 '전략적 인내(strategic patience)' 정책이 최상은 아니더라도 마땅한 대안이 없는 상태에서 새로운 이니셔티브를 취할 가능성이 적고, 중국 역시 북한의 비핵화를 중요시하긴 하지만 비핵화가 대북정책의 최우선 순위는 아니다. 이러한 한반도 상황은 한국에 결코 유리하지 않다. 상황이 악화되기라도 한다면 가장 피해를 보는 나라는 미국이나 중국이 아닌 한국이 될 것이다.

이제는 한국이 나서야 할 때가 되었다. 한국은 경제력·군사력 등 전체적인 국력으로 볼 때 세계 10~15위권으로 평가할 수 있으며 더 이상 '고래 사이에 낀 새우'가 아닌 '돌고래'라고 할 수 있다. 이처럼 높아진 국제사회의 위상으로 볼 때 대북 문제에서도 리더십을 발휘할 역량이 있고, 국제사회 또한 한국이 좀 더 적극적인 역할을 해주기를 기대하고 있다. 특히 보수의 아이콘이라고 할 수 있는 박근혜 대통령은 철저한 반공주의자인 닉슨(Richard Milhous Nixon) 전 미국 대통령이 중국과의 수교를 단행했듯이 획기적인 남북 관계 개선을 꾀할 수 있는 적임자로서 역사적인 사명이 있다고 할 수 있다.

『맞춤형 인게이지먼트(Tailored Engagement)』 정책 보고서는 이러한 문제의식하에 쓰인 것으로 가능한 한 한국의 대북정책에 도움이 될 수 있는 현실적인 안을 만들려고 노력했다. 우선 현재의 한반도 안보 상황을 분석한 후 박근혜 정부의 대북정책을 평가하고 구체적인 정책안을 담았으며 후반부에는 맞춤형 인게이지먼트의 로드맵을 제시했다. 사실 일희일비하지 않고 원칙을 유지하면서도 유연성을 갖고 대북정책을 꾸준히 실행하기란 쉬운 일이 아니다. 미국만 봐도 지난 20년간 북한과 양자회담, 다자회담, 포괄적 접근, 단계별 접근을 해봤고, 한국도 진보 정부·보수 정부가 다양한 정책을 펴봤지만 큰 성과를 내기 어려운 것이 현실이다. 그럼에도 현재의 정치 안보 상황에 맞는 대북 관여 정책을 통해 한반도 안보 상황을 개선하고 평화와 통일을 이루기 위한 노력을 멈출 수는 없다.

이 보고서는 완성된 직후인 2014년 9월 15일 대한민국 국회의 '남북관계 및 교류협력 발전 특별위원회'에서 공청회 형식으로 발표되었다. 그리고

9월 29일에는 워싱턴에 있는 미국의 대표 싱크탱크인 브루킹스연구소(Brookings Institution)에서 간담회를 가졌다. 또 11월 14일에는 저자들이 속한 스탠퍼드대학교 아시아태평양 연구소에서 발표와 토의가 이어졌다. 한국과 미국에서 이뤄진 열띤 토론회를 보면서 국내외에서 북한 문제에 대한 관심이 식지 않았음을 느낄 수 있었다. 특히 국회에서 열린 공청회에는 여야 특위 위원들이 대부분 참석해 각자에게 주어진 10분의 질의 응답시간을 사용하며 세 시간이 넘는 긴 시간 동안 자리를 지켰다. 그 모습을 보면서 현 남북 관계에 대한 답답함과 함께 새로운 돌파구의 필요성을 공감하고 있음을 느낄 수 있었다.

미국에서 발간된 이 보고서를 한국의 독자들이 접할 수 있도록 하는 데에는 많은 분들의 도움이 있었다. 우선 국회 공청회를 주관해주신 국회 남북관계 및 교류협력 발전 특별위원회의 원혜영 위원장님과 공청회에 참석해주신 여야 특위 위원님들, 그리고 브루킹스 행사를 주관해주신 캐서린 문(Katharine H.S. Moon) 박사님께 감사의 말씀을 전한다. 이들 회의에서 논의된 내용 중 알차고 유익한 것이 많아 이번 한국어판에는 국회 공청회와 브루킹스 세미나의 토론 내용을 부록으로 실었다. 또 아낌없는 지원을 해주신 한마음평화연구재단과 짧은 시간에도 불구하고 좋은 번역을 해주신 박진경 님, 그리고 도서출판 한울의 김종수 사장님께 고마운 마음을 전한다. 이러한 노력들이 함께 어우러져 한반도 평화에 조그마한 보탬이 되길 간절히 바란다.

2015년 3월
스탠퍼드에서
신기욱, 데이비드 스트로브, 조이스 리

감사의 글

이 책은 스탠퍼드대학교 아시아태평양연구소(Asia Pacific Research Center: APARC, 이하 아태연구소) 교수진과 연구원들의 연구와 보고서를 기초로 했다.[1] 2014년 2월 스탠퍼드대가 개최한 연례 코렛(Koret) 한국학 워크숍에 참석한 미국의 대북 전문가들과 2014년 3월 서울대 통일평화연구원이 개최한 워크숍에 참석한 한국 학자들, 그리고 2014년 3월 중국 선양의 요녕대 워크숍에 참석한 중국 전문가 및 학자들의 의견도 반영했다.[2] 또 아태연구소의 2013~2014년 팬택 펠로우(Pantech Fellow)였던 이성현(Sunny) 박사와 스탠퍼드대 사회학 박사과정의 제이콥 레이드헤드(Jacob Reidhead)가 사전 연구 및 자료 조사에 많은 도움을 주었다. 그 외에도 아이단 포스터-카터(Aidan Foster-Carter) 영국 리즈대학교 사회학 및 현대한국학 명예 선임 연구원, 도널드 카이저(Donald Keyser) 전 국무부 동아시아태평양 담당 부차관보, 카린 리(Karin Lee) 전미북한위원회(National Committee on North Korea: NCNK) 사무국장 등 전문가 세 분이 보고서 초안에 대한 논평을 해주셨다. 도움 주신 전문가들께 진심으로 감사드린다. 하지만 이 보고서의 정책 제안과 오류에 대한 책임은 저자들에게 있음을 밝힌다. 또 워크숍을 개최해주신 서울대 통일평화연구원과 요녕대 관계자분들께 감사드린다. 더불어 서울 한마음평화연구재단과 샌프란시스코 코렛 재단의 후원이 없었다면 이 연구는 불가능했을 것이다. 이 자리를 빌려 감사의 말씀을 전한다.

차례

개요

이미 심각해진 한반도 상황이 더욱 악화되고 있다. 북한은 한국과 일본, 동북아에 주둔 중인 미군, 그리고 미국을 상대로 핵무기 위협을 가하려 한다. 남북 관계는 군사적 충돌에 대한 위험으로 더욱 불안정해졌다. 미국과 중국, 미국과 러시아의 관계는 악화되고 있으며 북한 경제가 서서히 중국에 편입되면서 남북 간 지정학적 격차가 심화되고 있다.

위기가 확대되는 것을 막기 위해 관련국들은 '대북 인게이지먼트'를 비롯한 모든 수단을 동원해야 한다. 미국과 중국이 북한에 대한 접근 방식을 바꿀 가능성은 거의 없으므로 한국이 주도적으로 대북 인게이지먼트를 추진해야 한다. 남북 관계의 특수성과 역동적인 중간국이라는 한국의 지위를 고려할 때 한국은 북한 문제에 훨씬 더 많은 리더십을 발휘할 수 있다.

대북정책을 수립하고 실행하는 것이 결코 쉽지는 않겠지만 불가능한 일은 아니다. 보수진영인 박근혜 대통령은 닉슨 전 대통령이 중국과 수교했듯이 유리한 정치적 위치를 이용해 대북 인게이지먼트 정책을 추진할 수 있을 것이다. 북한은 한국에 비판적 태도를 견지하고 있지만 북한 지도자들은 외국의 지원을 필요로 하며 북한 경제가 중국에 종속되는 것을 바라지 않는다. 중국은 남북 간 인게이지먼트의 확대를 지지하는 입장이며 미국 또한 북핵 저지를 위한 노력이 저해되지 않는 한 남북 인게이지먼트를 반대하지 않을 것이다.

한국은 '맞춤형 인게이지먼트'라는 실리적 접근 방식을 통해 남북 간 격차를 좁힐 수 있다. 맞춤형 인게이지먼트는 평화통일의 기반을 다진다는 궁극적인 목표 아래 남북 간 충돌 위험을 줄이고 화해를 촉진하며 북한에 긍정적인 변화를 이끌어내는 것을 목적으로 한다. 이 정책은 인게이지먼트가 북한에 대응하기 위한 하나의 수단일 뿐이지만 동시에 매우 중요한 수단이며 한반도 내외의 정치, 안보 변화에 '맞춰서' 진행되어야 한다는 것을 기본으로 한다. 또 박근혜 대통령의 '신뢰 프로세스(trustpolitik)'와 마찬가지로 점진적인 신뢰 구축 방식을 추구한다. 맞춤형 인게이지먼트는 대북 유화정책이 아니며 현 상황에서 남북 인게이지먼트를 추진하는 것은 핵무기 개발을 비롯한 북한의 모든 잘못된 행동을 용인하는 것과 같다는 입장과도 거리가 멀다.

한국은 맞춤형 인게이지먼트 정책에 따라 원칙적이고 체계적인 방식으로 다양한 대북 교류 및 협력을 재개할 수 있을 것이다. 맞춤형 인게이지먼트 시행 시 지켜야 할 원칙은 다음과 같다. 첫째, 상징성이나 민족적 정서에 호소하기보다는 상호 이해와 이익 추구에 초점을 맞출 것, 둘째, 경제 활동에 시장 원리와 국제 기준을 적용할 것, 셋째, 경제 및 인적 교류 관련 사업 추진 시 외국 정부 및 기업과 협력할 것, 넷째, 실용적이고 유연하게 상호 보완이 되는 방식으로 정부와 민간 차원의 인게이지먼트를 추진할 것이다.

맞춤형 인게이지먼트를 실행하기 위해서는 국민적 합의 도출과 동맹국 및 협력국과의 긴밀한 협조가 필요하다. 박근혜 대통령은 1990년대 말 미국이 추진했던 '페리 프로세스(Perry Process)'에 착안해 고위급 대북정책 전문가를 임명하고 대북정책 수립 및 대북정책에 대한 국내 합의 도출, 국내 부처 간 업무 조정, 대북 협상 등의 업무를 일임해야 한다.

이 연구의 상당 부분은 맞춤형 인게이지먼트를 수행하기 위해 정부가 추진할 수 있는 포괄적 로드맵의 일환이 될 만한 프로젝트들을 논의하는 데 할애했다. 로드맵은 정치적 · 실질적으로 수행하기 쉬운 프로젝트에서 어려운 프로젝트로 발전시켜야 한다. 일반적으로는 진행 중인 인게이지먼트 노력을 확대하거나, 중단되었지만 가치 있는 프로젝트를 재개하는 방식으로 시작하는 것을 의미한다.

한국은 한시라도 빨리 행동에 나서야 한다. 북한이 추가적인 핵 · 미사일 실험을 할 경우 북한과의 인게이지먼트는 더욱 어려워질 것이다. 이미 미국과 중국, 미국과 러시아 간 전략적 불신도 심화되고 있는 상황이다. 맞춤형 인게이지먼트를 시행하는 데에는 많은 어려움이 있겠지만 맞춤형 인게이지먼트는 분명 효과를 발휘할 수 있다. 이 연구가 한국 지도자들과 국민들에게 유용한 참고자료가 될 뿐만 아니라 동북아시아의 평화와 안정, 그리고 번영을 위한 세계적 논의에 기여할 수 있기를 바란다.

서문

한반도 상황

한반도가 남북한으로 분단되고 끔찍한 전쟁을 치른 지 60여 년이 지난 지금, 한반도 상황은 남북한 국민들에게는 국가적·인도적 차원의 비극으로, 지역 평화와 안보에는 주요 위협 요소로 남아 있다. 최근 몇십 년간 상황은 더욱 악화되었으며 이런 추세가 변하지 않는 한 앞으로 위험과 불확실성은 더욱 증가할 전망이다. 최악의 경우 미국과 중국의 군사 충돌과 핵무기 사용이 동반된 전쟁이 다시 한 번 한반도에서 발생할 수 있다.[3]

북한(조선민주주의인민공화국)은 지난 20여 년 동안 미국을 중심으로 한 국제사회의 반대에도 불구하고 핵무기 및 장거리 미사일의 개발과 실험을 멈추지 않았다. 처음에는 핵무기 보유를 부인했지만 이제는 헌법에 스스로 핵 보유국임을 명시하고 있으며 핵무기와 핵무기 탑재용 미사일 개발을 계속하고 있다.[4] 북한이 미사일에 장착할 수 있는 핵무기로 태평양 지역의 미군과 동맹국들을 비롯해 결국에는 미국까지 위협하는 것은 시간문제이다.[5]

북한의 '핵 억지력'에 대응하기 위해 한국(대한민국)과 미국, 일본은 각기 국방 예산을 증액했으며 미사일 방어 체계를 구축하는 등 핵 억지 및 방어 조치를 강화하고 있다. 한국과 일본의 일부 저명인사들은 미국이 북한의 핵 개발을 막지 못한 것을 근거로 동맹국을 방어하려는 미국의 의지와 능력에 의문을 제기하고, 한국과 일본이 자체 핵무기 개발을 고려해야 한다고 주장한다.[6] 최근 발생한 시리아와 우크라이나 사태로 이러한 우려는 더욱 증폭되었다. 게다가 북한의 행동으로 동아시아뿐만 아니라 전 세계의 비핵화 약속이 약화될 수도 있다.

실제 핵무기 사용 여부와 무관하게 핵무기 개발 능력이 있다는 사실만으로도 더 대담해진 북한은 한국과 일본, 미국에 대한 공격적 태도를 강화했다. 2010년 북한의 천안함 폭침과 연평도 포격으로 한국 국민 50명이 사망했다. 최근 몇 년간 북한은 핵무기로 미국을 선제공격하겠다고 협박하기도 했다.[7]

북한이 2010년 공격을 해오자 한국은 북한이 다시 한 번 군사 공격을 할 시, 무력으로 대응하겠다는 전례 없는 공표를 했다. 한국의 많은 지도자들은 북한이 그 이후로 대남 공격을 하지 않은 것은 이때의 선포 때문이라고 생각한다. 그러나 북한이 다시 한 번 한국을 공격한다면 그들의 추측이 잘못되었음이 밝혀지고, 한반도에는 걷잡을 수 없는 폭력이 확대되어 통제하기 어려운 예측 불가능한 상황이 초래될 수 있다.[8]

중국의 대북 원조와 무역, 투자 급증으로 북한 핵 개발에 대한 국제사회의 제재는 효력을 잃고 있다.[9] 중국은 북한에 대한 영향력을 포기하고 북한을 더 압박하라는 미국의 요구를 외면하고,[10] 미국이 북한에 인접한 (따라서 중국에도 인접한) 해양과 상공에 대규모 군사시설을 배치한 것을 날카롭게 비판했다. 미국은 그러한 무력시위는 북한을 억지하고 동맹국인 한국을 방어하기 위한 것이라고 주장하지만 중국은 미국이 중국을 압박하려 한다고 생각한다.

　최근 미국과 중국, 미국과 러시아의 관계는 악화되는 반면 중국은 서서히 북한 경제를 흡수하고 있으며 러시아도 북한과의 관계 개선을 위해 노력하고 있다. 이러한 상황은 남북 간 지정학적 격차를 심화시키고, 한반도 문제 해결에 이미 어려움을 겪고 있는 국제사회의 상황을 더 복잡하게 만들고 있다.

문제의 역사적 기원

　현실적인 대북정책을 세우려면 문제에 대한 뿌리 깊고 복잡한 역사적 기원을 찾아야 하며 원칙과 인내, 끈기 있는 정책을 추진해야 한다. 한국전쟁에서 냉전의 종식에 이르기까지 한반도는 상호 적대관계에 있는 국가들의 분단으로 특징지어졌다. 미국과 서방국가들은 남한을 지지했고 소련과 중국은 북한을 지지했다. 한국은 자본주의적 민주주의 형태를 채택했지만 독재자들의 지배를 받았고, 북한은 한국과 같은 제도를 표방했으나 소련과 중국의 공산주의 정책을 차용했다. 남북한 지도자들은 자신이 속한 국가만이 합법적인 한국이라고 생각했다. 남한과 북한의 후견국들은 각자가 지지하는 피후견국의 주도로 이루어지는 통일은 바랐을지 몰라도 반대편의 주도로 이루어지는 통일은 단호하게 거부했을 것이다. 그러나 한국전쟁을 겪은 미국과 소련, 그리고 중국은 한반도 통일이 교전을 동반하는 것이라면 자신의 피후견국이 주도하는 통일이라 해도 지원할 준비가 되어 있지 않았다.[11]

　냉전의 종식과 함께 발생한 사건들은 한반도의 상황을 변화시켰지만 문제를 해결하지는 못했다. 한국은 1987년에 민주화를 이뤘지만 북한에서는

1994년 김정일이 아버지의 권력을 세습하면서 세계 최초로 공산주의 왕조가 탄생했다. 러시아와 중국은 1990년대 초반에 한국과 외교 관계를 수립했으나 미국은 북미 관계를 정상화하지 않았다. 소련과 동유럽의 위성 국가들이 붕괴되면서 북한은 이념적으로 고립되었으며 국제사회의 많은 국가들은 북한을 '불량국가' 중 하나로 생각했다. 그에 따라 북한에 대한 원조를 중단했고, 중국 또한 북한에 대한 정치적·경제적 지원을 축소했다. 이러한 사건들 때문에 북한의 계획경제는 심각할 정도로 침체됐고, 결국 경제 붕괴와 기근으로 이어져 1990년대 중반에는 최소 수십만 명의 국민이 사망했다.

냉전이 종식되자마자 많은 전문가들은 소련과 독일의 경우를 예로 들면서 북한 정권이 곧 '붕괴'될 것이며 남한의 주도로 한반도가 통일될 것이라고 예측했다. 그러나 그들은 한반도 특유의 역사적·전략적·정치적 상황을 고려하지 않았다. 북한 지도자들은 자신들의 국가가 한반도 내 유일한 합법 국가라고 믿었고, 북한은 동독이 소련에 의지했던 것만큼 다른 국가에 정치적으로 의존하지 않았다. 또 북한은 동독과는 비교가 안 될 정도로 자국민을 외부 세계로부터 고립시켰다.

냉전이 종식된 후 20년 내내 한반도의 핵 문제는 미국의 주요 관심사였다. 1980년대 후반 미국은 북한의 핵 프로그램에 관심을 갖기 시작했고, 그 이후에는 비록 실패하기는 했지만 북한의 핵무기 개발을 저지하기 위해서 노력했다. 그 과정에서 미국은 외교적으로 북한과 협상했고, 1995년부터 2009년까지 13억 달러가량의 식량과 에너지를 북한에 제공했다.[12] 미국과 북한의 양자회담이 불안정해지자 2003년 중국 북경에서 북한의 핵무기 개발 저지를 위한 6자회담이 처음으로 개최되었다. 그러나 북한은 2006년에 1차 핵실험을 단행했다. 6자회담은 북한이 2009년 2차 핵실험을 실시한 이후 중단된 상태이다. 2013년에 북한은 3차 핵실험을 함으로써 핵 보유국이 되려는 의지를 강하게 드러냈다.

　오늘날에도 미국은 북한 문제와 관련해 북한의 공격으로부터 한국을 보호하는 것 다음으로 북핵 문제를 중요하게 생각한다. 북한이 4차 핵실험을 강행한다면 미국을 비롯한 많은 국가들이 대북 조치를 강화할 것이다.13) 핵 개발과 경제개발을 동시에 추진하는 것을 목표로 하는 김정은의 병진정책은 국제사회가 북핵을 용인하는 것을 강하게 반대하는 미국의 입장과 정면으로 배치된다.

주요 관련국의 정책 변수

북한: 격동의 시기

대북 인게이지먼트를 반대하는 측에서는 북한 정권 자체가 북한 문제의 핵심이기 때문에 정권이 바뀌지 않는 한 진전을 이룰 수 없고, 인게이지먼트 정책이 오히려 북한의 잘못된 행동을 더 강화할 수 있다고 주장한다. 그러나 모든 정권은 변화한다. 가령 환경의 변화를 인지하고 국가에 이익이 되는 것이 무엇인지 재평가하는 과정에서 정책을 조정한다. 그러므로 북한의 판단에 영향을 주는 것이 중요하다. 인게이지먼트 정책을 적절히 설계하면 분명 북한의 정책에 긍정적인 변화를 일으킬 수 있다.

사실 북한은 이미 한국전쟁 이후 그 어느 때보다 정치 · 경제 · 사회적으로 빠르게 변화하고 있다. 왕조 체제이기는 하지만 북한의 새 지도자는 권력을 공고히 하려고 노력 중이다. 북한이 경제개혁을 미룬 결과 회색시장과 암시장이 확대되고 있다. 중산층이 성장하고 있으며 IT 혁명으로 외부 세계에 대한 정보가 점점 더 많이 유입되고 있다. 이러한 흐름은 북한의 무모한 행동을 강화시킬 수도 있지만 한국을 비롯한 국제사회의 대북 인게이지먼트와 영향력 확대의 기회가 될 수도 있다.

2011년 12월 김정일이 갑작스럽게 사망한 이후, 나이가 어린 김정은이 아버지의 뒤를 이어 북한을 통치하고 있다.[14] 공산주의 국가에서 유례를 찾아보기 어려운 왕조 세습이 이루어진 셈인데, 김정일이 아버지 김일성의 뒤를 이어받은 것처럼 김정일도 아들에게 권력을 승계했다. 김정일은 다른 절대군주들과 마찬가지로 생전에는 권력을 장악하고 사후에는 가족이 통치하기를 바란 것 같다. 북한의 권력자들은 김정일의 결정이 북한의 체제와 그들의 지위를 위협하지 않는 최선의 권력 승계 방법이라고 생각했기 때문에 그의 결정을 지지했거나 최소한 반대하지는 않았을 것이다.

김정일이 사망하자마자 김정은은 북한의 '최고 통치자'로 등극했다. 북한 지도부에 대한 정확한 정보가 부족한 상태에서 대부분의 외부 전문가들은 명목상 지도자에 불과한 김정은은 제한적인 역할만 수행하고, 경험이 풍부한 나이 많은 지도자들이 주요 결정을 내릴 것이라고 추측했다. 전문가들은 김정은의 개인적인 관점이나 능력을 궁금해했고, 스위스에서의 유학이 그에게 개혁적인 성향을 심어주었기를 바라면서도 한편으로는 아직 어린 나이와 경험 부족, 공격성이 있다는 평판 때문에 우려했다.

김정은은 집권 후 수많은 당(黨)·정(政)·군(軍)의 고위 인사를 교체함으로써 지도부 내부의 깊은 분열 속에서도 자신의 지위를 공고히 하고 있다.[15] 김정은이 고모부 장성택을 처형한 이후 북한의 대외 이미지는 더욱 실추되었다.[16] 정확한 이유는 알 수 없으나 김정은은 대외적으로 북한의 새 지도자로서 지위를 공고히 하지 못했고 아직 중국 지도부도 만나지 않았다.[17] 김정은은 할아버지 김일성의 리더십 스타일을 흉내 내고 있지만 미국의 프로농구선수였던 데니스 로드먼과 파티를 열고 평양에 상류층을 위한 호화 건물을 건설하는 등 여전히 미성숙한 행보를 보이고 있다.

경제적 측면에서 김정은은 북한 주민들이 다시는 기아와 가난으로 고통

받는 일이 없어야 한다고 강조했다.[18] 그러나 김정은이 집권한 뒤 북한 정부는 시장 중심 개혁을 거의 시행하지 않았다. 외국인 투자 지역 조성 등의 계획을 발표했지만 이를 시행할 준비는 안 된 것으로 보인다. 북한에는 법외적·불법적 시장과 사실상의 민간사업이 번영하고 있다. 광업을 중심으로 한 중국의 대북 무역과 민간투자는 비록 소규모로 시작했지만 급격히 증가했다. 장성택 처형도 이런 흐름에 변화를 일으키지는 못할 것으로 보인다. 외화벌이를 위해 해외에 파견되는 북한 노동자도 증가 추세이다. 그 결과, 비록 더디긴 하지만 북한 경제는 성장하고 있다.[19] 북한 정부는 평양시에 아파트 건설을 활발히 진행 중이며 지방 도시에도 개발을 진행하고 있다. 그러나 시골에는 여전히 절대적 빈곤이 계속되고 있다. 북한 주민 중 상당수가 외국 정부와 민간 업체의 식량과 의료품 지원에 의존하고 있다.

북한 지도자들은 병진정책을 지지하며 북한은 '핵 억지력'을 통해 미국으로부터의 안보 위협을 상쇄시키고 경제개발에 집중할 수 있다고 주장한다. 북한이 핵무기를 개발하는 진짜 이유는 알 수 없다. 그러나 이와 같은 북한의 '대포와 버터' 정책은 유엔 안전보장이사회의 결의에 따라 북한 핵무기 프로그램의 정당성을 부정하고 더 강력한 대북 제재를 가하는 국제사회의 입장과 상반된다. 실제로 국제사회는 북한이 핵무기를 포기하지 않으면 북한 경제성장을 위해 반드시 필요한 국제무역과 투자에 제재를 가할 것이라고 선언했다. 이에 북한은 국제연합안전보장이사회(이하 유엔 안보리)의 권위를 거부하며 박근혜 대통령 등이 비핵화 이전에는 국제사회의 경제 지원을 기대하기 어려울 것이라는 성명을 발표한 것에 분노했다.[20]

한편 상대적인 고립이 계속되는데도 북한 사회는 그 어느 때보다 빠르게 변화하고 있다. 1990년대 기근으로 북한 정권의 통제력과 지지도는 약화됐다. 북한 정권은 2009년 12월에 주민들의 저축을 위협하는 몰수형 화폐개혁을 실시했으나 주민들의 반발에 당황해 결국 규정을 완화하고 주민들에게 사과했다. IT 혁명으로 한국 연속극이 담긴 USB와 DVD가 북한과 중국의 국경을 통해 밀반입되면서 북한 주민들, 그중에서도 특히 상류층은 더욱 많은 외부 세계의 정보를 접하고 있다. 2008년에 북한은 한 이집트 회사의 북한 내 휴대폰 서비스 사업을 허용했으며 현재 휴대폰을 소유한 북한 주민은 200만 명이 넘는다. 물론 인터넷과 마찬가지로 휴대폰도 북한 내에서만 사용할 수 있도록 설정되어 있지만 급격히 증가한 주민들의 커뮤니케이션 능력은 장기적으로 여론의 발전에 영향을 미칠 수 있다.

게다가 북한은 외화를 필요로 하고 경제 발전을 원하기 때문에 중국과의 교류에 더 의존할 수밖에 없고, 그 과정에서 북한 주민들은 '상대적으로' 더 개방되고 발전된 사회에 노출된다.[21] 앞서 언급한 것처럼 북한은 중국뿐만 아니라 러시아와 유럽, 중동, 아프리카 등 해외에 점점 더 많은 노동자를 파견하고 있다. 현재 중국에서 일하는 북한 노동자는 10만 명에서 20만 명에 이른다.[22] 물론 대부분의 북한 노동자들은 엄격한 관리하에서 일하며 파견된 국가와 의미 있는 관계를 맺을 기회도 거의 없지만 외부 세계에 대한 제한된 노출이라도 북한에 긍정적인 변화를 가져올 수 있다.

북한의 새로운 지도부가 (비록 많은 압력과 난제에 직면하겠지만) 좀 더 긍정적인 노선을 취할 가능성을 배제하는 것은 너무 성급한 판단이다. 김정은은 그의 아버지와 다르다. 세대도 다르고 성장기 경험도 다르다. 그는 이제 막 집권 3년을 맞았다. 김정은은 아직 어리기 때문에 나이가 들고 경험이 쌓이고 권한이 확대되면 변화할 여지가 있다. 주민들의 생활수준 개선을 강조한 김정은의 성명을 고려할 때 북한 정권이 한반도의 인도적·안보적 상황을 개선하기 위해 노력할 가능성도 있다. 김정은 정권이 이제까지 한국과 박근혜 대통령에게 강경하고 위협적인 태도를 취한 것은 사실이지만 그것은 아마도 김정은이 북한 내에서 권력을 공고히 하기 위해 '강해' 보여야 했기 때문일 것이다.

미국: 외교적 유연성의 한계

김정은이 자발적으로 한반도 상황을 바꾸기를 기대할 수는 없으며 미국이 그 역할을 해주길 기대할 수도 없다. 미국이 북한의 위협에 대한 사실상의 봉쇄정책인 '전략적 인내'를 채택한 데에는 그럴 만한 이유가 있다. 오바마(Barack Obama) 정부가 2009년 취임 직후 발표한 외교정책에 대해 북한이 장거리 로켓 발사와 2차 핵실험으로 대응한 이후 미국은 강경한 정책 노선을 고수하고 있다.[23] 이는 오바마 대통령 입장에서는 당연한 선택이며 앞으로 집권할 다른 미국 대통령들도 동일한 정책을 유지할 가능성이 매우 높다.

미국이 한국을 지원하기 위해 한국전쟁에 참전한 이후 미국이 생각하는 한반도의 최우선 과제는 주변의 공격으로부터 한국을 보호하는 것이다(앞서 언급했던 것처럼 미국은 한반도의 통일을 지지하지만 이를 위해 전쟁까지 감수할 생각은 없다). 미국은 전략적 이유뿐만 아니라 정치적인 이유로 한국을 지원한다. 한국전쟁에서 3만 3686명의 미국인이 목숨을 잃었기 때문에 미국 정치인들은 한국을 절대 '잃어'서는 안 된다고 생각한다.[24] 또 한국의 정치적·경제적 성공으로 미국이 한국을 지원해야 할 정치적 필요성은 더욱 커졌다. 최근에는 중국이 동아시아에서 미국의 입지를 위협하고 있어 한국의 전략적 중요성도 증가했다.

1980년대 후반 이후 북핵 문제가 불거지자 많은 전문가들은 미국이 한국의 안보만큼 또는 그보다 더 북핵 문제를 중요하게 생각한다고 오판했다. 북한이 한국에 대규모 군사 보복을 할 것을 우려해 미국이 북한의 핵·미사일 시설을 공격하지 않는 것만 보아도 전문가들의 생각이 잘못되었음을 알 수 있다. 그러나 미국은 1945년에 핵무기를 개발한 이후 핵 기술의 확산을 막기 위해 상당히 많은 노력과 자원을 투자했으며 북한처럼 핵무기를 보유한 국가와는 우호적인 관계를 맺지 않았다. 미국의 이러한 입장은 2001년에 일어난 9 · 11 테러와 잠재적으로라도 핵무기를 개발하려는 이란의 시도로 더 확고해졌다.

북한에 대한 미국 국민들의 깊은 반감 때문에 미국은 대북정책 시행 시 유연성을 발휘하기가 더 어렵다. 북한은 미국을 공격자로 묘사하기 위해 북한에 대한 미국의 '적대감(hostility)'을 전략적으로 비꼬아서 이용하지만,25) 미국 국민들이 북한에 부정적인 인식을 갖고 있는 것은 사실이다.26) 많은 여론 조사에 따르면 이미 오래전부터 미국 국민들은 싫어하는 국가들 중 하나 또는 가장 싫어하는 국가가 북한이라고 응답했다.27) 미국의 상류층도 비슷한 시각을 갖고 있다. 미국인들은 북한이 '공산주의' 국가이고, 종교적 자유 등 기본 인권을 보장하지 않으며, 굶주리는 북한 주민들을 외면하고, 다른 '불량국가'들과 관계를 맺으며, 핵무기와 핵 기술 확산 의도를 갖고 있고, 미국과 미국의 동맹국에 대한 구두 위협을 일삼으며, 한국에 실질적인 군사행동을 취하기 때문에 북한을 싫어한다. 이러한 이유들로 미국인들은 북한의 핵무기 보유를 절대 용인할 수 없다.

지난 20년간의 경험으로 미국은 북핵 문제에 대응하기 위한 옵션이 제한적이라는 사실을 깨달았다. 북한의 대량살상무기에 미국이 무력을 사용하면 북한은 재래식 무기로 서울을 공격할 수 있으므로 이는 실행 가능한 옵션이 아니다. 북한에 대한 중국의 지원으로 북한의 대량살상무기에 대한 미국과 국제사회의 제재는 효력을 잃었고, 단기간에 북한의 기본 접근 방식을 변화시키기는 어려울 전망이다. 현재 상황에서 미국은 북한과의 협상을 거부한다. 왜냐하면 그것은 북한의 주장대로 북한을 정당한 핵 보유국으로 인정하는 것이며 북한의 말을 더 이상 신뢰할 수 없기 때문이다. 그렇다고 북한 내부에서 이루어지는 개혁이 북한이 제기하는 위협과 문제들을 해결해줄 것이라 기대할 수도 없다.

미국은 거의 기계적으로 북한이 근본적인 접근 방식을 바꿀 때까지 제재의 수위를 높이는 봉쇄정책을 시행해왔다. 미국 고위 관리들은 그 정책의 위험과 문제점을 매우 잘 알고 있다. 그럼에도 다른 정책을 추진하지 않는 것은 다른 모든 대안이 미국의 이해에 더 부정적인 영향을 미친다는 판단 때문이다. 따라서 핵무기 개발 중단에 대한 협상 의지가 없는 북한을 협상에 참여시키라고 미국을 설득하는 것은 거의 불가능하다.

중국: 북한과의 특수 관계

북한이 스스로 개혁을 추진할 가능성은 적어 보이고 미국은 전략적 인내와 봉쇄정책을 고수하고 있다. 이런 때에 한반도 상황을 근본적으로 바꿀 수 있는 잠재적 영향력과 관심을 가진 국가는 (한국을 제외하고는) 중국이 유일하다.

중국은 북한의 유일한 군사동맹국일 뿐만 아니라 북한이 물질적·도덕적으로 의지하는 유일한 국가이다.[28] 반면 지난 20년간 다양한 상황에서 북한에 원조를 제공한 미국과 일본, 한국은 대북 원조를 대폭 삭감했다. 중국은 북한과의 무역에서도 지배적 위치를 차지한다. 2009년 이후 중국의 대북 무역은 급격히 증가했고, 북중 무역은 2013년까지 (남북 간 무역을 포함한) 북한 총무역량의 4분의 3 이상을 차지했다. 또 중국은 북한이 필요로 하는 원유의 대부분을 공급하고 있다.[29]

많은 외부 전문가들은 2003년에 2차 북핵 위기가 발생한 이후에도 중국이 대북 지원을 계속하는 것은 물론 심지어 확대하는 것을 보고 당황했다. 중국은 북한의 핵무기 개발을 지지하지 않는다고 주장한다. 중국의 가장 큰 관심사는 국경지대의 평화와 안전이다. 그러나 북한의 핵무기 보유는 한국과 대치하는 상황에서 북한을 더 무모하게 만들 수 있다. 중국 지도자들은 북한의 핵 개발 때문에 한국과 일본이 자체 핵무기를 개발해야겠다는 결정을 내릴 수도 있음을 인지해야 한다. 중국은 미국과 한국, 일본과 유럽연합 등 주요 협력국으로부터 북한의 핵무기 프로그램 저지를 위해 영향력을 행사하라는 압력을 끊임없이 받는다. 미국은 만일 중국이 행동에 나서지 않는다면 미사일 방어 체계를 구축해 역내 미군 주둔을 강화하는 등 중국이 환영하지 않을 전략적 대책을 취하겠다는 입장을 분명히 밝혔다.[30]

중국은 북한에 핵무기 개발 중단을 위한 협상 참여와 중국식 경제개혁 이행을 요구했으나 북한이 이를 받아들이지 않자 실망감을 자주 표출했으며 분노하기도 했다. 또 북한의 핵·미사일 프로그램에 대한 유엔 안보리의 규탄과 대북 제재를 지지할 때도 있었다. 중국은 한국에 대한 북한의 군사 공격과 위협에 대해서도 우려하는 것으로 보인다. 중국 측에서 거부했는지 김정은의 결정인지는 알 수 없으나 김정은은 아직 중국을 방문하지 않았다. 중국 당국만 북한에 불만이 있는 것이 아니라 중국 학계와 국민들도 북한이 중국의 충고를 무시하고 중국의 후한 지원에 보답하지 않는 것을 비판한다.

이러한 상황과 더불어 중국이 한국과 정치 면에서 우호적인 관계를 맺고 있고, 한국과의 무역 및 인적 교류가 북한보다 훨씬 많다는 사실에 기초하여 미국과 한국의 전문가들은 중국이 결국에는 대북 지원을 축소하거나 중단할 것이라고 추측한다. 미국의 대북정책은 중국이 북한 핵무기 개발에 대한 압박을 강화하느냐에 따라 크게 좌우된다.[31]

이러한 희망에도 불구하고 중국이 가까운 미래에 근본적인 대북정책을 바꿀 가능성은 거의 없다. 한반도에 대해 중국은 "오랫동안 '3대 불가(three no's): 전쟁 불가, 불안정 불가, 핵 불가(중요도순)' 정책을 유지했다".[32] 중국은 북한의 핵무기보다 북한에 너무 많은 압력을 가할 시 발생할 수 있는 북한 내부의 혼란이나 북한 정권의 붕괴를 훨씬 더 우려한다. 지금도 중국은 한반도 문제를 일종의 국내 문제로 생각하는 경향이 있다.[33] 중국은 지리적 · 역사적 · 전략적 이유로 북한과 강력하게 연결되어 있다고 느낀다. 중국과 북한은 약 1400km의 국경을 접하고 있으며 좁은 강 두 개를 사이에 두고 있다. 과거 중국과 북한의 지도자들은 중국 국공내전에서 함께 싸우며 중국국민당을 무찌르고 중국공산당의 승리를 이끌었으며 중국의 한국전쟁 참전이 북한을 살렸다. 중국과 북한 모두 미국의 전략적 의도를 의심하고 있다. 중국은 통일 한국이 미국과 동맹을 맺고 미군이 한반도에 계속 주둔할 수도 있다는 점을 우려한다. 또 북한이 불안정해질 경우 미국과 한국이 통일을 위해 군사 개입을 할 수도 있다고 생각한다.

한반도 문제에 대한 중국의 원칙은 언제나 '모르는 악마보다는 아는 악마가 낫다(better the devil you know than the devil you don't)'였으며 앞으로도 이런 입장을 고수할 가능성이 매우 높다. 중국은 계속 북한에 대해 실망감을 표현할 것이고 북한이 잘못된 행동을 할 경우 추가적인 대북 제재를 지지할 것이다. 그러나 가까운 미래에 북한 내부에 불안정을 야기할 가능성이 있는 영향력을 행사하지는 않을 것이다. 따라서 중국이 스스로 생각하는 큰 위험을 감수하면서까지 북핵 문제의 해결과 북한 내부의 근본적인 정치 · 경제개혁을 위해 북한을 압박하기를 기대할 수는 없다.

일본과 러시아: 와일드 카드?

일본이 한반도에 주요 이해관계를 갖는 것은 지리적 인접성과 경제적 관계, 그리고 많은 재일 한국인 때문이다. 미국의 동맹국으로서 일본은 한국에 대한 북한의 침략을 억지하고, 필요할 경우 한국을 방어하기 위한 미군의 후방기지 기능을 하고 있다. 북한이 미국과 충돌할 시, 북한은 일본에 위치한 미군 기지를 공격할 가능성이 크다. 일본은 북한의 핵무기와 탄도미사일 개발에 위협을 느낀다. 북한이 수십 년 전에 납치한 일본인들을 송환하지 않는 것도 일본 내 큰 정치 이슈 중 하나이다. 일본은 북한의 핵·미사일 프로그램에 대한 국제 제재를 강력하게 지지하며 일본인 납치 문제와 관련해 국제 제재보다도 강력한 독자적 대북 제재를 시행했다. 십여 년 전까지만 해도 일본은 북한의 주요 무역 상대국이자 북한에 대규모 정부·민간 원조를 제공하는 국가였다. 그러나 이제 두 국가 간의 무역은 거의 없으며 일본 민간 업체에서 매우 적은 양의 대북 원조를 제공할 뿐이다.[34]

일본은 현재 한반도 상황의 흐름을 바꿀 촉매제가 될 수 없다. 끊임없이 불거지는 한일 간 역사 문제와 영토 문제 때문에 한일 관계와 북일 관계 모두 제한적일 수밖에 없다. 그럴 가능성은 거의 없지만, 심지어 현재 일본과 북한이 논의 중인 일본인 납북자 문제가 완전히 해결된다고 해도 북일 관계에 큰 변화는 없을 것으로 예상된다. 어떠한 상황에서도 일본은 국제사회의 대북 제재에 동참할 것이다. 게다가 제2차 세계대전 이후 일본은 대부분의 방위를 미국에 의탁했으며 특히 동아시아에 대한 외교정책에서는 일반적으로 미국의 정책을 따랐다. 현재 일본 지도자들이 미국과의 안보 협력을 강화하면서도 다소 독립적인 외교정책을 추진하고 있기는 하지만 지나치게 강력한 대북정책은 일본에 득이 되지 않는다. 따라서 당분간 일본은 지금까지 그랬던 것처럼 한반도 문제에 주요한 역할을 하되 주도적 역할을 하지는 않을 것이다.

러시아 또한 한반도 문제의 기본 흐름을 변화시킬 수 없다. 북한과 약간의 국경을 맞대고 있기는 하지만 한반도에 대한 러시아의 관심은 제한적이다. 한국과 러시아 간 무역 규모는 작고, 북한과 러시아 간 무역량은 미미한 수준이다. 러시아는 동북아 에너지 수송 사업에 상업적으로 관심이 있다. 이 사업은 한반도 화해 평화 프로세스의 일부가 될 수도 있지만 그렇게 되려면 남북 간 신뢰 형성에 큰 진전이 있어야 한다. 외교적 측면에서 볼 때 러시아는 6자회담에서 주로 중국의 입장을 따랐고, 때로는 북한의 잘못된 행동에 대해 중국보다 더 강도 높은 비판을 하기도 했다. 그러나 우크라이나 사태 이후 오바마 정부에 대한 푸틴(Vladimir Putin) 대통령의 반감이 증폭되었기 때문에 러시아의 태도는 달라질 수 있다.

한국: 리더십 발휘 필요

북한과 미국, 중국이 입장을 바꾸지 않고, 일본과 러시아가 충분한 영향력을 발휘할 수 없는 상황에서 한반도 상황을 개선할 수 있는 유일한 국가는 한국이다. 한국이 빠른 시일 안에 리더십을 발휘하지 않는다면 남북 관계는 더욱 악화되고, 북한은 핵·미사일 개발 속도를 높일 것이며 북한 경제는 점차 중국 경제권으로 편입될 것이다. '전략적 인내' 정책을 고수하는 것은 한반도 상황에 변화를 가져올 새로운 외교정책을 수립하는 것보다 한국에 더 위험하다.

한국은 대북정책에서 국제적 리더십을 발휘할 필요성과 잠재력을 모두 갖고 있다. 예를 들어 한국은 북한 정권 및 북한 주민과 연계하는 방법을 고려할 수 있다. 현재 한반도 상황을 변화시키기 위한 잠재적 영향력과 필요성을 모두 갖고 있는 국가는 한국뿐이다. 이미 오래전에 한국은 북한과의 체제 경쟁에서 승리했고, 북한과는 비교도 안 될 정도의 정치·경제·외교적 성과를 이뤘다. 북한이 DMZ(비무장지대) 바로 앞에서 서울을 향해 대포를 쏴도 한국의 재래식 병력은 북한보다 훨씬 더 강력하며 한국은 미국의 핵우산으로 북한의 핵 위협을 무력화할 수 있다.

한국은 북한에 비해서만 뛰어난 것이 아니라 지역적·세계적으로도 주요한 중간국으로 성장했다.[35] 한국의 인구는 5천만 명으로 세계에서 스물여섯 번째로 많다(통일 한국의 인구는 독일을 제외한 어떤 유럽 국가보다도 많은 7500만 명이 될 것이다). 약 70만 명의 현역 군인을 갖춘 한국의 병력은 세계에서 여섯 번째로 강력하다(북한의 110만 명과 러시아의 100만 명 바로 다음이다). 한국은 세계 15위 경제대국이며 세계 6위의 수출국이다. 휴대폰과 자동차, 선박 등 제조업 분야에서 이미 세계적인 명성을 누리고 있으며 한국의 대중문화는 아시아를 넘어 세계로 영향력을 확대하고 있다.

한국은 약 25년 전에 민주화를 이룬 이래로 북한에 대한 국제사회의 인식에 영향을 미치는 등 국제사회에서 영향력을 키워나갔다. 가장 대표적인 예로 반기문 전 외교통상부 장관은 유엔 사무총장이 되었다. 한국은 또한 2009년 한-아세안 특별정상회의, 2010년 G20 정상회의, 2012년 핵안보정상회의 등 주요 국제회의의 개최국으로 세계의 관심을 받았다. 1988년에는 올림픽을 개최했으며 2018년에는 동계 올림픽을 개최할 예정이다. 해외 개발 원조 수원국에서 공여국으로 변모한 최초이자 유일한 국가인 한국은 정치적·경제적 발전의 모범 사례이다.

그러나 한국의 성장이 최근에 이루어졌고 너무 빨리 진행되었기 때문인지 한국 국민 대다수는 한국의 국제적 영향력을 인식하지 못하고 있다. 한국은 100년 전의 중국이나 일본처럼 '고래 틈에 낀 무력한 새우'가 아니라 적어도 고래 사이에서 적극적으로 활동할 수 있는 능력을 갖춘 '돌고래'이다. 한국이 한반도 문제에 대해 국제사회에서 리더십을 발휘하는 것을 가로막는 걸림돌은 국력 부족이 아니라 대북정책에 대한 국민들의 정치적 합의 부재와 여러 정권을 거치며 일관성을 상실한 대북정책이다.

민주화 이후 한국은 5년 단임제를 채택했고 보수와 진보진영이 여러 차례 번갈아가며 집권했다. 그 결과 한국의 대북정책은 북한과 국제사회의 변화에만 영향을 받은 것이 아니라 새로 선출된 대통령과 대통령이 속한 당의 선호에 따라 5년마다 변경되었다.

냉전이 종식될 때쯤 보수진영이었던 노태우 대통령(1988~1993)은 북방정책 (Nordpolitik)을 추진했다. 이 정책의 목적은 북한의 협력국인 소련, 중국과 수교함으로써 북한을 고립시키고 한국의 유엔 가입을 추진하는 것이었다. 노태우 정부는 당면 목표는 달성했지만 북한 정책에 지속적인 변화를 이끌어내지는 못했다.

김영삼 대통령(1993~1998)은 오랫동안 반독재 야당 인사였지만 민주화 이후 선거에서 이기기 위해 노태우와 연합했다. 처음에는 북한과의 상생과 협력을 주장했지만 1차 북핵 위기와 북한의 기근, 김일성의 사망 이후 김영삼 정부의 대북정책은 일관성을 상실했다. 김영삼 대통령은 대규모 대북 원조를 했다가 북한 규탄을 위한 정상회담을 추진하는 등 일관성 없는 태도를 보였다. 북한의 새 지도자 김정일은 김영삼 대통령과의 대화를 거부했다.

한국 최초의 진보진영 출신인 김대중 대통령(1998~2003)은 햇볕정책을 추진했다. 이 정책은 북한에 대한 압박보다는 대북 지원과 외부 세계에 대한 북한의 접촉이 남북 화해와 북한 개혁, 그리고 궁극적으로 평화통일을 이루어낼 것이라는 믿음을 기초로 추진되었다. 김대중 대통령은 북한과 다양한 방식의 교류를 시작했고 심지어 그간 유례가 없었던 김정일 국방위원장과의 회담도 성사시켰다. 그러나 북한은 정상회담 직후부터 오히려 남북 교류 협력을 후퇴시켰으며 조지 부시(George W. Bush) 미국 대통령의 당선을 구실로 남북 간 협력을 거의 철회하다시피 했다. 김대중 대통령이 추구한 장기적 비전은 그 의도는 좋았으나 한국과의 접촉으로 발생할 수 있는 부정적 영향에 대한 북한의 우려와 한국 정부의 비공식적 대북 송금으로 거세진 국민들의 반발, 그리고 부시 정권의 지원 부족 등의 이유로 실현되지 못했다.

노무현 대통령(2003~2008)도 진보진영으로 '평화번영정책'이라는 이름하에 햇볕정책을 추진했다. 그러나 노무현 대통령은 국내 지지 기반이 약했고 당시 북한은 부시 정부와 대치하며 핵무기와 미사일 개발에 집중했기 때문에 북한과의 합의를 거의 이루지 못했다. 임기를 고작 두 달 남기고 김정일 국방위원장과 정상회담을 가졌지만 김대중 정부 때보다 햇볕정책에 대한 국민들의 반대가 심했던 상황에서 노무현 대통령의 남북정상회담은 보수진영의 거센 반발에 부딪혔다.

이명박 대통령(2008~2013)은 후보 시절에 기존 보수정권과 진보정권의 중간지점에서 대북정책을 시행하겠다고 선언했다. 북한의 비핵화를 조건으로 인프라 지원 등 대규모의 대북 지원을 약속했다. 그러나 당선이 되자 노무현 대통령과 김정일 국방위원장이 남북정상회담에서 타결한 광범위하고 논란이 많은 합의를 이행할 의지를 보이지 않았다. 이명박 대통령은 김정일과 정상회담을 하려고 했으나 북한이 '현물 지원'을 요구했기 때문에 회담은 성사되지 못했다. 그 이후로 북한은 이명박 정부와 대화를 거부했고, 천안함 폭침과 연평도 포격 등의 도발을 자행했다. 2011년 12월에 김정일이 갑자기 사망하자 그의 아들 김정은이 즉시 권력을 승계했다. 김정은은 권력 강화에 집중하느라 남북 관계 개선을 위해 노력할 여력이 없었다.

이처럼 북한 문제에 한국이 리더십을 제대로 발휘하지 못한 것은 북한의 행동과 국제적 상황의 변화뿐만 아니라 한국 정부의 일관성 없는 대북정책과 사회 내부의 깊은 분열 탓도 컸다.

박근혜 대통령의 대북정책

정책

　2013년 2월에 취임한 박근혜 대통령은 보수진영의 이명박 대통령이 취했던 '원칙적인' 접근 방식과 진보진영의 김대중·노무현 대통령이 추진했던 포용 정책의 좋은 면들을 통합해 대북정책을 실행하겠다고 발표했다. 박 대통령은 대선 후보자 시절이던 2009년에 스탠퍼드대에서 연설을 하고, 2011년에 외교 전문지인 ≪포린 어페어스(Foreign Affairs)≫에 칼럼을 기고하면서 대북정책에 대한 구상을 밝히기 시작했다.[36] 집권 첫해에는 북한의 핵·미사일 실험 재개와 강도 높은 대남 위협, 개성공단의 북한 근로자 철수 등 다양한 북한 문제에 대응하면서 대북정책을 보완하고 수정했다.[37]

　박 대통령이 대북정책으로 내세운 신뢰 외교(trustpolitik)는 그 명칭 때문에 혼란을 초래한다. 신뢰 외교라는 단어는 빌리 브란트(Willy Brandt) 서독 총리가 동독과 동독의 후견국이었던 소련을 대상으로 추진한 동방정책(Ostpolitik)에서 유래했다. 노태우 대통령이 냉전 말기에 추진했던 대북·

대소련 정책인 북방정책(Nordpolitik)도 동방정책에서 빌려온 단어이다. 신뢰 외교라는 명칭은 단어의 역사적 배경뿐만 아니라 박 대통령이 강조하는 관련국들에 대한 신뢰의 중요성도 반영하고 있다. 이런 점에서 볼 때, 신뢰 외교는 대북정책의 본질보다는 태도나 접근 방식을 나타낸다.

박 대통령은 신뢰는 반드시 상호적이어야 하고, 작고 쉬운 사업에서 크고 어려운 사업을 통해 단계적으로 구축해야 한다고 강조한다. 국제관계학에서는 이러한 접근 방식을 '신뢰 구축(confidence-building)'이라고 한다. 국제관계에서 신뢰 구축은 본래 긴장을 완화하고 전쟁의 위험을 감소시킬 목적으로 고안되었다. 그러나 박 대통령은 남북 간 상호 신뢰가 결여된 경제 및 사회 부문의 교류에 우선 집중하려고 한다. 또 이전의 대통령들처럼 북한에 대한 방어와 억지를 매우 중요하게 생각한다.

박 대통령의 정책은 보수진영인 이명박 대통령의 정책, 특히 이명박 정부가 집권 후기에 추진했던 정책과는 다르다. 박 대통령은 북핵 문제와 연계하지 않고도 "교류, 협력, 인도적 지원의 형태로 북한과 '낮은 수준'의 관계를 맺을" 준비가 되어 있다고 분명히 밝혔다. 또 "남북 간 합의 사항을 존중하고 지키겠다"라고 발표했다. 그러나 박 대통령이 '비전 코리아 프로젝트'라고 명명한 대규모 대북 경제 지원은 이명박 대통령과 마찬가지로 북한의 비핵화 진전에 따라 진행하겠다고 밝혔다. 박 대통령은 또한 핵 문제에 진전이 없으면 평화조약 체결 협상을 지지하지 않을 가능성이 크다.[38]

박 대통령의 정책에는 DMZ '평화공원' 조성과 북한과의 신뢰 구축 프로세스를 보완해줄 동북아 평화협력 구상이 포함되어 있다. 동북아 평화협력 구상은 동북아 국가들과 미국이 '테러, 환경, 인도주의, 재난 대응 등 비전통적 안보(non-conventional security) 분야'부터 대화 및 협력을 추진한다는 개념이다.[39] 그러나 박 대통령은 어느 선까지 북한 비핵화와 대북정책을 연계시킬 것인지에 대해서는 밝히지 않았다.

사실 박근혜 정부가 발표한 대북정책은 역대 진보진영 및 보수진영 정부들의 정책과 매우 유사하다. 사실 북핵 문제와의 연계 정도를 제외하면 이제까지 모든 진보와 보수 정부들이 유사한 원칙을 제시했다. 그들이 추진했던 정책의 주요 차이점은 북핵 문제를 포함한 대북정책 자체가 아니라 정책의 세부 사항에 부여된 실질적인 우선순위와 정책을 실행하는 방법에 있었다. 이런 점에서 박 대통령의 대북정책과 앞으로 이 연구에서 다룰 박근혜 정부의 실질적인 대북 접근 방식은 한국의 주류 보수진영의 생각과 정확하게 일치한다.

실행

취임한 지 2년이 되어가는 박 대통령은 북한에 대한 접근 방식과 정책도 계속 발전시키는 중이다. 박 대통령은 북한과 대화하려는 의지를 보이면서도 개성공단의 폐쇄를 영민하게 처리해 국민들의 지지를 받는 등 원칙적인 접근 방식을 취해왔다. 그러나 북한의 핵 위협 때문인지 북한 주민들을 돕겠다는 대선 공약은 적극적으로 이행하지 않았다. 박근혜 정부는 지금까지 북한에 매우 적은 규모의 식량 및 의약품을 지원했다. 민간 차원의 교류와 민간 업체의 대북 지원도 거의 허용하지 않았다.[40] 또 이미 체결되어 있는 남북 간 합의 사항들을 이행하겠다고 밝혔지만 서해의 공동어로수역 지정 등 노무현 대통령과 김정일 국방위원장이 2007년 정상회담 때 합의한, 논란의 여지가 많은 사안은 제외된 듯하다.[41]

집권 후 1년이 지나자 박 대통령은 북한의 적대적인 태도에 직면하여 낙관적인 목소리를 줄이기 시작했고, 비핵화와 남북 교류의 연계를 강화했다. 다음은 박 대통령이 2013년 11월 영국 방문을 앞두고 한 BBC와의 인터뷰 내용이다. "우리는 과거의 악순환을 반드시 끊어야 한다. 북한이 대화에 나온다고 하면서 한편으로 계속 전처럼 시간을 벌어서 그동안 핵무기를 고도화하는 상황을 되풀이해서는 안 된다. 북한이 약속을 지키지 않았기 때문에 지금 북한이 하고 있는 행동이 굉장히 실망스럽다. 약속을 지키지 않는 사람은 신뢰할 수가 없다. 말을 한 것이 어떻게 될지 예측을 할 수 없으니까. …… 그러나 북한에 대한 문을 완전히 닫아버리겠다는 말은 아니다. 대화의 문을 열어두고 신뢰를 쌓아가는 노력을 멈추지 않겠다."[42]

그럼에도 남북 양측은 개성공단의 '정상화'를 위해 남북 공동위원회를 출범시키고 지속적으로 만나 진전을 이루는 등 공식 회담을 계속 진행하고 있다. 한국 정부는 또한 북한 관광을 일부 허용하고 북한에 소규모의 인도적 지원을 했다. 북한은 2013년 가을에 이산가족 상봉행사를 돌연 취소했다. 그러다가 2010년 이후 처음으로 2014년 2월에 이산가족 상봉행사를 개최하는 것에 합의하고, 남북 고위급 회담도 성사됐다. 그러나 안타깝게도 그 이후로 지금까지는 어떠한 남북 공식 회담이나 이산가족 상봉 행사도 진행되지 않고 있다.

통일

박 대통령은 집권 2년 차에 접어들면서 갑자기 통일을 강조하기 시작했다. 물론 박근혜 정부가 발표한 대북정책은 궁극적으로 통일을 향해 노력하는 것을 목표로 한다. 하지만 2014년 1월 6일에 열린 기자회견에서 박 대통령은 한국 국민들과 주변국들에게 통일은 '대박'이라고 선언했다.[43]

박 대통령의 연설은 오랫동안 관심 밖이었던 통일을 다시 정치적 담론의 장으로 끌어냈다. 20여 년 전 한국 국민들은 독일의 통일을 교훈으로 삼아 한반도가 통일될 경우 발생할 비용과 위험을 우려했다. 그 후 10년 동안 김대중 대통령과 노무현 대통령은 충분히 준비되지 않은 상태에서 이루어지는 통일은 재앙이 될 수 있다고 경고했다. 한국 국민들, 특히 젊은 세대는 그저 먼 미래의 모호한 이상이 아닌 통일에 대해서는 회의적이었다. 박 대통령의 발언은 단지 통일의 비용과 위험뿐만 아니라 통일로 인한 기회비용, 현상 유지로 인해 발생할 수 있는 위험, 그리고 통일의 이점에 대한 의미 있는 논의를 촉발시켰다.[44]

한편 전문가들은 박 대통령이 통일의 중요성을 강조하기 위해 평소답지 않게 대통령에게 어울리지 않는 '대박'이라는 유행어를 사용한 것에 놀라워했다. 전문가들은 박 대통령이 통일 대박론을 주창한 배경에 대한 몇 가지 추론을 제시했다. 그들은 박 대통령이 최근에 '대박'이라는 단어가 포함된 통일 관련 책을 읽었거나 장성택의 처형 이후 북한 정권이 붕괴 직전에 있다고 판단했을 가능성 또는 대통령이 직접 주장한 바와 같이 주변 강대국들, 그중에서도 특히 중국에 남한 주도의 통일이 그들의 이해와 상반되지 않는다는 것을 알리고 싶었을 가능성 등을 제시했다.

그리고 2014년 3월 28일 박 대통령은 독일 드레스덴을 방문하던 중 보완과 수정을 거친 대북정책을 밝혔다. '한반도 평화통일을 위한 구상'이라는 주제로 "평화통일을 위한 기반을 만들기 위해" 북한 당국자들을 대상으로 남북 교류에 대한 몇 가지 제안을 했다.[45] 주요 내용은 다음과 같다.

- 이산가족 상봉 정례화, 북한 산모와 유아를 위한 보건 지원, (구체적으로 명시하지는 않았지만) 북한 어린이를 위한 '지원'
- 농업, 축산, 산림을 함께 개발하는 복합 농촌단지 조성과 교통, 통신 등 인프라 건설 투자
- '가치관과 사고방식의 차이를 줄이기 위한' 교육, 문화, 스포츠 교류

박 대통령은 "한국의 통일은 역사적 필연"이라고 강조하며 "Wir sind ein Volk!(우리는 한 민족이다)"라는 말로 연설을 마무리했다. 북한 문제를 오랫동안 연구해온 한국과 서방의 전문가들은 박 대통령의 새로운 통일 구상에 의아해했다. 박 대통령은 '북한 당국자들'에게 제안을 한다고 했지만 연설의 내용이나 어조는 북한 당국에 호소하는 느낌을 주지 않았다. 실제로 연설에서 제시한 통일 구상은 한국이 독일과 같은 흡수통일을 원한다고 믿는 북한 지도자들의 우려를 가중시킨 것 같았다. 또 박 대통령은 여전히 북핵 문제와 대북 원조를 어느 선까지 연계시킬 것인지 명확히 밝히지 않은 상태이다.46)

주요 관련국 반응

북한

새로운 지도자인 김정은의 권력 공고화에 너무 집중한 탓인지 박 대통령에 대한 북한의 태도는 일관성이 없었다. 박 대통령 집권 초기만 해도 북한 국영방송은 박 대통령과 대북정책에 대한 비판을 삼갔다. 그러나 집권 후 6개월이 지나자 박 대통령의 대북정책이 '위선적'이며 '북한의 핵 포기를 강요하기 위해' 대결 본색을 드러낸 '날강도 같은' 정책이라고 비난했다.47) 북한은 박근혜 정부와 박 대통령 개인에 대해 점점 더 구체적이고, 거칠고, 원색적인 비난을 하기 시작했다.

북한은 핵무기를 포기하라는 한국의 요구에 특히 민감하게 반응했다. 북한 최고 권력기구인 국방위원회 정책국 대변인은 "우리더러 핵을 포기하고 미사일을 폐기하라고 하는 것은 자주와 존엄을 내던지고 제국주의 노예가 되라는 것과 다름없다"라고 발표했다. 또 박근혜 정부에 세 가지 '경고'를 했는데 그중 첫 번째가 "우리의 핵과 병진노선에 대해 더 이상 함부로 재잘거리지 말아야 한다"였다.[48]

북한은 여전히 한미합동군사훈련에 민감하게 반응했고 박 대통령의 드레스덴 선언에도 적대감을 표현했다. 2014년에 한국이 연례적인 한미합동군사훈련을 실시하고 박 대통령이 새로운 통일 구상을 발표하자 북한 당국과 언론은 박 대통령과 대북정책에 대해 이명박 정부 시절만큼이나 강하게 비판했다. 지난 4월 한국을 방문한 오바마 대통령과 박 대통령의 정상회담에 대해서는 공식 성명을 발표해 더욱 강도 높게 비난했다.[49]

2014년 여름에도 북한은 계속해서 모순적인 '메시지'를 보냈다. 북한은 김정은이 지켜보는 가운데 전례 없이 많은 미사일과 로켓을 발사했다. 하지만 북한 국방위원회는 6월 30일에 있었던 김정은의 신년사를 시작으로 한국에 다양한 형태의 공개서한을 보냈다.[50] 기본적으로 조선민족이(그러니까 북한 주민들도) 남북 관계의 개선을 몹시 바란다는 내용이었다. 그러나 이와 함께 한미군사훈련 중단 및 10·4 정상선언을 포함한 남북 간 모든 합의 사항 이행을 요구하는 등 박근혜 정부가 받아들일 수 없는 조건을 내걸었다. 또 이 성명에서 북한은 통일에 관한 박 대통령의 드레스덴 선언을 거부하고 북한의 병진정책에 대한 한국의 비판을 비난했다. 한국 정부는 이에 대해 북한이 과거에 비슷한 내용의 성명을 발표했을 때 그랬던 것처럼 북한의 성명을 일축했다.

현재 남북 간 공식 교류는 매우 제한적으로 이루어지고 있다. 그 때문에 일부 전문가들은 북한이 이명박 정부 때처럼 박근혜 정부와의 교류를 단절하려는 것이 아니냐는 의견을 제시했다(북한의 국영 언론도 이에 대한 가능성을 암시하고 있다. 그러나 북한은 북측의 제안을 받아들이라고 남측을 압박할 목적으로 성명을 발표했을 가능성이 크다[51]). 한편 다른 전문가들은 남북 관계의 개선을 촉구하는 고위급 성명은 표현 등에 문제가 있더라도 남북 간 대화를 재개할 기회가 될 수 있으므로 관심을 기울여야 한다고 주장한다.[52]

미국

미국은 박 대통령의 대북정책에 강력한 지지를 표명했다. 오바마 대통령은 박 대통령과 첫 정상회담을 한 이후, "한미 관계는 그 어느 때보다 공고하다. …… 미국과 한국은 북한과 외교적으로 관계를 맺고 점차 신뢰를 쌓을 준비가 되어 있다"라고 발표했다. 그러나 오바마 대통령은 북한 비핵화의 중요성을 언급하며 "그러나 언제나 그랬던 것처럼, 그리고 박 대통령이 강조한 것처럼, 북한이 약속과 의무를 준수하는 것, 특히 한반도 비핵화를 위해 의미 있는 노력을 하는 것이 가장 중요하다"라고 덧붙였다. 박 대통령은 심지어 비핵화의 필요성을 더 강하게 주장했다. 박 대통령은 "북한이 주민의 행복을 희생하며 핵무기 개발에만 매달려서는 생존할 수 없다. 핵무기와 경제 병행은 결코 성공하지 못한다"라고 강조했다.[53]

미국은 전반적으로 남북 관계의 특수성을 이해하고 있다. 미국은 더 이상 북한과 교류 및 협력을 할 준비가 되어 있지 않지만 한국이 인도적 지원이나 인적 교류, 개성공단과 같은 경제협력을 통해 북핵 문제와 연계하지 않고 북한과 교류한다면 반대할 생각은 없다. 그러나 오바마 정부가 북한의 핵무기 포기를 위한 노력을 강화하고 있는 것은 사실이다. 아직까지 박근혜 정부도 대북 교류를 확대하려는 움직임을 보이지 않았기 때문에 북한에 대한 미국의 인내가 정확히 어느 선까지 가능할지 현재로서는 알 수 없다. 한국은 남북 교류 과정에서 미국의 강력한 지지는 얻지 못할지라도 미국을 이해시키려면 새로운 교류·협력을 추진하거나 현재 진행 중인 프로젝트를 크게 확대하기 전에 미국과 긴밀히 상의해야 할 것이다.

한편 미국은 중국과의 관계를 강화하려는 박근혜 정부의 노력을 전혀 불편하게 생각하지 않는다. 미국도 북핵 문제와 관련해 북한을 좀 더 압박하라고 중국을 설득하기 위해 미중 관계 개선에 오래전부터 공을 들였기 때문이다. 중국이 아시아 인프라 투자은행(Asia Infrastructure Investment Bank: AIIB)을 설립하는 데 한국의 참여를 제안하는 등 한국에 접근하는 것을 오바마 정부가 경계한다는 소문도 있다. 하지만 미국은 기본적으로 한미 관계와 한중 관계를 제로섬게임으로 생각하지 않는다. 게다가 한국 국민들을 대상으로 한 여론조사 결과는 미국을 안심시키기에 충분하다. 여러 여론조사 결과에 따르면 한미 동맹에 대한 한국 국민의 지지도는 역대 최고 수준이며 중국에 대한 한국의 이해도가 증가했음에도 한국 국민들은 여전히 중국보다 미국에 훨씬 더 친밀감을 느끼고 있다.[54] 미국은 한중 관계의 개선보다 한일 간 긴장을 더 우려한다. 북한의 위협에 대응하고, 동아시아에서 국제규범을 지켜야 한다고 중국을 설득하기 위해서는 한미일 안보 협력이 반드시 필요하기 때문이다.

중국

중국은 박근혜 정부의 대북정책에 대한 공개적인 발언을 거의 하지 않았지만 박 대통령은 중국 지도부와 국민들에게 좋은 인상을 남겼다. 중국어로 번역된 박 대통령의 자서전이 중국에서 베스트셀러로 판매될 정도이다. 중국 국민들은 지나치게 한미 관계에 집중한 이명박 대통령에게는 다소 거리감을 느꼈지만 첫 중국 방문 때 중국어로 연설한 박근혜 대통령에게는 많은 지지를 보냈다. 중국 관리들도 박 대통령과 박근혜 정부에 '매력 공세(charm offensive)'로 화답했다. 또 박 대통령 집권 초기에 북한이 핵·미사일 실험을 하고 한국에 위협을 가했을 때 중국은 한국과 미국 지도자들에게 북한을 강하게 비판한 것으로 알려졌다. 중국의 이러한 태도는 2010년 천안함 사건 당시 어떠한 입장도 취하지 않아 이명박 대통령과 많은 한국인들에게 실망을 주었던 것과 대비된다. 게다가 한일 간 역사와 영토 문제에 대한 박 대통령의 강력한 입장 표명은 중국 지도자들과 국민들에게 반향을 일으켰다.

그러나 한국과 미국의 바람대로 중국이 북한에 대한 기본적인 접근 방식을 바꿀 가능성은 거의 없다. 시진핑(習近平) 중국 국가주석은 7월 3~4일 방한했을 때 북한의 비핵화를 구체적으로 언급하지 않았다. 한국 정부 관리들은 시진핑 주석이 최초로 북한에 대한 언급을 해줄 것으로 기대했지만 시진핑 주석은 계속 '북한의 비핵화' 대신 '한반도의 비핵화'라는 단어를 사용했다.[55] 한국은 핵무기 보유국이 아니라는 점을 고려할 때 시진핑 주석의 태도는 중국이 북한에 대한 비핵화 압력을 강화할 생각이 없다는 것을 시사하는 것이다. 어쩌면 중국은 한국에 대한 미국의 확장된 핵우산을 막으려면 핵무기가 필요하다는 북한의 주장에 공감하는지도 모른다.

일본과 러시아

일본은 전반적으로 박 대통령의 대북정책을 지지하지만 이러한 일본의 입장은 한일 간 역사와 영토 분쟁에 가려졌다. 박 대통령과 아베 신조(安倍晋三) 총리는 한 차례의 정상회담도 갖지 않았고, 실무진 간의 외교적 교류도 과거에 비해 줄었다. 그러나 6자회담 관계자인 한일 외교관들은 대화를 계속 진행하고 있다. 미국과 한국 정부는 일본인 납치 문제에 대한 북일 간 협상 재개가 북한의 비핵화에 영향을 줄까 봐 우려한다.[56] 아베 정부가 한일 간 역사 및 영토 관련 외교 분쟁에서 우위를 점하기 위해 6자회담을 이용한다는 주장도 있다. 그러나 미국에 대한 일본의 의존도를 고려할 때 일본은 앞으로도 미국과 한국의 대북 외교정책을 지지할 가능성이 크다.

러시아는 신뢰 외교에 대해 공식적인 발언을 거의 하지 않았다. 러시아는 한편으로는 신뢰 외교를 지지하고 다른 한편으로는 지지하지 않는다. 러시아도 중국과 마찬가지로 북한의 핵무기 개발에는 반대하지만 대북 제재와 대북 압력의 수위를 높이기보다는 (미국과 한국이) 대북 유인책을 확대하기를 바란다. 러시아는 남북 간 인게이지먼트와 교류, 신뢰 구축을 오랫동안 지지했다. 푸틴 대통령은 남북 교류 및 협력을 통해 러시아의 상업 에너지 수송 프로젝트를 추진하고 싶어 하지만 비용은 부담할 생각이 없다. 푸틴 정부가 미국에 반하는 입장을 한반도 문제에도 적용할 가능성도 없지는 않지만 여러 면에서 이제 한국이 북한보다 러시아에 중요한 국가라는 점을 감안하면 그럴 가능성은 높지 않다.

평가

우리는 박 대통령이 제시한 대북정책을 대부분 지지한다. 박근혜 정부의 대북정책에 따르면 한국은 북한을 위협할 의도가 없으며, 남북 간 신뢰 구축에 힘쓰고, 핵 문제와 연계하지 않고 북한 주민에게 인도적 지원을 제공하며, 북한이 진지하게 핵 정책을 재고한다면 대규모 개발 지원 및 경제 협력을 할 것이다.

그러나 박 대통령의 대북정책에는 보완과 조정이 필요하다. 앞서 언급했던 것처럼 박 대통령의 정책은 이명박 대통령의 정책과 흡사하다. 예를 들어 박 대통령은 북핵 문제와 연계하지 않고 북한에 인도적 지원을 하겠다고 분명히 밝혔지만 지금까지 대북 지원을 거의 하지 않고 있다. 북핵 문제와 대북정책의 연계 정도 또한 명확히 밝히지 않았다.[57] 박근혜 정부는

2010년 천안함 사건 이후에 이명박 정부가 시행한 광범위한 대북 제재인 '5·24 조치'도 해제하지 않았다. 또 한국이 북한의 붕괴를 원하거나 기다리지 않는다는 점을 명백히 하여 북한을 안심시키려면 통일에 대한 구상을 조정할 필요가 있다.

집권한 지 2년이 지나고 있지만 박 대통령의 대북정책은 여전히 명백하고 대담하기보다는 모호하고 수동적이다. 박근혜 정부에게 정부 관료들을 한데 모으고 광범위한 국민적 지지를 얻을 수 있는 단기 및 중기적 비전이 있는지도 알 수 없다. 장기적인 목표만으로는 통일의 목적을 달성하기 어렵다. 박 대통령의 대북정책이 아무리 단계 중심적이라 해도 국내 이해관계자 간의 협의가 매우 부족하다. 7월 15일에 발족한 통일준비위원회를 비롯해 대북정책을 다루는 정부 기관이 너무 많은 것도 그 원인 중 하나일 것이다. 이제까지 박근혜 정부는 정책의 본질보다 수사(rhetoric)와 이미지에 더 집중했다.

현재 상황에서는 박 대통령이 여전히 한반도 신뢰 프로세스를 추진하고 있는지 아니면 통일에 대한 새로운 구상이 이를 대체한 것인지도 분명치 않다. 앞으로 다룰 이유들 때문에 우리는 통일이 대북정책의 궁극적인 목표가 되어야 한다고 생각한다. 그러나 성공적으로 평화통일을 이룰 수 있는 환경이 갖춰질 때까지 단기적 목표는 남북 간 긴장 완화와 화해, 그리고 사회적 통합이 되어야 한다.

정책의 맥락

앞에서 강조했던 것처럼, 인게이지먼트는 포괄적인 대북정책의 한 요소일 뿐이지만 매우 중요한 부분이다. 인게이지먼트 프로젝트는 남북 모두에 이득이 될 수 있으며, 이득이 되어야만 한다. 또 인게이지먼트는 정책의 광범위한 맥락 속에서 진행되어야 하므로 포괄적인 정책의 전반적인 목표와 특정 목표를 이루는 데 기여해야 한다. 대북정책에 대한 합의를 어렵게 하는 네 가지 쟁점은 통일의 형태와 시기, 북한 핵무기 개발에 대한 대응, 북한 인권 문제에 대한 한국의 입장, 대북 제재의 역할이다. 이 연구에서 우리는 이러한 쟁점들을 분석하고, 대북정책에 대해 더욱 광범위한 지지를 확보하기 위한 방법을 제안하려고 한다.

통일

우리는 통일이 한반도의 최종 상태가 돼야 한다는 박 대통령의 주장에 동의한다. 통일은 남북한 국민 모두에게 상당한 이득을 가져다줄 수 있다.

통일 한국은 경제·사회·문화 등 많은 부문에서 세계 10대 강국이 될 것이다. 한국과 국제사회는 통일로 인한 경제적 비용을 우려하지만 통일 이전에 적절한 환경이 조성되면 이러한 비용은 충분히 감당할 수 있는 정도가 될 것이다. 과도기가 지나면 통일 덕분에 한국 경제는 더 강력해지고, 남북한 국민들의 생활수준도 향상될 것이다. 더불어 한반도에서의 전쟁 위험도 사라질 것이다. 통일 한국은 어떤 국가에도 위협이 되지 않으며 세계 어떤 국가도 통일 한국을 위협할 이유가 없다.

그럼에도 현재 한국의 통일 구상은 비현실적이며 통일에도 도움이 되지 않는다. 통일을 이루고 통일 한국의 생존과 번영을 보장하기 위해서는 전략적·정치적·경제적·사회적 기반을 마련해야 한다. 현재는 남북한 모두 각자의 주도로 이루어지는 통일이 아니면 관심이 없다. 북한은 한국 국민들이 받아들일 만한 조건의 통일을 이루려는 한국 정부와 지속적인 관계를 맺지 않을 것이며, 한국 정부도 현재 북한이 받아들일 만한 조건의 통일을 할 준비가 되어 있지 않다. 게다가 오늘날 많은 한국인들, 어쩌면 대부분의 한국인들은 먼 미래의 모호한 개념으로서의 통일만을 지지하며,[58] 한국의 젊은 세대는 북한 주민들과 점점 더 괴리감을 느낀다. 어쨌든 가까운 미래에 북한이 동독처럼 붕괴될 가능성은 거의 없다.[59]

주요 관련국들도 통일에 관한 적극적 정책을 지지하지 않을 것이다. 한미 공동성명에서 오바마 정부는 통일의 목적에 대한 지지를 표명했고,[60] 실제로 대부분의 미국인들은 한국의 주도로 이루어지는 평화통일을 이상적이라고 생각한다. 그러나 미국은 현재 상황에서 통일을 추구하는 것을 현실적이라고 생각하지 않는 것 같다. 지금 당장 통일을 추구할 경우 ① 실질적으로 통일을 달성하는 데 도움이 안 될 것이고, ② 북한에 대한 비핵화 압력을 강화하라고 중국을 설득하기가 어려워질 수 있으며, ③ 한반도의 군사 충돌 위험을 증가시킬 수 있기 때문이다. 중국도 가까운 미래에는 남북통일을 지지하지 않을 것이다. 남북이 통일될 경우 남북한 중 한쪽을 선택해야 하는 상황이 발생할 수 있으며, 남한의 주도로 통일이 될 경우 전략적 측면에서 미국에 위협을 느끼기 때문이다.

지금 당장 통일에 집중하기보다는 실리에 기초를 둔 신뢰 프로세스를 통한 남북 간 화해와 통합을 단기 목표로 세워야 한다. 화해와 통합으로 한반도의 상황은 상당히 많이 개선될 것이며 궁극적으로 북한의 핵무기 포기와 통일을 이끌어낼 수 있을 것이다.

비핵화

현재 대북정책에 영향을 미치는 주요 사안은 북한의 핵무기 개발이다. 대북정책과 북핵 문제의 연계 정도를 비롯해 북한의 핵 문제를 어떻게 다루어야 하는지, 또 이 문제에 어느 정도 집중해야 하는지를 놓고 한국의 보수와 진보진영이 첨예하게 대립하고 있다. 북핵 문제에 대한 내부 합의가 이루어지지 않으면 일관성 있는 대북정책을 장기적으로 추진하기 어렵다.

북한의 핵무기와 장거리 미사일 보유로 다음과 같은 우려가 제기된다. 북한은 더욱 대담하게 한국과 미군에 대한 재래식 공격을 가할 수 있다. 정세가 불안한 지역에 다시 핵 기술과 핵 물질을 확산시켜 불안정성과 핵 전쟁의 위험을 증폭시키고 나아가 국제사회의 핵 확산 방지 체제를 약화시킬 수 있다.[61] 북한 정권은 경제개혁의 필요성을 크게 느끼지 못할 것이다. 게다가 북한의 민간·군사적 핵 프로그램은 안전성이 의심스럽기 때문에 북한 주민뿐만 아니라 한국 국민들의 건강에도 위험을 초래할 수 있다.

보수진영은 북한의 핵무기가 미국뿐만 아니라 한국을 목표로 한 것이라고 주장한다. 그들은 또한 북한이 핵무기로 한국을 공격할 가능성도 배제하지 않는다. 그러면서도 한편으로는 북한이 한국에 대한 위협의 수단으로 핵무기를 이용하는 것이라고 생각한다. 한국은 핵무기 개발 포기를 선언했으므로 북한의 핵무기에 대응하기 위해서는 미국과 같은 외국에 의존해야 한다는 사실이 그들의 우려를 가중시킨다. 보수진영은 북한이 핵무기와 미사일 개발을 이용해 남북한의 사회적 간격을 좁힐 수 있는 경제 및 정치 개혁을 시행하지 않는다고 생각한다. 또 사안의 중요성을 고려할 때 북한이 핵 문제에 대한 입장을 바꾸지 않는 한 인도적 지원을 포함한 모든 대북 지원은 제한적으로 이루어져야 한다고 주장한다. 따라서 그들은 대북 압력 강화의 수단으로 대북 제재를 지지한다.

진보진영도 북한이 핵무기를 포기해야 한다는 입장이다. 하지만 그들 대부분은 북한이 핵무기를 개발하는 것은 미국의 군사적 위협 때문이라고 생각한다. 북한이 핵무기를 개발하는 것은 미국의 공격을 억제하기 위해서지 미국이나 한국을 공격하려는 목적이 아니라고 강조한다. 또 미국이 위협을 가하지 않는다는 확신이 없는 한 북한은 핵무기 개발을 포기하지 않을 것이라는 입장이다.[62] 따라서 대북 제재는 핵 문제에 대한 현재 북한의 입장을 바꾸지 못하며 오히려 불안감만 고조시켜 한반도의 긴장과 전쟁 위험을 심화시킨다고 주장한다. 또 대북 제재는 북한의 상류층이 아닌 일반 주민에게 피해를 주고, 남북의 사회적·경제적·정치적 통합의 기초가 될 북한 내부의 장기적 개혁에 걸림돌이 된다고 강조한다. 이러한 이유로 진보진영은 대북 제재를 최소화하고 대북 원조와 지원을 극대화해야 한다고 주장한다.

남북 관계와 핵 문제의 연계에 관한 박 대통령의 입장은 전통적인 보수진영의 의견 쪽으로 상당히 기울어 있다. 박근혜 정부는 다음과 같은 입장을 표명한 바 있다. "비핵화의 진전 없이 남북 관계의 발전만을 추진하는 것도 바람직하지 않지만, 동시에 남북 관계의 모든 사안들을 핵 문제와 연계시켜서 접근하는 것도 바람직하지 않다. 정부는 비핵화 이전이라도 낮은 수준에서의 교류·협력, 인도적 지원 등을 통해 남북 간 신뢰를 차근차근 쌓아나가고, 남북 간의 신뢰 형성과 비핵화 진전에 따라 '비전 코리아 프로젝트' 등 대규모 경협사업도 본격적으로 추진해나갈 것이다."[63] 박근혜 정부는 핵 문제와의 연계에 대해 구체적으로 밝히지 않았지만 실제로는 북핵 문제를 기본적인 인도적 대북 지원과 연계하고 있다.

우리는 북한이 미국이나 한국을 대상으로 핵 공격을 하려는 의도가 있는 것은 아니라고 생각한다. 북한이 핵무기를 개발하는 것은 미국으로부터 재래식 위협과 핵 위협을 억지하고 한국에 비해 부족한 재래식 병력을 보완하며, 대북 제재의 철회를 요구하고 북한 인권 문제 등 다른 문제에 대한 국제사회의 관심을 전환시키고, 북한 정권과 지도부에 대한 북한 상류층 및 대중의 지지를 강화하려는 등 복잡한 이유들 때문이다. 우리는 미국과 한국이 북한을 공격할 의사가 없으며 북한 정권을 위협하는 것은 북한의 정책과 제도의 경직성 등 북한 내부의 문제라고 생각한다.

북한의 핵무기 개발이 야기하는 위험을 고려할 때 핵 개발 중단은 대북 정책의 최우선 순위가 되어야 한다. 한국은 남북 교류가 북한 비핵화를 위한 국제사회의 노력을 약화시키지 않도록 주의해야 한다. 북한 주민들을 희생시키고 북한 정권을 강화하는 남북 교류·협력 정책은 피해야 한다. 북한 주민들의 복지 향상과 북한 정권에 긍정적인 중기적·장기적 변화를 일으킬 수 있는 정책을 추진해야 한다. 그렇게 한다면 한국은 북핵 문제와 연계하지 않고도 대북 인도적 지원과 인적 교류 등 다양한 남북 교류·협력 정책을 시행할 수 있다.

북한 핵 개발에 대한 한국과 국제사회의 압력은 계속되어야 하지만 목표를 분명히 할 필요가 있다. 대북 압력은 북한이 핵무기 포기에 대한 진정한 협상 의지를 보였을 때 6자회담이나 4자회담을 재개하는 것을 목표로 해야

한다. 한국은 맞춤형 인게이지먼트를 통해 이러한 방향으로 북한을 이끌어
낼 수 있을 것이다.

인권

북한 인권 문제는 보수진영과 진보진영이 가장 큰 의견 차이를 보이는
사안 중 하나이다. 보수진영은 북한 인권 문제의 실태를 적극적으로 알리
고 규탄해야 한다고 생각한다. 많은 보수주의자들은 북한 지도부가 반인권
혐의로 처벌받도록 이 문제를 국제형사재판소에 회부해야 한다고 주장한
다. 그들은 이것이 도덕적으로 바람직한 접근 방식이며 북한 정권의 붕괴
로 이어지지 않는 한 북한 정권 개혁에 대한 압력을 강화할 것이라고 강조
한다. 한편 진보진영은 문제의 심각성은 인식하고 있으나 인권 문제에 집
중하는 것으로는 상황을 개선할 수 없다고 주장한다. 오히려 북한 정권의
불안감을 가중시켜 상황을 악화시킬 수 있다는 입장이다. 진보주의자들은
한국이 당분간 대북 지원을 하며 국가 간 대화에 집중해야 한다고 주장한
다. 그러면 결국 북한 스스로 인권 문제를 개선하는 등 개혁을 시행할 것이
라고 믿는다.

이와 같은 입장 차 때문에 한국은 집권당에 따라 상당히 다른 인권 정책
을 시행했다. 진보진영이었던 김대중 대통령과 노무현 대통령이 집권할 때
에는 한국은 북한 인권 문제에 관한 유엔기구의 투표에 대부분 불참했다.
반면 보수진영 정부는 북한 인권 문제에 대한 국제사회의 규탄을 지지했고
때로는 앞장서서 국제사회에 북한 인권 문제를 제기하기도 했다. 국회는
북한 인권 관련 법안을 통과시키지 못했다. 진보진영은 대북 인도적 지원
에 초점을 맞춘 '인권' 법안을 지지한 반면 보수진영은 미국이 2004년에 제

정한 북한인권법과 유사한 법안을 원했기 때문이다.

한국 정부는 대북정책 수립 시, 북한 인권 문제가 최근 몇 년 사이 급격히 표면화됐다는 사실을 고려해야 한다. 카터(Jimmy Carter) 정부(1977~1981) 이전까지만 해도 미국은 국제 인권 문제를 외교정책에 적용할 사안으로 인식하지 않았다. 그러나 오늘날 전 세계의 민주주의 국가들은 적대국뿐만 아니라 우방국이나 동맹국의 인권 문제에도 비판을 가한다. 다른 나라 국민의 인권을 위해 앞장서는 행동은 몇십 년 전까지만 해도 국정 간섭으로 여겨졌다. 그러나 오늘날 이와 같은 행동은 광범위한 국제적 정당성을 확보했으며 국제사회의 지지를 받는다. 예를 들어 '보호책임(Responsibility to Protect: R2P)'은 국가의 통치권이 절대적이지 않으며 한 국가 내에서 반인권 범죄 등이 발생할 경우 국제사회가 문제의 해결을 위해 개입할 수 있다는 개념이다. 최근에는 여성에 대한 교육, 성적 취향, 성별과 관계없는 평등권 인정 등 인권의 범위도 상당히 구체화되는 추세이다.

북한 인권 문제의 심각성은 과거에도 잘 알려져 있었다. 하지만 국제사회는 북한 정권의 폐쇄성과 냉전의 역학 구조 때문에 실제로 문제가 그 정도로 심각한지 확인할 수 없었다. 한국의 진보진영은 북한 정권이 붕괴되기를 바라는 사람들이 북한 내부 상황을 강하게 비판한다고 주장했다. 북한은 서양 기자들의 취재를 거의 허용하지 않았으며 특히 비디오 촬영의 경우 북한 주민의 상황을 극화해 세계 시청자들에게 보여줄 수 있다는 우려 때문에 더욱 엄격하게 통제했다. 그 결과 국제사회는 냉전이 종식될 때까지 북한 인권 문제에 큰 관심을 기울이지 않았다. 당시에는 국제사회가 북한 문제를 해결할 수 있는 실질적인 방법도 없었다.

그러나 소련의 붕괴와 함께 월드 와이드 웹(World Wide Web) 기술이 개발되면서 세계 곳곳에서 정보를 생산하고 공유하고 분석할 수 있는 능력이 유례없이 확대됐다. 북한 내부 상황에 관한 정보의 양도 급격히 증가했다.

정보의 확대와 인권에 대한 국제규범의 변화로 지난 10년간 북한 인권 문제에 관심을 갖는 개인과 기관, 국가의 수가 급증했다.[64]

이에 대한 당연한 결과로 2014년 2월 특별 유엔 조사위원회에서는 북한의 '이루 말할 수 없는 잔혹 행위(unspeakable atrocities)'에 관한 보고서를 발표했다.[65] 유엔조사위원회는 김정은을 국제형사재판소에 회부할 수 있다는 경고를 서한에 담아 북한에 발송했다.[66] 북한 인권 문제에 대한 국제사회의 관심은 앞으로도 더욱 증가할 전망이다.

우리는 북한 인권 문제에 너무 집중할 경우 남북 간 인게이지먼트에 부담이 될 수 있고, 단기적·중기적으로 북한 주민들의 생활 개선에도 큰 도움이 되지 않을 것이라는 우려를 인지하고 있다. 그러나 북한 인권 문제를 외면해서는 안 된다. 절충안으로 접근한다면 신뢰할 수 있는 정책을 구상할 수 있으며 정치계에서도 광범위한 중간층의 지지를 얻을 수 있다. 우리가 제안하는 내용은 다음과 같다.

· 가장 시급한 문제를 해결할 프로그램을 개발하기 위해 북한 인권 문제를 연구하는 초당파적 상설 위원회를 설립해야 한다.
· 전반적으로 국제기구와 다른 국가가 북한 인권 문제를 주도하도록 해야 한다. 이러한 접근 방식을 취하면 국제사회에서 설득력을 얻을 수 있을 뿐만 아니라 한국이 인권 문제를 대북무기로 사용할 뿐 실제로는 북한 인권에 관심이 없다는 북한의 비난을 피할 수 있다.
· 북한 인권 문제에 대한 중요하고 정당한 비판을 지지하기 위해 국제기구의 투표에 참여해야 한다.
· 북한 주민들의 복지 향상을 위해 핵 문제와 연계하지 않고, 식량 및 보건 지원을 늘려야 한다.
· 탈북자들을 한국 사회에 완전히 통합시키기 위한 노력을 강화해야 한다.

· 북한 주민들을 대상으로 한 공공 대북 방송을 확대 지원해야 한다. 이러한
  방송은 북한 주민들에게 남북한뿐 아니라 세계 이슈에 대한 구체적이고 객
  관적인 정보를 제공해줄 것이다. 그러나 북한 주민들이 스스로 판단을 내릴
  수 있도록 해야 하고, 지나친 대북 선전 활동은 피해야 한다.

· 가능한 모든 입법 · 사법 수단을 동원해 대북 선전용 풍선을 살포하는 민간
  단체들의 위험하고 비생산적인 활동을 막아야 한다.

제재

북한은 이란과 더불어 국제사회의 제재를 가장 많이 받는 국가 중 하나
이다.[67] 미국을 비롯한 일부 국가들은 1950년 6월 북한의 남침 직후 대북
제재를 가했다. 지난 수십 년간 미국을 비롯한 많은 국가들이 대북 제재를
확대했다. 2006년 북한의 핵실험 이후 유엔 안보리는 여기에 자체적인 제
재를 추가했다. 북한 인권 문제가 대두되면서 추가 대북 제재가 가해질 가
능성은 더욱 증가했다. 한편 미국은 대북제재강화법안의 입법화를 추진 중
이며,[68] 언론 기사와 미국 정부의 공식 성명에 따르면 북한이 4차 핵 · 미
사일 실험을 단행할 경우 오바마 정부는 은행 · 금융 관련 대북 제재를 강
화할 것이다. 북한이 다시 한 번 핵 · 미사일 실험을 할 경우 유엔도 추가
제재를 가할 가능성이 크다.

북한 지도부는 모든 대북 제재는 정당하지 않으며 미국의 이중 잣대를
반영하는 것이라고 비판한다. 또 대북 제재는 북한의 자치권을 침해하는
행위이며 경제문제를 비롯해 북한이 겪고 있는 많은 어려움의 원인이라고
믿는다. 그들은 북한에 대한 국제사회의 압력은 결코 성공할 수 없으며 북
한은 이를 천배로 갚아줄 것이라고 선언했다. 북한은 공식 성명 발표와 핵

무기를 이용한 위협, 그리고 국제적 협상을 통해 제재 완화를 이끌어내려고 노력했지만 지속적인 성공은 이루지 못했다.

인권에 관한 새로운 규범이 형성된 것처럼 국제사회는 이제 심각한 악행을 저지른 국가에 제재를 가하는 것이 정당할 뿐 아니라 반드시 필요한 조치라고 생각한다. 제재는 일반적으로 문제 국가의 공격적 행동을 변화시키고 관련자들을 처벌하는 데 그 목적이 있다. 또 국가들이 문제 행동을 일으키지 못하도록 경고하고 억제하는 역할도 한다. 따라서 국제기구와 여러 국가들은 제재를 통해 원하는 결과를 얻지 못할 거라고 생각할 때조차 사회적 압력 때문에 제재를 가하기도 한다. 국내의 정치적 압력에 대응한다는 측면에서 제재는 군사 공격처럼 위험하고 비용이 많이 드는 조치에 대한 대안이 될 수 있다. 그러나 남아프리카공화국의 인종차별정책인 '아파르트헤이트'를 폐지하고 이란을 협상 테이블로 끌어내는 등 제재가 제 역할을 할 때도 있었다. 이와 같은 상황을 고려할 때 국제기구와 여러 국가들은 앞으로도 제재를 활용할 가능성이 크다.

그러나 안타깝게도 제재는 제재를 가한 국가에조차 본질적인 문제를 야기한다. 제재가 의도했던 결과로 이어지지 않는 경우가 많으며 언제나 제재 대상국의 분노를 유발한다. 제재는 또한 상황을 악화시킬 수 있으며 심지어는 군사 충돌을 야기할 수 있다. 제재국은 보통 흥분한 상태에서 제재를 부과하기 때문에 과도한 제재가 가해지기도 하고, 의도하지 않은 결과가 발생하기도 한다. 때로는 제재 자체에 관심이 집중되어 정작 제재의 원인은 관심 밖으로 밀려나기도 한다. 제재는 또한 제재국의 운신의 폭을 제한한다. 제재의 원인이 해결되지 않는 한 제재국은 제재가 효과적이지 않다는 것이 밝혀지더라도 국내에서의 체면 때문에 제재를 완화시킬 수 없다. 심지어 제재 철회에 대한 합의가 이루어지더라도 제재국은 입법부의 반대나 다른 국가 또는 국제기관과의 협력 때문에 지지를 해제할 수 없다.[69] 국제적 제재의 경우, 거부권 행사와 합의 원칙 때문에 제재를 완화하기가 더욱 어렵다. 그 때문에 시간이 지나면서 제재는 축적되는 경향을 보인다.

제재가 합법적이고 바람직한 사업 활동에 미치는 영향은 매우 광범위하다. 제재 내용이 모호하게 기술되어 있는 경우, 기업이나 기관들은 광범위하게 해석하면 제재 대상이 될 수 있는 활동은 물론이고 제재국조차 문제 삼지 않을 활동, 심지어 제재국에 이익이 되는 활동도 제재 대상국과 함께 하려 하지 않는다. 제재 내용이 분명하게 기술되어 있는 경우에도 제재 대상국과 제재 대상이 아닌 활동을 하려다가 괜히 명성에 피해를 입을 위험이 있다. 심지어는 완전히 제재가 철회된 뒤에도 기존의 제재로 이미지가 손상된 국가와는 거래를 피하려는 경우가 발생한다.[70] 또 제재 대상국과의 거래에는 제재 대상 활동이 포함될 가능성이 있기 때문에 상당한 법적 노력을 투입해야 하고 이에 따라 거래가 지연되고 비용이 증가한다.

한국은 수십 년간 북한에 많은 제재를 가했다. 가장 최근에는 2010년에 46명의 목숨을 앗아간 북한의 천안함 피격사건 이후 광범위한 5·24 조치를 시행했다. 같은 해 북한의 연평도 포격으로 4명이 사망하자 한국 정부는 대북 제재를 더욱 강화했다. 사실상 개성공단사업을 제외한 모든 대북 교류를 금하는 5·24 대북 제재는 너무 광범위한 데다가 한국에 이익이 되는 교류와 사업에까지 부정적인 영향을 끼치지만 완화하기는 쉽지 않다. 5·24 조치로 한국에 장기적으로 이익이 되는 많은 사업이 중단되거나 취소되었고, 북한 주민들은 피해를 입었을지 몰라도 북한 정권은 타격을 받지 않아 북한의 태도를 변화시키지도 못했다. 오히려 광범위한 5·24 조치를 시행하는 동안 북한의 도발은 더욱 심해졌다.

5·24 조치는 맞춤형 인게이지먼트의 실행을 예상보다 더 어렵게 할 것이다. 국내 정치인들 사이에서 5·24 조치의 완화 또는 해제에 대한 활발

한 논의가 있었다. 하지만 정부는 여전히 북한이 사과를 하고 2010년 행동에 속죄하기 위한 조치를 취하지 않는 한 5·24 조치를 철회하지 않겠다는 입장을 고수하고 있다. 정부의 입장은 이해할 만하다. 우리는 북한이 적절한 행동을 취하지 않는 상황에서 제재를 해제하기가 정치적으로 어렵다는 것을 인정한다. 그러나 맞춤형 인게이지먼트 이행을 위해서는 5·24 조치를 일부 완화하거나 해제하는 것이 전략적으로 올바른 결정이며 국민의 광범위한 지지를 얻는 길이라고 생각한다. 남북 관계에 진전이 있으면 북한도 5·24 조치의 추가 완화가 가능하도록 행동할 가능성이 크고, 결국에는 조치를 전부 해제할 수도 있을 것이다.

맞춤형 인게이지먼트

　많은 어려움이 있겠지만 우리는 한국이 '맞춤형 인게이지먼트'를 통해 북한과 격차를 줄일 수 있다고 믿는다. 맞춤형 인게이지먼트는 평화통일의 기초를 다진다는 궁극적인 목표 아래 남북 간 충돌의 위험을 줄이고 남북 화해를 촉진하며 북한에 긍정적인 변화를 이끌어내는 것을 목적으로 한다. 이 정책은 인게이지먼트가 북한에 대응하기 위한 하나의 수단일 뿐이지만 매우 중요한 수단이며 한반도 내외의 정치·안보 변화에 '맞춰서' 진행되어야 한다는 것을 기본 개념으로 한다. 맞춤형 인게이지먼트를 실행하는 과정에서 한국은 국민들의 합의와 동맹국·협력국의 이해와 지지를 바탕으로 원칙적이고 체계적인 방식으로 다양한 대북 인게이지먼트 노력을 해야 한다.

　맞춤형 인게이지먼트 정책은 지난 20년간 한국을 비롯한 많은 국가들이 북한과의 교류에 어려움을 겪었다는 점을 고려한다. 맞춤형 인게이지먼트를 추진하려면 상당한 인내심과 유연성이 필요하다. 맞춤형 인게이지먼트도 박 대통령의 대북정책처럼 전직 보수 대통령들과 진보 대통령들이 추진했던 대북정책 중 좋은 부분은 채택하고 문제가 있는 부분은 제외했다. 맞춤형 인게이지먼트는 대북 유화정책이 아니다. 현 상황에서 남북 인게이지먼트를 추진하는 것은 핵무기 개발을 비롯한 북한의 모든 잘못된 행동을 용인하는 것과 같다는 입장과도 거리가 멀다.

한국의 많은 보수주의자들은 '인게이지먼트'라는 단어가 갖는 모호함 때문에 그들이 대북 유화정책이라고 생각하는 김대중 대통령의 햇볕정책과 '인게이지먼트'를 동일시한다. 우리는 이 사실을 잘 알고 있지만 '인게이지먼트'라는 영어 단어를 그대로 사용했다. 사실 '인게이지먼트'가 언제나 보수주의자들이 생각하는 접근 방식을 의미하는 것은 아니다. 영어에서 '인게이지먼트'는 여러 맥락에서 다양한 의미로 사용된다. 예를 들어 '교전 규칙(rules of engagement)'은 적군에 대해 언제, 어떻게 무력을 행사해야 하는지 명시한 지침이다. 맞춤형 인게이지먼트는 통일과 핵무기, 인권, 대북 제재 등 주요 대북 문제에 관한 국내외 지지를 기초로 장기적인 접근 방식을 취한다는 점에서 진보진영이었던 김대중 정부나 노무현 정부의 인게이지먼트 정책과 다르다. 진보진영은 부인하겠지만 그들의 정책은 대부분 북핵 문제와 북한 인권 문제를 포함하지 않았다. 한편 보수진영이었던 이명박 정부는 꼭 그럴 필요도 없었고 실용적이지 않았음에도 거의 모든 대북 교류를 핵 문제와 연계했다. 맞춤형 인게이지먼트는 박 대통령의 신뢰 프로세스(trustpolitik)와 마찬가지로 단계적으로 신뢰를 구축하는 접근 방식을 추구한다. 이미 증명된 것처럼 원대하고 포괄적인 접근 방식은 현재 한반도 상황에 적합하지 않다. 포괄적인 접근 방식은 남북 관계에 충분한 신뢰가 형성되지 않는 한 오히려 상황을 악화시킬 수 있으며 결국엔 실패할 수밖에 없다.

맞춤형 인게이지먼트를 추진하기 위해서는 다음 세 가지 행동을 취해야 한다. 첫째, 통합된 대북정책의 수립과 시행을 위해 정부 구조를 재조정해야 한다. 둘째, 대북 문제에 대한 국내 합의를 도출해야 한다. 셋째, 국내 합의를 바탕으로 주요 국가, 특히 미국과 중국의 지지를 확보해야 한다. 이를 통해 한국은 맞춤형 인게이지먼트 정책을 추진할 확고한 기반을 마련할 수 있다. 물론 이렇게 합리적인 순서에 따라 프로세스를 진행한다 해도 북한은 한국이 길고 복잡한 프로젝트를 완수할 때까지 기다려주지 않을 것이다. 따라서 장기 프로세스가 진행되는 와중에도 북한과 지속적인 관계를 맺는 것이 중요하다. 그렇게 하면 박근혜 정부는 이 연구에서 제시한 맞춤형 인게이지먼트의 원칙과 개념, 그리고 전략을 활용할 수 있을 것이다.

한국형 '페리 프로세스' 구축

한국이 대북 문제에 리더십을 발휘하기 위해서는 대북정책 개편이 필요하다. 현재는 대통령이 전반적인 대북정책을 담당하고 청와대 외교안보수석비서관과 참모들, 통일부·외교부·국방부·국가정보원, 그리고 최근 발족한 통일준비위원회 등 수많은 부처의 직원들이 대통령을 보좌한다. 입장이 서로 다른 여러 정부 부처에서 대북정책을 수립하고 시행하는 것이다. 대통령은 수많은 국내외 정책에 관심을 가져야 하기 때문에 대북정책의 목적과 실행이 일관성 있게 진행되는지 살펴볼 여유가 없다.

이런 이유로 우리는 박 대통령에게 클린턴(Bill Clinton) 정부의 '페리 프로세스'를 벤치마킹할 것을 제안한다. 클린턴 정부의 윌리엄 페리(William "Bill" Perry) 전 국방장관처럼 대통령 직속으로 대북정책의 수립과 실행을 담당할 고위 관리를 임명해 대북정책에 대한 국내 합의 도출과 국제사회 지지 확보, 남북 교류 프로그램 운영 등 최종 남북정상회담을 제외한 모든 고위급 회담과 북한 관련 업무를 일임하는 것이다.

물론 이러한 직책을 신설하고 적합한 인물을 찾는 것은 쉬운 일이 아니다. 이처럼 중요한 임무를 맡으려면 우선 대통령의 절대적 신임을 얻어야 하고, 여야 정치권 및 대중으로부터 존경과 신뢰를 받아야 한다. 그뿐만 아니라 앞서 언급한 임무들을 수행하기 위해 필요한 지식과 경험, 열정이 있어야 하며 적어도 박 대통령의 남은 임기 동안 이 직책을 맡을 준비가 되어 있어야 한다.

페리 프로세스 같은 접근 방식을 취한 국가는 미국뿐만이 아니다. 빌리 브란트 서독 총리 곁에도 에곤 바르(Egon Bahr)라는 보좌관이 있었다. 에곤 바르는 브란트 총리가 추진한 동방정책을 설계하고 동독과 소련, 소련의 위성국들과의 관계에 대해 대통령에게 자문을 제공했으며 이 국가들과 협상해 매우 중요한 조약들을 체결했다. 보수주의자였던 헬무트 콜(Helmut Kohl) 서독 총리도 독일의 통일이 이루어질 당시 볼프강 쇼이블레(Wolfgang Schäuble) 전 내무장관에게 통일 관련 업무를 일임했다.[71]

국내적 합의 도출

북한 문제에 한국이 주도적 역할을 할 때, 북한의 태도 다음으로 큰 장애물은 한국 내부의 분열이다. 직접적인 대북관계의 개선뿐만 아니라 국제사회의 지지를 얻으려면 지속 가능하고 효과적인 대북정책을 수립해야 하고 그러기 위해선 반드시 국내 합의를 도출해야 한다.

대북정책에 대한 국내 합의가 이뤄지지 않으면 한국 대통령은 누구라도 갑작스러운 여론의 변화를 경험할 수밖에 없다. 새로운 대선은 정권 교체 가능성을 의미하는 것이며 정권이 교체되면 대북정책도 변하기 때문이다. 북한은 이 사실을 잘 알고 있기 때문에 한국 정부를 신뢰하지 못하며 한국 내부의 분열을 조장하고 이용하려 한다. 국내 합의의 부재는 미국과 중국 등 주요 관련국들과의 관계에서도 한국의 영향력을 약화시킨다. 주요 관련국들도 북한과 마찬가지로 한국의 대북정책이 장기적으로 일관성을 유지하기 어렵다고 생각하기 때문이다.

역사적 경험에 비추어볼 때 성급하고 당파적이며 단기적인 대북정책은 성공할 수 없다. 그러한 대북정책은 국내에서도 지속 가능하지 않으며 북한의 적대감을 불러일으킨다. 또 대북정책에 대한 국내외 의견을 양분시킴으로써 상황을 악화시킬 위험이 있다. 대북정책에 일관성이 없으면 북한 지도부는 대량살상무기를 포기할 필요성은 물론이고, 주요한 정치적 · 경제적 개혁을 할 이유도 느끼지 못한다.

진보진영은 북한을 미국과 한국 보수진영의 '피해자'로 보는 경향이 있다(사실 북한은 완전히 주체적인 국가이며 자체 체제와 역사, 국내 정치에 따라 행동한다). 진보진영은 한국과 미국이 북한에 좀 더 많은 관용을 베풀고 대북 지원을 확대해 북한에 확신을 준다면 북한도 결국에는 긍정적인 방향으로 변화한다고 믿는다. 진보진영은 이에 대한 믿음이 확고하고 보수진영을 불신하기 때문에 대북정책을 지나치게 북한에 '맞추려' 한다. 진보진영은 또한 북한의 주장과는 반대로 북한의 대량살상무기를 과소평가하는 경향이 있으며 북한 인권 문제에 집중하지 않는다. 그들은 이것이 현재 취할 수 있는 유일한 실용주의 노선이라고 생각한다.[72] 이를 알고 있는 북한 지도부는 진보진영의 호의를 악용해 능력이 될 때조차 지원만 받고 보답을 하지 않는 등 '돈만 받고 튀는' 행동을 한다. 북한의 이러한 태도는 보수진영의 반발을 일으키고, 결국 이러한 대북정책은 정치적으로 지속 가능하지 않게 된다.

한편 보수진영은 북한의 체제와 정권, 정책이 완전히 새로운 것으로 대체되지 않는 한 북한은 근본적으로 변하지 않는다고 믿는다. 이러한 보수진영의 태도는 한국에 대한 북한의 의심과 적대감, 공격성을 더 심화시킨다. 보수진영은 상황 개선을 위한 기회를 잡으려고 노력하지 않으며 심지어 기회가 와도 잡지 않는다. 북한을 지속적으로 설득하는 방식보다는 북한에 대응하고 보복하는 식의 정책을 추진한다. 그들은 독일 통일에 빗대어 현 상황의 위험을 과소평가하고 큰 노력 없이도 북한 문제가 자연스럽게 해결될 것이라는 헛된 희망을 품고 있다.[73]

물론 말이 쉽지 정치적 합의를 도출하기란 결코 쉬운 일이 아니다. 그래도 최근에는 보수와 진보진영 모두 합의가 필요하다는 것에는 동의하고 있다.[74] 박 대통령의 신뢰 프로세스도 "시민으로부터 의견을 수렴하고 투명한 정보공개와 정책 추진을 통해 국민적 공감대를 강화하는 것"을 기조로 한다.[75] 최근 조사 결과에 따르면 지난 10년간 주요 보수당과 진보당은 유권자들보다 더 우파와 좌파로 분열됐다. 이는 좀 더 광범위한 국민적 합의를 도출할 기회가 될 수 있으며 정당에게는 국내 합의 도출에 대한 동기부여가 될 수 있다.[76]

2014년 7월 15일 박 대통령은 대통령 직속기관인 통일준비위원회를 출범시켰다. 통일준비위원회는 50명의 정부 및 민간위원과 100명에 달하는 자문위원으로 구성된다. 박 대통령은 부위원장을 두 명 임명했다. 한 명은 현 통일부 장관이고 다른 한 명은 김영삼 정부 시절 청와대 외교안보수석비서관을 역임한 민간위원이다. 정부가 2월에 발표했듯이 통일준비위원회는 드레스덴 선언에서 박 대통령이 밝힌 통일 구상을 실현하기 위한 기관이다. 그러나 통일준비위원회의 업무는 대북정책을 담당하는 많은 정부 부처 및 자문위원회와 상당 부분 중복되기 때문에 대북정책의 일관성 결여를 해결하기는커녕 오히려 심화할 가능성이 크다. 게다가 위원회 내 진보진영의 비율이 현저히 낮아 대북정책에 대한 국민적 합의를 이끌어내기도 어려울 것으로 보인다. 박 대통령은 한국의 '윌리엄 페리'를 통일준비위원회의 위원장으로 선임해 직접 보고를 받고, 위원회 내 진보진영의 비율을 훨씬 더 높여야 한다.

　다행히도 박 대통령은 남북 교류를 확대하는 적극적인 대북정책을 추진하기에 매우 좋은 정치적 위치에 있다. 박 대통령은 박정희 전 대통령의 딸이자 보수주의자이기 때문에 진보진영 대통령에 비해 대북 인게이지먼트 정책에 대한 광범위하고 지속 가능한 국내 합의를 도출하기가 더 수월할 것이다. 게다가 박 대통령의 대선공약과 대통령 당선 후에 발표한 대북정책은 광범위한 국민적 합의를 이끌고 실행 가능한 대북 인게이지먼트 정책을 수행하기 위한 기본 개념과 원칙 대부분을 포함한다. 이러한 개념과 원칙을 '맞춤형'으로 조정하면 대북정책에 대한 광범위한 합의를 이끌어낼 수 있을 것이다.

국제사회 지지 확보

　광범위한 국내 합의를 도출하고 나면 대북 문제를 주도하기 위한 국제사회의 지지를 이끌어내기가 훨씬 수월할 것이다. 주요 관련국은 미국과 중국이지만 러시아와 일본도 동북아 평화와 안정에 큰 이해관계가 있다. 미국의 윌리엄 페리가 동맹국인 한국, 일본뿐만 아니라 중국과 협상할 때 훌륭한 역할을 수행했던 것처럼 한국의 '윌리엄 페리'는 대북관계에 관한 관련국들의 합의를 이끌어내는 데 중요한 역할을 할 수 있을 것이다.

　한국이 북한의 비핵화를 최우선 과제로 생각하는 한, 미국은 한국의 대북정책을 강력하게 지지할 것이다. 미국은 대북관계에서 한국만이 할 수 있는 특수한 역할을 알고 있다. 미국은 비핵화와 연계하지 않고 대북 교류나 지원을 하지 않겠지만 한국은 대북 지원을 필요로 하거나 할 수 있다는 점을 인정한다.

한국이 자체적인 전략적 이익을 추구하면서도 미국의 지지를 받으려면 핵 문제와 연계하지 않고 대북 인게이지먼트와 원조를 추진해야 하는 명확하고 설득력 있는 이유를 제시해야 하며 사전에 미국과 충분히 상의하고 협력해야 한다. 현재 상황에서 남북 경제협력을 시행할 경우, 적어도 단기적·중기적으로는 병진정책을 계속 추진해도 된다는 북한의 생각을 강화할 수 있기 때문이다. 대북 원조와 경제 교류의 경우 신중하게 계획하지 않으면 경제·정치 개혁에 대한 북한 정권의 의지를 약화시킬 수 있다. 대북 인게이지먼트가 장기적으로 북한의 변화에 도움이 될 수는 있어도 가까운 미래에 북한이 핵무기 개발을 포기하게 만들 수는 없을 것이다.

중국은 한국의 대북 인게이지먼트를 전반적으로 지지할 것이다. 한중 간 경제적·인적 교류는 북중 간 교류보다 훨씬 규모가 크고 중국은 북한의 핵무기 개발을 반대한다. 그러나 중국은 북한의 안정과 중국의 전략적 이해에 밀접한 관련이 있다고 생각하기 때문에 한반도 긴장 완화를 위한 정책을 지지할 것이다. 또 한국은 중국과 함께 북한 내에서, 그리고 북중 국경지대에서 얼마든지 다양한 남북 공동 프로젝트를 추진할 수 있다. 그러나 장기적으로 중국이 미국에 대한 전략적 불신을 한반도 문제에도 적용할 경우, 대북 문제 등 여러 사안에서 한국이 불이익을 받을 위험이 있다. 이러한 문제는 미국과 중국에 대한 현명한 외교 대처로 해결할 수 있을 것이다.

대북정책에 대한 국내 합의와 중국의 지원을 이끌어내면 러시아의 지지를 얻기도 수월해질 것이다. 한국은 중국뿐만 아니라 러시아와도 남북 공동 경제, 인프라 프로젝트를 추진할 수 있다.

미국이 더 적극적인 대북정책에 지지를 표명하면 일본도 반대하지 않을 것이다. 그러나 일본인 납치문제가 관건이다. 북일 대화로 일본인 납치문제가 해결되지 않으면 일본은 대북 인게이지먼트에 대한 참여를 주저할 것이며 한국의 인게이지먼트 노력도 적극적으로 지지하지 않을 것이다. 한편 일본도 미국과 마찬가지로 대북 인게이지먼트 정책으로 비핵화 노력이 약화되지 않을까 우려할 것이다.

국제사회 전체의 도덕적 지지는 대북 인게이지먼트를 수행하는 데 상당한 도움이 될 것이다. 한국은 미국과 중국, 러시아, 일본뿐만 아니라 유엔과 유럽연합, 아세안 등 역내 기구의 지지도 확보해야 한다. 북한이 국제사회로부터 고립되어 있기는 하지만 국제사회가 연합해 한국의 대북 인게이지먼트를 지지하고 북한의 핵무기 개발을 반대한다면 북한도 국내 개혁과 비핵화의 필요성을 느낄 것이다.

대북 인게이지먼트

인게이지먼트의 기본 원칙

한반도 상황의 심각성과 복잡함을 고려할 때 한국은 남북 교류와 협력, 인도적 지원의 종류와 범위를 확대해야 한다. 그러나 지속 가능하고 성공적인 대북정책을 위해서는 정치적 상황에 흔들리지 않는 원칙적 인게이지먼트가 필요하다. 맞춤형 인게이지먼트의 기본 원칙은 다음과 같다. 첫째, 상징성이나 민족적 정서에 호소하기보다는 상호 이해와 이익 추구에 초점을 맞출 것, 둘째, 경제 활동에 시장 원리와 국제 기준을 적용할 것, 셋째, 경제 프로젝트와 인적 교류 추진 시 외국 정부 및 기업과 협력할 것, 넷째, 실용적이고 유연하게 상호 보완이 되는 방향으로 정부와 민간 차원의 인게이지먼트를 실행할 것 등이다.

인게이지먼트에 적용되는 이러한 원칙은 전반적으로 자명하다. 민족적 정서에 호소하는 인게이지먼트는 지속 가능하지 않다. 매우 낙관적인 시나리오에서도 북한은 분명 언젠가는 문제되는 행동을 할 것이다. 상호 이익 추구와 시장 원리 및 국제 기준 적용, 외국 정부와의 협력은 모두 인게이지먼트 프로젝트의 성공과 지속을 위한 것이다. 대북정책은 매우 까다로운 장기 과제라는 점에서 실용주의와 유연성도 중요하다. 인게이지먼트는 반드시 원칙적이고 일관되게 추진해야 하지만 경직된 방식이나 상의하달식 (top-down) 접근으로는 결코 성공할 수 없다. 또 단독으로는 효과를 발휘할 수 없기에 앞서 언급한 정치적·안보적 맥락에서 시행되어야 한다. 인게이지먼트는 기본 원칙과 목표에 따라 정책 환경의 변화에 '맞추어' 시행되어야 한다.

프로젝트 예시

대북정책에 대한 국내외 지지를 확보하면 한국의 영향력은 상당히 증가할 것이며 북한이 한국의 제안을 긍정적으로 받아들일 가능성도 커진다. 그러나 국내외 지지를 확보하기 위해서는 대북 인게이지먼트 정책에 대한 명확하고 구체적인 구상을 발전시켜야 하며 원칙적이고 적극적인 방식으로 정책을 추진해야 한다.

박 대통령은 드레스덴 선언에서 순수 민간 접촉이 꾸준히 확대될 수 있는 역사 연구와 문화 예술, 스포츠 교류 등을 장려해나갈 것이라고 밝혔다. 남북 교류는 김대중·노무현 정부 때 가장 활발했으나 2010년에 시행된 5·24 조치 이후 거의 전면 중단된 상태이다. 박 대통령이 비정치 분야의 남북 교류를 확대함으로써 남북 관계 개선을 위해 노력하겠다는 의지를 국제사회에 밝혔다는 점에서 우리는 바람직한 대북 인게이지먼트 프로젝트가 다시 탄력을 받을 것으로 기대한다.

대북 인게이지먼트는 단순하고 정치적 논란이 적은 소규모 프로젝트에서 좀 더 복잡하고 정치적 논란이 있는 프로젝트로 발전시켜 진행해야 한다. 처음에는 현재 진행 중인 프로젝트의 개선과 확대, 그리고 과거에 시행되었거나 승인받은 프로젝트의 재개에 초점을 맞춰야 한다. 또 인도적 지원에서 시작해 교육·문화 교류 및 협력으로 범위를 확대해야 한다. 북한 주민들과 특별한 민족적·가족적·개인적 관계를 맺고 있는 한국이 북한에 식량 및 보건 지원을 하지 않는다면 다른 어떤 국가도 그런 임무를 맡으려고 하지 않을 것이다. 교육·문화 교류는 적어도 현재의 남북 간 사회 분열을 줄이는 데 도움이 될 것이다. 정부는 민간 차원의 대북 교류와 북한 주민에 대한 민간단체의 지원을 훨씬 더 많이 허용해야 한다.

인도적 지원과 교육 및 문화 교류에서 진전을 이룬 뒤에는 경제개발 프로젝트도 고려할 수 있다. 경제개발 프로젝트는 비핵화 노력에 지장을 줄 수 있어 추진하기가 더 까다롭다. 북한 핵무기 개발에 대한 협상이 재개되면 한국은 다른 국가들과 협력하여 북한에 경제개발 프로젝트를 장려책으로 제시할 수 있을 것이다. 핵 문제가 해결되지 않더라도 비핵화 노력을 저해하지 않는 경제개발 프로젝트를 찾으면 된다. 핵 문제에 진전이 있으면 핵 문제 측면에서 문제가 될 수 있는 프로젝트도 다른 국가들과 논의 후 시행할 수 있다.

우리는 시행 가능한 대북 인도적 지원과 교육 및 문화 교류, 경제협력과 개발협력의 예를 제안하려고 한다. 우리의 제안은 결코 포괄적이거나 최종적인 것이 아니다. 우리는 맞춤형 인게이지먼트를 수행하기 위해 한국 정부가 추진할 로드맵의 일환이 될 수 있는 프로젝트의 개념과 예시를 제시하려고 한다.

1. 인도적 지원

모든 대북 인게이지먼트 활동 중 인도적 지원은 한국에 특별한 의미가 있다. 한국은 북한과 '한 가족'이라고 생각하고 북한에 인도주의적 연민을 갖고 있기 때문에 대북 인도적 지원에 필요성을 느꼈고, 실제로 대북 인도적 지원을 주도적으로 추진했다. 인도적 지원은 북한 문제의 개선을 바라는 한국의 선의와 약속을 보여줄 수 있는 효과적이고 강력한 방법이다. 변함없는 인도적 지원과 약속을 말뿐이 아닌 행동으로 보여주는 것은 신뢰 프로세스의 핵심인 신뢰 구축을 위해 반드시 필요하다. 따라서 인도적 지원은 대북 인게이지먼트의 첫 번째 단계가 되어야 한다.

북한의 식량 부족과 기본적인 의료 서비스의 부재는 영양실조와 전염병, 사망으로 이어지기 때문에 현재 북한 주민들의 삶을 위협하는 가장 심각한 문제이다. 한국이 식량과 비료 지원을 중단하자 북한은 농업에 많은 노력과 자원을 투입해 식량 생산을 늘렸다. 그럼에도 여전히 취약 계층, 특히 어린이들의 영양실조가 심각하다. 5세 미만 영아 중 4%가 소모성 질환을 앓고 있고, 28%는 발육 부진이며 80%는 굶주리고 있다.[77] 북한 주민들의 평균 열량 섭취량은 증가했지만 여전히 단백질과 지방, 미량영양소의 결핍이 심각하다.

북한은 광범위한 공중 보건 인프라를 갖추고 있으나 이를 지탱해줄 자원이 거의 없는 실정이다. 약품은 거의 동났으며 의료 기술 및 교육도 시대에 뒤처져 북한 주민들은 제대로 된 치료를 받지 못한 채 고통을 겪고 사망한다. 또 다제내성 결핵(Multidrug-resistant tuberculosis: MDR TB)과 광범위 약제내성 결핵(Extensive drug resistance tuberculosis: XDR-TB) 등의 전염병이 창궐하고 있다. 게다가 가정뿐만 아니라 의료시설에도 안전한 식수와 전기가 충분히 공급되지 않아 상황은 더욱 악화되고 있다. 북한 보건복지부가 제공한 건강지표에 따르면 대기근이 발생하기 직전인 1994년 북한의 결핵 환자는 인구 10만 명당 38명이었다.[78] 그러나 세계보건기구(World Health Organization: WHO)에 따르면 현재 그 수치는 인구 10만 명당 345명으로 증가해 아프리카의 사하라 사막 이남 지역을 제외하고 세계에서 가장 높은 것으로 나타났다.[79) 영양실조와 의료 서비스 부족에 위생 상태까지 열악해 전염병은 더욱 확산되고 있다.

식량 지원이나 의료 지원 등의 인도적 지원은 북한 주민들에게 도움이 되는 만큼 한국을 비롯한 모든 국가가 정치적으로 가장 지지할 만한 대북 지원이다. 하지만 국제사회의 정치적 긴장감이 대북 인도적 지원에 큰 장애가 되고 있다. 중국과 한국, 미국의 식량 지원은 1990년대와 2000년대 북한의 식량 수급에 매우 중요한 기능을 담당했다. 그러나 최근 남북 관계 및 북미 관계의 악화, 대북 제재로 발생한 의도치 않은 결과, 대북 지원의 피로감(donor fatigue) 등으로 대북 식량 지원이 감소했다. 2013년 세계식량계획(World Food Program: WFP)의 대북 식량 지원은 1996년 이래 최저치를 기록했다.[80) 박근혜 정부도 신뢰 외교의 핵심 원칙에 따라 외교 및 안보 상황과 연계하지 않고 북한에 인도적 지원을 하겠다고 발표했지만 실제 대북 지원은 매우 제한적인 수준이었다. 박근혜 정부는 2013년 북한 어린이와 임산부에게 백신과 약품, 영양제를 공급하기 위해 유니세프를 통해 600만 달러, 세계보건기구를 통해 600만 달러를 지원한 것이 전부이다.[81) 또 『2014 통일백서』(통일부)에 따르면 2013년 통일부가 승인한 민간단체의 대북 지원 총액은 고작 51억 원(약 500만 달러)으로 이명박 정부 때의 평균 지원액 3050만 달러의 6분의 1에도 미치지 못한다.[82)

한국의 대북 인도적 지원은 2014년 3월 박 대통령의 드레스덴 연설 이후 다시 관심을 받기 시작했다. 드레스덴 선언을 통해 박 대통령은 임신부터 1000일 동안 북한의 산모와 유아에게 영양과 보건을 지원하는 '모자(母子) 패키지 1000일 사업' 등 구체적인 인도적 지원 사업을 제안했다. 최근 대북 지원이 제한적이었다는 점과 북한이 다시 문제를 일으킬 수 있다는 점을 고려할 때 이와 같은 사업이 얼마나 효과를 거둘지는 미지수이다.[83) 그러나 이러한 사업의 도덕적이고 인도적인 특성과 남북 관계의 특수성, 인도적 지원이 북한 주민들을 건강하고 평등하게 만들어 통일이 되었을 때 긍정적인 영향을 미칠 것이라는 기대 등 여러 가지 요소를 고려했을 때 한국은 다른 어떤 국가보다도 주도적으로 북한 주민들의 중기 및 장기 생활수준 향상을 위해 노력해야 한다. 그러므로 우리는 한국 정부가 인도적 분야에서 더욱 적극적인 역할을 담당해야 한다고 생각한다. 다음은 맞춤형 인게이지먼트의 기본 원칙에 따라 대북 인도적 사업을 시행하는 방법이다.

① 대북 인도적 사업 추진 시, 상징성이나 민족적 정서에 호소하기보다는 상호 이해와 이익 추구에 초점을 맞춰야 한다

대북 인도적 지원은 북한 주민들의 건강과 영양 개선을 목표로 해야 한다. 북한이 최근 곡물 수확량을 늘리는 데 성공해 주민들에게 탄수화물을 공급할 수 있으므로 비타민, 미네랄, 오일 같은 영양 보조제를 집중적으로 지원해야 한다. 또 어린이나 노인 등 취약 계층에 초점을 맞춰야 한다. 북한의 어린이들은 자라서 통일 한국의 지도자이자 국민이 될 것이므로 그들의 건강과 신체 발달은 북한뿐만 아니라 한국에도 매우 중요하다. 통일 전에 북한 주민들의 영양 상태가 개선되지 않는다면 통일 후에 심각한 문제가 발생할 수 있다. 분유와 유아용 식품 제공 등 유아 및 아동을 대상으로 한 지원은 대북 지원이 다른 대상에게 전용될 가능성을 최소화할 수 있다.

한국은 정치적 상황과 무관하게 지속적으로 실행할 수 있는 프로젝트를 찾아서 '지속적인 인도적 사업'이라 명명하고, 이 사업들이 정상적인 기준하에서 운영될 수 있도록 해야 한다. 이러한 사업은 정치적 상황과 당파적 이해를 초월해야 한다. 정부는 식량 지원을 비롯한 인도적 지원을 정치적 목적으로 이용해서는 안 된다. 대북 지원을 그런 식으로 이용하면 힘없는 북한 주민들이 피해를 입는다. 인도적 지원은 어떤 식으로든 북한의 변화

와 남북 관계 개선에 기여할 것이다.

② 인도적 지원에 시장 원리를 적용해야 한다

식량 지원이 정치적 · 법적 측면에서 가장 실행하기 쉽고 인도적인 대북 지원이기는 하지만 때로는 식량 지원도 문제가 된다. 예를 들어 장기적으로 무상 식량 지원을 할 경우 수원국의 원조 의존도가 커져 도덕적 해이(moral hazard) 문제가 발생할 수 있다. 더 이상 쌀이나 비료 지원이 대북 인도적 지원의 주가 되어서는 안 된다. 북한의 식량 안보와 공중 보건을 개선할 수 있는 프로그램에 집중해야 한다. 식량 및 영양 지원과 더불어 농업 생산성 증가와 농작물 다양화, 주민들의 식생활 개선에 도움이 되는 기술과 교육도 함께 제공해야 한다. 예를 들어, 스위스 정부의 대북 지원 사업처럼 농업 생산성을 높이고 홍수를 줄일 수 있는 경사지 관리법을 북한에 전수해준다면 북한 주민들에게 큰 동기부여가 될 것이다.[84]

대북 지원 프로그램은 북한이 '불법 활동' 대신 정상적인 경제활동을 하도록 유도하는 방향으로 고안되어야 한다. 다시 말해 무역이 원조를 뛰어넘을 수 있도록 해야 한다. 특히 한국은 북한과 상업적으로 교류하여 북한 시장의 발전을 촉진해야 한다. 중국이 북한과 상업적 교류를 한 후 이미 북한에는 최근 몇 년 사이에 일반 시장과 회색시장, 암시장이 크게 확대되었다. 또 중국이 국경무역을 통해 북한에 쌀과 기타 농작물을 제공하자 북한의 식량 배급체계가 약화되고 시장경제가 활성화되었다. 북중 국경지대의 쌀 가격은 중국과 거의 비슷한 수준이다. 이는 시장 메커니즘이 작동하고 있음을 보여주는 예이다.[85] 한국은 대북 식량 지원이 북한의 배급제를 강화하지 않고, 시장이 발전하는 쪽으로 이어지도록 노력해야 한다.

③ 한국 정부는 대북 인도적 지원에 대한 국제사회의 책임감을 강조하고 국제 기준 준수를 촉구하는 등 국제사회에서 더욱 강력한 리더십을 발휘해야 한다

한국 정부는 대북 인도적 지원에 대해 국제사회에서 더욱 강력한 리더십을 발휘해야 한다. 국제사회의 협력을 독려하고, 북한 주민들에게 영양 및 의료 지원을 하기 위한 국제적인 대북 인게이지먼트 계획을 세워야 한다. 국제사회의 대북 제재가 대북 인도적 지원에 영향을 주지 않도록 국제사회와 협력하는 한편, 국제사회가 대북 지원을 확대하도록 독려해야 한다. 북한 주민들의 요구를 충족하고 대북 지원 프로그램의 지속 가능성을 보장하는 가장 좋은 방법은 한국 정부가 솔선수범하여 대북 지원에 국제 기준을 적용하고 유엔 등 국제기구들도 그렇게 하도록 독려하는 것이다.

대북 지원의 효과를 높이려면 2~5개년 계획을 세워야 한다. 정권이 바뀌어도 정책의 일관성이 유지되도록 해야 한다. 한국 정부는 국내적으로는 한국국제협력단(KOICA) 전문가들이 다양한 프로그램을 운영하고 검토할 수 있도록 하는 한편, 국제적으로는 대북 프로젝트의 실행, 평가 경험이 풍부한 유엔 등 국제기구, NGO 단체와 긴밀히 협력해야 한다. 또 원조의 투명성과 효과를 보장하기 위해 검증된 감시 절차를 활용하고 남북 간 정치적 위험을 최소화해야 한다. 처음부터 북한과 양자 사업을 진행하기가 어려우면 적절한 감시 절차를 따르는 국제기구를 통해 북한에 식량을 지원해야 한다.

④ 정부 차원의 사업과 북한 민간 부문에 대한 지원을 병행해야 한다

한국 정부는 대북 인도적 지원을 위한 정부 차원의 사업을 추진하면서 동시에 북한 민간 부문의 활동을 지원해야 한다. 인도적 지원을 전문으로 하는 NGO 단체뿐만 아니라 정교한 계획 수립을 위한 연구 개발 및 전문 지식을 제공해주는 교육기관들과 협력해야 한다. 또 한국과 국제사회의 전문

단체들, 북한의 공중 보건 관리자들과 의사들 사이에서 교량 역할을 해야 한다.

스탠퍼드대가 2007년에 시작한 '북한 결핵 프로젝트'는 다차원 협력을 통한 대북 인도적 지원의 성공 사례로 꼽힌다.[86] 이 프로젝트에는 스탠퍼드대 프리먼 스포글리 국제학 연구소(Freeman Spogli Institute: FSI) 산하 아태연구소 소속의 아시아 정책 전문가들과 스탠퍼드대 의료팀이 참여했다. 이는 북한 결핵 퇴치를 위해 전문가들이 북한과 교류해 상호 이익을 추구하는 프로젝트이다. 2008년 북한 보건부 대표단 5명이 일주일 동안 스탠퍼드대를 방문해 '샌프란시스코 베이 지역 결핵 컨소시엄(Bay Area TB Consortium: BATC)'과 '미국 질병통제예방센터(U.S. Center for Disease Control and Prevention: CDC)', '세계보건기구(WHO)'의 전문가들을 만났다. '핵위협 방지를 위한 세계보건안보구상(Global Health & Security Initiative of the Nuclear Threat Initiative)'의 기금으로 세계보건기구가 권장한 결핵 실험실 설비와 용품을 구입했고, 미국의 NGO 단체인 '조선의 그리스도인 벗들(Christian Friends of Korea: CFK)'이 국내 물류와 수출 승인, 인프라 구축과 관련한 도움을 주었다. 스탠퍼드-CFK팀은 2009년 봄 이후 북한을 여섯 차례 방문했으며 50만 달러 이상을 지원해 평양의 결핵전문병원인 '보건성 제3예방원'을 개수·보수했다. 13개 실험실 70여 평에 품질보증 검사와 결핵균 배양 검사, 약제감수성 검사를 위한 장비를 설치했다. 북한의 보건부 의료진 30명 이상이 미국 전문가들과 모든 단계에서 협력했으며, 북한 의사와 기술자 14명이 스탠퍼드-BATC 전문 실험팀이 준비한 오리엔테이션 워크숍과 자체 평가교육에 참여했다. 이 프로젝트 덕분에 미국과 중국, 인도, 북한의 정부 관리들은 북한 결핵 문제에 대한 의식 제고를 위한 네트워크를 형성했다. 또 세계기금(Global Fund)의 대북자금 지원 협상을 재개시키고 미국 관리들과 세계보건기구 직원들이 북한 결핵 퇴치 프로그램에 대한 장기적 자금 지원을 논의할 수 있는 기회를 제공했다. 이 프로젝트는 적극적인 추진력을 바탕으로 시행되었고 많은 긍정적인 결과를 이루었다. 그 덕분에 북한 내에서도 신뢰가 높았고 여전히 정치나 안보 상황에 영향을 받지 않는다. 상호 보건안보 이해에 초점을 맞춘 전문적인 대북 인게이지먼트 확대에 대한 가능성을 보여준 매우 성공적인 협력 본보기이다.

2. 교육 교류 및 협력

교육 교류 및 협력은 인적 교류의 중요한 부분이다. 교육 교류는 오래전부터 국가 개발에 직간접적 영향을 주는 가장 강력하고 효과적인 수단 중 하나로 여겨졌다. 남북 교육 교류 및 협력은 북한의 인적 자본과 교육기관의 역량 강화에 목표를 두어야 한다. 남북 간 교육 교류는 북한 주민들의 생활수준 향상과 북한의 지속 가능한 발전에 기여해 평화통일의 기반이 될 것이다. 교육은 경제적·사회적 정책을 결정하는 유권자를 양성하며 정책 논의에 영향력을 행사할 수 있는 국민을 길러낸다. 역사적으로 교육 협력은 양국의 정치적 관계가 좋지 않을 때조차 활발하게 진행되었다.

북한 정부와 주민들은 교육을 매우 중요하게 생각한다. 북한은 세계에서 가장 가난한 국가 중 하나지만 미국 중앙정보국(Central Intelligence Agency: CIA)의 『월드 팩트북(The CIA World Factbook)』에 따르면 2008년 기준 북한 주민들의 문해율은 100%이다.[87] 북한은 제1외국어로 영어를 가르치며 세계 과학기술을 배우려는 의지가 강하다. 북한 주민들은 미국 등 다른 국가와 교육 교류 프로그램을 통해 최신 과학기술 정보를 얻고, 북한 상황에 적용할 수 있는 응용기술을 배우며 씨앗이나 설비 등 필요한 관련 물품들을 얻는다.

그러나 남북 간 인적 교류를 사실상 금하는 5·24 조치를 차치하더라도 남북 간 교육 교류에는 많은 어려움이 있다. 한국에서 남북 인적 교류는 정치적으로 민감한 문제이며 북한 주민들은 한국과의 직접적인 대화를 경계하는 경향이 있다. 그러나 박근혜 정부는 정치적 상황과 연계하지 않고 대북 인도적 지원을 하는 방안을 발표했기 때문에 남북 간 교육 교류도 농업과 의학 등 비정치 부문의 지식 공유에서 출발할 수 있을 것이다. 진전이 이루어지면 점진적으로 경제, 과학기술, 그리고 정치까지 분야를 확대해 나가면 된다. 북한 주민들이 다른 국가와 접촉할 수 있는 기회를 제공해주는 지식 공유 프로그램은 북한이 다른 국가들과 정상적인 관계를 맺는 데 도움을 줄 수 있다. 한반도의 통일과 남북 국민들 간의 평화적 통합을 위한 기초를 다지기 위해 한국 정부는 남북 교육 교류 프로그램에 더 많은 자원을 투입해야 한다.

남북 간 교육 교류 및 협력은 맞춤형 인게이지먼트의 기본 원칙에 따라 진행될 수 있으며 그 원칙에 따라 진행되어야 한다.

① 교육 사업은 상호 이해와 이익 추구를 목표로 해야 한다

교육 교류 및 협력은 비정치 분야의 상호 이해와 협력 강화를 통해 남북의 국민들을 하나로 통합하는 효과적인 방법이 될 수 있다. 예를 들어 한국과 북한은 19세기까지의 한반도 역사에 관한 공동 연구를 추진할 수 있다. 이를 통해 한반도 과거에 대해 하나의 국가로 통일된 목소리를 낼 수 있고, 북한은 국가적·지역적 역사가 세계에 드러나는 것을 인식하고 책임감을 느낄 수 있다. 남북이 공동으로 역사를 저술하는 일이 쉽지는 않겠지만 그 시도와 과정 자체만으로도 교육적 효과를 거둘 수 있다.

고고학, 민족학 부문의 남북한 학자들과 학생들의 교류를 통해 남북한은 해당 분야에 대한 연구 수준을 향상시킬 수 있으며 역사에 대한 공통된 이해를 형성할 수 있다. 2007년에 남북한의 고고학자들은 고려의 수도였던

개성 인근에 위치한 고려 왕궁 터 만월대의 공동 발굴을 시작했다. 그러나 공동 발굴 조사는 2011년 말 김정일의 사망 직후 북한의 요청으로 중단되었다. 2013년 6월 유네스코가 개성을 세계문화유산으로 지정한 이후 북한은 만월대의 공동 발굴 조사를 재개하자는 의사를 밝혔다. 이에 따라 한국은 최근 한국 학자들의 북한 방문을 허가하고 북한과 이 사안을 논의하도록 했다. 한국의 문화재단 연구원들도 개성 한옥 보존사업 협의를 위해 북한을 방문해도 좋다는 허가를 받았다. 한국은 이와 유사한 남북 교류 및 프로젝트를 위해 더 많은 노력을 기울여야 한다.

또 다른 남북 교육 교류 방법으로 남북한 교과서와 교과과정의 공유도 고려해볼 수 있다. 이런 종류의 교류에 대해서는 북한이 쉽게 동의하지 않을 가능성이 크기 때문에 한국이 먼저 한국의 교과서와 교과과정을 북한이 활용할 수 있도록 제공해야 한다. 이때 남북 간 어휘의 차이를 고려해 약간 수정하거나 어휘 차이를 설명하기 위한 용어 사전을 제공할 수도 있다. 이 작업을 위해 한국에 거주하는 탈북자의 도움을 받아도 되고 이렇게 재제작한 한국의 교과서와 교과과정을 북한 당국에 직접 전달하겠다는 의사를 밝혀야 한다. 인터넷에도 등재해 누구나 별도의 가입 없이도 열람이 가능하도록 공개해야 한다. 북한 당국은 이러한 자료를 공식적으로 받아들일 수도 있고, 출처를 밝히지 않고 비공식적으로 사용할 수도 있을 것이다. 2013년에 북한은 김일성의 저작뿐만 아니라 백과사전, 외국어 사전, 교과서, 세계문학 작품, 북한문학 작품 등이 담겨있는 북한 최초의 안드로이드 기반 태블릿 PC '삼지연'을 생산했다.[88] 앞으로 몇 년 안에 이와 같은 기기가 북한 사회에 확산되면 한국이 제공한 교과서의 이용률도 높아질 것이다. 또 북한도 그들의 교과서와 교과과정 관련 자료를 한국에 제공한다면 매우 이상적이다. 북한이 제공한 자료는 다양한 분야의 북한 학문과 관점을 한국 국민들에게 소개해줄 수도 있다.

남북 공동 사전을 편찬하는 등의 일반적인 어휘 연구도 모든 분야의 연구와 협력에 도움을 주고, 남과 북의 언어 차이가 심화되는 속도를 늦추는 데 기여할 수 있다. 동독과 서독도 통일 전에『괴테 사전(Goethe Handbuch)』을 공동으로 편찬했고, 중국과 대만도『양안상용사전(兩岸常用詞典)』을 발간했다. 남북한도 1989년에『통일국어대사전』남북 공동 편찬이 처음으로 제기된 것을 기초로 2004년『겨레말큰사전』공동 사전 편찬 사업을 본격적으로 시작했다. 그러나 2010년 남북 관계가 악화되면서 중단됐다.[89] 다행히도 2014년 들어 한국 정부의 승인으로 사전 편찬 작업을 재개하려는 노력이 진행 중이다. 매우 중요한 사업인 만큼 한국 정부는 가능한 모든 지원을 해야 한다(본래 2012년까지 집필을 완료할 계획이었으나 한국은 남북이 반씩 맡은 분량 중 10% 정도밖에 완료하지 못한 것으로 알려졌다).[90] 동서독은 언어 통일을 위해 서로 협력했음에도 통일 후 20여 년이 지나도 여전히 동부와 서부 지역의 언어 차이로 어려움을 겪고 있다.

② 교육 교류 및 협력 사업에 시장 원리와 국제 기준을 적용해야 한다

장기적인 교육 교류 프로그램을 진행할 수도 있다. 예를 들어 남북 양측의 교수와 학생, 대학의 행정 관리자가 폭넓게 교류하며 광범위한 연구를 수행하는 것이다. 미국의 시러큐스대(Syracuse University)와 캐나다의 브리티시컬럼비아대(The University of British Columbia) 등 북미권 대학들은 김일성대, 김책공대, 평양과학기술대(평양과기대) 등 북한 대학들과 이러한 종류의 교육 교류를 진행하고 있다.

북한은 국제사회에 진출해 국제적 협력을 증진시켜줄 세계적 인재를 양성하고 싶어 하지만 그럴 만한 자원이 없기 때문에 외부의 도움을 필요로 한다. 이러한 측면에서의 교육 협력을 보여주는 좋은 예가 바로 북한 최초의 국제사립대학인 평양과학기술대이다. 남북한이 공동으로 설립한 이 대

학은 양측이 공동으로 재정을 지원하고 운영한다. 다른 국가의 종교 단체와 개인들도 대학 운영 기금을 지원한다. 북한 당국이 엄선한 500명의 학생들이 평양과기대에 입학해 서양식 교육을 받는다. 이 대학의 공식적인 목적은 북한을 현대화하고 국제사회와 연계할 수 있는 능력을 갖춘 학생들을 양성하는 것이다. 평양과기대는 2010년에 설립된 이래 총 열두 명의 대학원생을 영국 웨스트민스터대(University of Westminster)와 케임브리지대(University of Cambridge), 스웨덴의 웁살라대(Uppsala Universitet)에 유학 보냈다(전공은 전자공학, 컴퓨터공학, 국제금융경영, 농업, 생명과학 등이다).91)

평양과기대의 해외 교류 프로그램은 현재까지 전적으로 주최국(hosting country)의 지원금으로 진행되었으며 진정한 의미의 '쌍방 교류'가 아닌 평양과기대 학생들만 '파견'하는 성격을 띤다. 이러한 프로그램이 좀 더 많은 이해관계자를 유치하고 지속 가능하려면 수요와 공급에 따라 상업적으로 실행이 가능한 독립적인 프로그램이 되어야 한다. 그러나 그렇게 되기 전까지는 한국 정부가 평양과기대와 같은 교육기관의 설립 및 지원을 늘리고 북한 기관들이 적극적으로 한국과 교육 교류를 하도록 독려할 필요가 있다. 한국 정부는 북한의 교육자와 당국자들에게 이러한 교육기관의 장점과 북한이 다른 국가와 교류할 때 책임감 있고 개방적이며 독립적인 이해관계자가 될 경우 얻을 수 있는 이득을 알려야 한다. 이와 같은 교육기관과 프로그램이 국제 기준을 따르는 기관 및 프로그램으로 자립한다면 다른 국가와 기관의 관심도 높아지고, 북한 주민과 정부에 미치는 영향도 훨씬 커질 것이다.

③ 한국 정부는 북한과의 교육 교류 사업에서 한국이 가진 비교 우위를 인식하고 국제사회에서 더 강력한 리더십을 발휘해야 한다

한국은 남북의 교육 교류 및 협력을 위해 더 많은 자원을 투입해야 한다.

특히 한국이 비교 우위를 가진 분야에 집중할 필요가 있다. 한국은 한반도의 토양과 기후, 북한 주민들의 식생활을 잘 알고 있으므로 농업과 공중 보건 교육 분야에 비교 우위가 있다. 좀 더 일반적인 측면에서 보면, 남북한은 같은 언어를 사용하고 한국은 많은 분야에서 기술 발전을 이루었으므로 자연과학과 생명과학 분야의 교육 교류를 통해 북한을 도울 수 있다. 예를 들어 한국의 의료 문서와 매뉴얼을 수정하거나, 더 나아가 남북 의료 용어 사전을 만들어 북한 당국에 직접 전달하고 인터넷에 게재할 수도 있다(북한 의료계에서는 러시아어와 라틴어에서 차용한 외래어를 사용하는 반면 한국은 대부분 영어로 된 용어를 사용하기 때문에 이러한 사전이 유용하게 쓰일 것이다). 이러한 활동은 북한 주민의 복지 향상과 의료계의 사회적 통합, 통일 후 남북 의료시설 통합에 도움이 될 것이다.

한국은 또한 북한과 교육 교류를 할 때 국제사회에서 주도적인 역할을 수행해야 한다. 도움이 필요한 분야를 발굴하고, 국제적인 교육 교류·협력 프로젝트를 소개하며, 북한과의 교육 교류를 국제사회에 제안하고 지원해야 한다. 이를테면 북한의 교환학생 프로그램을 지원하고 장려해야 한다. 북한 학생들이 한국에 와서 공부하고 한국 학생들이 북한에 가서 공부할 수 있다면 이상적이지만, 그렇게 되기 전까지는 북한과 다른 국가 간의 교육 교류를 지원해야 한다. 정보를 공유하거나 재정적인 지원을 하는 방법 등이 있다. 또 북한 내외에 거주하는 북한 주민들에게 교육 지원을 하는 국제기구와 개인에게 한국이 재정적으로 도움을 주는 것도 좋은 방법이다. 이와 같은 간접적인 지원을 통해서도 한국은 이득을 얻을 수 있다. 이러한 활동은 북한 주민들에게 도움이 되고, 한국의 선의를 보여줄 수 있다. 더불어 북한 상황에 대한 한국 국민들의 이해도를 높이고, 추후 직접적인 남북 협력의 기반이 될 것이다.

④ 교육 교류·협력 사업은 정부와 민간 차원에서 시행되어야 한다

정부와 민간 차원의 협력을 보여주는 좋은 사례인 평양과기대는 북한 정부와 한국의 동북아교육문화협력재단이 공동으로 설립했다. 현재 전자컴퓨터공학부, 농업생명과학부, 국제금융경영학부가 있으며 2014~2015학년도에 의학 연구소 및 치의학 연구소를 갖춘 보건의료대학이 개설될 예정이다.

남북 관계에 어려움이 있더라도 평양과기대와의 교육 교류는 확대하고 발전시켜야 하며 이와 유사한 대북 사업을 추진해야 한다. 아직 평양과기대는 통일부가 공식적으로 인정하는 교육기관이 아니므로 한국 정부는 평양과기대와 한국 대학 교수진의 교환 방문을 승인하는 것을 시작으로 남북 간 교육 교류의 물꼬를 터야 한다. 한국 기관들이 평양과기대의 주 자금원임에도 평양과기대와 교류 협력 양해각서(MOU)를 맺은 10여 개의 교육기관들은 지금까지 학생이나 교수진의 교류를 한 건도 진행하지 않았다. 평양과기대와 MOU를 맺은 기관은 고려대, 한국과학기술원(KAIST), 건국대, 단국대, 한국철도기술연구원 등이다. 한국 정부는 남북 간 교육 교류 및 학생, 교수진 간 교류가 활발해지도록 이러한 MOU 체결을 허용하고 장려해야 한다.

평양과기대는 자금 부족 및 자료 수출에 대한 대북 제재 등의 이유로 7년 동안 개교가 지연되다가 2010년부터 입학생을 받았다. 한국은 이러한 사업에 더 많은 자원을 투입해야 하고, 이처럼 상호 이익이 되는 프로젝트가 양자간 또는 다자간 제재에 영향을 받지 않도록 노력해야 한다.

3. 문화 교류 및 협력

수십 년간 분단국가로 살면서 남북한의 언어와 문화, 생활방식은 매우

달라졌다. 남북 간 의미 있는 소통과 이해를 강화하기 위해서는 남북한 국민들 간에 어느 정도 문화적 동질성이 회복되어야 하며 가치관과 사고방식의 격차도 해소되어야 한다. 거의 모든 형태의 문화 교류 및 협력은 북한의 변화를 이끌어내고, 화해와 평화통일의 기반이 되어 장기적인 효과를 거둘 것이다. 따라서 한국이 상당한 재정적 부담을 지더라도 문화 교류는 추진해야 한다.

탈북자들과 개성공단 한국 근로자들의 진술에 따르면 북한 주민들은 놀라울 만큼 북한 외부의 생활, 특히 한국 생활에 대해 잘 알고 있고, 그럼에도 여전히 궁금해하고 있다. 문화 교류는 북한 주민들이 외부 세계를 접하고, 한국 국민들이 북한 사회와 문화를 이해할 수 있도록 도와준다. 문화 교류를 위해서는 관광과 스포츠, 예술, 대중문화 등 민간 차원의 남북 교류가 확대되어야 한다. 북한은 엄격히 통제된 사회지만 한국과 외국 문화가 이미 영화와 만화, 드라마, 음악 등 대중문화의 형태로 북한 사회에 확산되고 있다. 이들은 대부분 불법 복제되어 중국을 통해 북한으로 유입된다.

1) 관광

관광을 통해 남북한과 기타 국가들은 민간 차원의 교류를 할 수 있고 사업의 기회를 얻을 수 있다. 관광을 통해 북한 내외로 정보가 유통될 수 있으며 북한 주민들이 국제사회와 비적대적인 방식으로 교류할 수 있다. 북한이 관광에 집중하기 시작하면서 실제로 북한 관광객이 약간 증가하기는 했다. 지난해 북한을 여행한 서양인은 5000~6000명, 중국인은 8000~1만명에 불과했지만 관광은 여전히 발전 가능성이 높은 분야이다.

북한 정권은 주민들이 외부 세계와 접촉하는 것을 반기지 않지만 최근에는 관광 산업으로 외화를 벌어들이기 위해 적극적으로 노력하고 있다. 북한은 관광객과 여행 프로그램에 대한 제한을 완화했으며 북한 내에서 외국인의 핸드폰 사용을 허용하고 3G 네트워크를 지원하며 제한적이긴 하지만 관광객들과 북한 주민과의 접촉도 이전보다 많이 허용하고 있다. 특히 스포츠와 문화 관광에 개방적인 태도를 보이고 있다. 마식령 스키장과 평양 자전거 여행을 관광객들에게 개방했고, 올해는 최초로 매년 평양에서 열리는 마라톤 대회에 외국인 아마추어 선수들도 참여할 수 있도록 허용했다.

한편 정치적 긴장이 고조되고 일부 관광객이 체포되자 미국 정부는 미국 시민들에게 북한 여행을 하지 말 것을 강력히 권고했으며 다른 국가들도 북한 여행 주의경보를 발령했다. 일부에서는 관광사업이 북한 정권에 개혁을 하지 않고도 돈을 벌 수 있는 수단을 제공해주기 때문에 북한 핵무기 개발과 인권 문제 해결을 위한 대북 제재의 효과를 저해한다고 주장한다.

그러나 우리는 북한 관광사업을 통해 얻을 것이 더 많다고 생각한다. 북한 정권이 운영 비용을 제하고 관광사업으로 벌어들이는 수입은 크지 않다. 북한 관광사업을 통해 북한 여행 가이드들은 외국인을 만날 기회를 얻는다. 가이드들이 특권계층이라고 해도 이러한 교류는 여전히 의미가 있다. 어쩌면 그들이 특권계층이기 때문에 더 의미 있을지도 모른다. 게다가 북한은 현재 관광객과 일반 북한 주민들 간의 접촉을 그 어느 때보다도 많이 허용하고 있다고 한다. 여전히 제한적이기는 하지만 이러한 접촉은 북한 주민들에게 외부 세계를 경험할 수 있는 기회를 제공한다.

2) 스포츠

지난 20여 년간 스포츠 행사를 통한 남북 교류와 협력은 많은 관심을 받았다. 1990년 북경 아시안게임에서 처음으로 남북 공동 응원단이 발족한 이후 1991년에는 남북 단일 탁구팀이 중국을 꺾고 우승을 차지했으며 2000년, 2004년, 2006년 올림픽에서는 남북 선수단이 공동 입장을 했다. 남북한 선수들의 공동 훈련과 단일팀 구성 등 남북 스포츠 교류는 선수들과 정부 관리들, 국민들이 서로에 대해 알 수 있는 기회를 제공하고, 남북 협력과 통일에 대한 관심을 높이는 데 도움을 준다. 단일팀을 구성하면 이 모든 목적을 달성할 수 있으며 남북한이 서로를 응원하게 된다.

엄격하게 통제된 생활을 하는 북한 주민들에게 스포츠는 반가운 오락이다. 북한팀이 세계 대회에 출전하면 북한 주민들은 외부 세계를 접할 수 있는 기회를 얻는다. 앞으로 북한과 스포츠 외교를 할 기회는 점점 증가할 전망이다. 북한이 최근 스포츠에 집중한 것은 김정은 때문으로 보인다. 스위스에서 유학한 김정은은 특히 동계 스포츠를 좋아한다고 알려졌다. 북한이 마식령 스키 리조트를 통해 스포츠 외교를 강화하려는 것으로 추측된다.

최근 몇 년 동안 남북 간 스포츠 교류가 부진했지만 박 대통령의 한반도 신뢰 프로세스와 드레스덴 연설은 남북 스포츠 교류의 재개와 확대 가능성을 열어놓았다. 한국은 2014 인천 아시안게임을 개최한 데 이어 2015 광주 하계유니버시아드대회의 개최도 앞두고 있는 만큼 가까운 미래에 남북 스포츠 교류 및 협력의 기회는 더욱 많아질 것으로 예상된다. 또 2018 평창 동계올림픽을 통해 남북 교류뿐만 아니라 남북 간 신뢰와 화해 촉진에 대한 한국의 의지를 보여줄 수 있다. 평창 올림픽은 동독과 서독이 단일팀으로 출전했던 1956년 멜버른 올림픽처럼 평화 올림픽의 상징이 될 수 있다. 한국은 이미 평창 올림픽 남북한 단일팀 구성을 위해 노력 중이라고 한다. 단일팀이 구성되면 올림픽 공동 추진 및 공동 훈련, 유엔스포츠개발평화사무국(United Nations Office on Sport for Development and Peace: UNOSDP)과 다자간 협력 등도 추진할 수 있다.

안타깝게도 유엔과 각국의 대북 제재는 북한의 스포츠 활성화 및 대북 스포츠 교류에 장애가 되고 있다. 특정 스포츠 장비와 설비는 '사치품'으로 규정돼 대북 금수(禁輸) 품목으로 분류된다. 한국 정부는 대북 제재가 가치 있는 대북 교류와 협력을 가로막지 않도록 적극적으로 노력해야 한다. 또

'사치품'에 대한 제재를 유지할지도 동맹국, 협력국과 논의할 필요가 있다. 이러한 제재는 이미 합리적이지도, 효과적이지도 않은 것으로 드러났다. 중국을 비롯한 많은 국가들은 심지어 '사치품'에 대한 정의도 명시하지 않아 제재가 올바르게 시행되는 것을 어렵게 하고 있다. 마식령 스키장은 캐나다산 눈 자동차(snowmobile)와 스웨덴산 분사식 제설기(snow blower), 이탈리아산과 독일산 제설차(snowplow)를 갖추고 있다. 유엔 제재에도 불구하고 북한이 어떻게 이러한 장비들을 수입했는지 아무도 알 수 없는 상황이다. 게다가 사치품의 대북 수출 금지는 북한 상류층이 정권에 충성하는 것이 사치품을 공급받기 때문이라는 잘못된 판단에서 나왔다.

3) 대중매체와 대중문화

대중매체를 통해서도 효과적인 남북 교류를 추진할 수 있다. 남북한 언론사는 공동으로 영화와 드라마, 광고, 만화, 아동 도서 등을 제작한 경험이 있다. 2000년 8월 한국 언론사 대표단이 방북했을 때 김정일은 남북 대중매체 간 협력에 기대를 표하며 "북남이 함께 영화나 제작물을 만들면 남쪽이 50 가져가고 북측이 50을 가져가고, 돈이 다 우리 땅에 떨어집니다. 그런데 우리가 무엇 때문에 다른 나라와 만들어야 합니까?"라고 말했다.[92] 2002년에 남북한은 방송교류협력을 체결했다.

2002년 남북 방송교류협력을 체결한 이후 대부분의 남북 교류는 기업 간 교류에 국한되었지만 가장 대표적인 사업은 남북 합작 드라마 〈사육신〉을 공동 제작한 것이다. 조선중앙방송이 회당 70분, 총 24회 분량으로 제작한 드라마를 한국방송공사(KBS)가 2007년에 방영했다. 북한에서 드라마와 장편영화 작가로 유명한 박인서와 김일중이 극본을 쓰고 북한의 장영복이 연출을 맡았으며 한국의 이승희, 박철도가 대본 수정에 참여했다. KBS가 총 20억여 원(약 220만 달러)의 제작비를 전부 지원했으며 이 중 3분의 2는 발전차와 조명차, 편집기 등 방송장비를 구입하는 데 사용했다. 〈사육신〉은 15세기에 왕위를 빼앗긴 단종의 복위 운동을 하다 처형된 여섯 명의 충신에 대한 북한 대중의 상상을 반영한 작품이다. 〈사육신〉은 지금까지 제작된 유일한 남북 합작 드라마이다. 비록 한국에서 큰 인기를 끌지는 못했지만 남북 공동 제작에 대한 가능성을 보여줬다는 점에 의미가 있다.

앞서 언급했듯이 그 밖에도 영화와 만화, 광고, 아동 서적 등의 분야에서 남북 대중매체 간에 교류가 있었다. 가장 잘 알려진 합동 제작물은 지난 몇 년간 한국 최고의 문화 수출 콘텐츠였던 만화영화 〈뽀롱뽀롱 뽀로로〉이다. 2000년대 초반에 남측 애니메이션 회사 아이코닉스는 뽀로로 시즌 1과 시즌 2를 북측 삼천리총회사의 제작자들과 함께 제작하기로 결정했다. 〈뽀로로〉는 오스트레일리아와 프랑스, 타이완, 인도, 이탈리아, 노르웨이, 푸에르토리코, 싱가포르, 영국, 베트남에서 방영됐으며 전 세계 많은 팬들의 사랑을 받았다. 그러나 2011년 미국이 북한에서 제작된 모든 제품과 서비스, 기술의 수입을 금하는 새로운 대북 제재를 발표하면서 남북 합작으로 만든 〈뽀로로〉를 미국에 수출할 수 없을지도 모른다는 우려가 제기됐다. 그러나 다행히도 〈뽀로로〉는 '정보물'로 분류돼 대북 제재 대상에서 제외됐다. 2005년에 남북 간 긴장이 고조되자 아이코닉스는 삼천리총회사와의 계약을 종료했다. 하지만 〈뽀로로〉는 대중매체 분야에서도 남북 간 협력이 가능하다는 것을 상징적으로 보여주는 사례이다.

이러한 사례들에서 알 수 있듯이 현재는 대중매체 분야에서 남북 간 교류를 추진할 경우 한국이 대부분의 자금을 지원해야 한다. 그럼에도 이러한 협력은 상호 이익이 된다. 왜냐하면 남측은 북측의 재능과 인력, 자재, 세팅 등을 이용할 수 있기 때문이다. 일부에서는 정치적·실질적 어려움을 이유로 남북 합작 제작이 진정한 '협력'에 도움이 되지 않고 '교류'로 발전하지 않는다고 주장한다. 그러나 남북 관계의 중요성을 고려할 때 단순한 '교류'라도 추진할 만한 가치가 충분히 있다. 그러나 안타깝게도 2010년 남북 간 긴장이 고조된 이후 모든 종류의 남북 간 대중매체 협력이 중단되었다.

4) 음식 교류

남북 문화 교류 시, 음식 교류에 좀 더 관심을 가질 필요가 있다. 남북은 과거에는 지역적 차이 때문에, 최근에는 분단 때문에 서로 다른 음식 문화를 갖고 있다. 그러나 남북한 국민들은 서로의 음식을 궁금해한다. 서울의 평양냉면집은 손님들로 북적이며 북한 주민들은 한국의 초코파이를 화폐처럼 사용한다. 개성공단에서는 북한 노동자들에게 굉장히 많은 양의 초코파이를 보너스로 주는데 이것이 북한 암시장의 활성화를 야기하고 있다. 북한에서 초코파이의 인기가 너무 높아 북한 당국은 최근에 개성공단에서 나누어주는 초코파이의 수를 엄격하게 제한하기도 했다.

그러나 굳이 북한 당국과 충돌을 일으키지 않고도 북한과 음식 교류 사업을 진행할 수 있다. 2007년 한국의 '맛대로 촌닭' 최원호 대표는 평양에 '락원'이라는 치킨 전문점을 개업했다. 북한의 락원무역총회사가 건물과 직원을 제공하고 최원호 대표가 경영과 인테리어, 식재료, 레시피 등을 맡았다. 락원은 한국에 위치한 최 대표의 다른 프랜차이즈들과 동일한 메뉴를 선보였다. 사업은 성공적이었고 심지어 평양 시내에 배달 서비스도 선보였으며 레스토랑이 정상 운영될 때는 하루 평균 1000달러의 수입을 기록하기도 했다고 한다.

그러나 최 대표의 북한 사업은 2008년 정치적 상황이 변하자 흔들리기 시작했고, 2010년 5·24 조치로 모든 원재료와 식재료의 대북 수출이 중단되면서 결국 파산했다. 그럼에도 그의 도전은 남북 음식 교류의 성공 사례라는 점에 의미가 있다. 그는 정치적 상황이 나아지면 평양 사업을 다시 시작하고 싶고, 심지어 더 확대하고 싶다고 했다. 이러한 상업적 교류뿐만 아니라 다양한 종류의 남북 음식 교류가 가능할 것이다. 남북 합동 음식 축제와 음식 시연은 정치적 상황과 무관하게 진행할 수 있으며 남북한 국민들에게 많은 호응을 얻을 것이다. 이런 행사는 일회성으로 진행하는 것보다 남북이 공동 주최하여 지속적으로 협력해나가는 방식이 이상적이다.

남북 간 정치적 어려움에도 불구하고, 아니 어쩌면 그 때문에라도 더 적극적으로 남북 문화 교류를 추진해야 한다. 다음은 맞춤형 인게이지먼트 원칙에 따라 문화 교류를 추진하는 방법이다.

① 상호 이해와 이익을 위한 문화 교류·협력을 추진해야 한다

금강산국제관광특구사업은 최대 규모의 남북 관광사업이다. 북측이 남측의 자금을 지원받아 경치가 아름다운 북한 동남부 지대를 특구로 지정했다. 사업이 시작된 1998년부터 2008년 남측 관광객이 군사 경계지역을 산책하다 북한군의 총에 맞아 숨지는 사건이 발생해 관광이 중단될 때까지, 남측 국민 200만여 명이 이곳을 방문했다. 많은 한국 국민들은 금강산 지구가 남북 화해 협력 사업을 대표하고 통일에 대한 희망을 상징한다고 생각한다. 한편 한국 정부는 금강산 관광에 따른 한국 국민들의 안전을 우려하며, 금강산 관광을 비판하는 이들은 금강산 관광으로 번 외화가 북한 정권으로 직접 유입될 뿐만 아니라 금강산 지구에서 일하는 근로자는 대부분 북한 주민이 아니라 조선족이라는 점을 지적한다. 2010년 북한은 남측이 합의 사항을 어겼다며 금강산 관광지구 내 자산을 동결했고, 그 이후로는 외국인 관광만 허용하고 있다.

금강산 관광은 균형 잡힌 상호 이익의 추구가 아니라 주로 남측의 민족적 정서에 호소하는 방식으로 추진됐기 때문에 맞춤형 인게이지먼트로 시행하기 어려운 면이 있다. 북측 땅을 밟고 싶은 남측 국민들의 마음은 이해하지만 금강산 관광은 남북한 국민이 서로 접촉할 기회를 많이 제공하지 못했고, 수익금이 북한 정권으로 들어간다는 문제를 안고 있었다. 그럼에도 우리는 한국이 금강산 관광 재개를 위한 협상을 진행 중인 것은 바람직하다고 생각한다. 그렇게 함으로써 한국은 남북 양측 정부를 존중한다는 것을 보여줄 수 있다. 금강산 관광 재개로 북한이 벌어들일 외화는 적지 않지만 그렇다고 막대한 규모는 아니다. 한국 정부는 금강산 관광이 재개되더라도 금강산 관광을 다른 남북 관광사업의 본보기로 삼지 않을 것이며 사업 확대를 위한 보조금을 지원하지 않겠다는 입장을 북한 당국에 명확하게 전달해야 한다. 또 금강산 관광 재개와 금강산에서의 이산가족 상봉 행사의 정례화를 연계해야 한다. 북측 이산가족이 금강산까지 올 수 있도록 남측이 보조금을 지원하겠다는 제안을 해도 좋을 것이다.

스포츠 교류는 남북한 국민들의 일체감 조성을 목표로 추진해야 한다. 이를 실현하기 위한 가장 좋은 방법은 남북 단일팀이 국제대회에 함께 출전하는 것이다. 현 상황에서는 '친선경기'만으로도 남북한 국민들의 이질감과 남북 긴장을 심화할 위험이 있다. 한국은 곧 많은 국제 경기를 주최할 예정이므로 북한과 단일팀을 구성할 기회가 많다. 많은 국가들이 중요한 대회에 참가하기 위해 한반도의 다른 한편에 모인다면 북한은 더욱 소외감을 느낄 가능성이 크다. 따라서 한국은 더욱 적극적이고 관대한 태도로 단일팀 구성을 위해 노력해야 한다. 일단 평창 동계올림픽을 위한 단일팀 구성으로 그 노력을 시작해야 한다. 또 북한 선수들을 위해 물품이나 기술을 지원하고 가능하면 남북 선수들의 공동 훈련도 추진해야 한다.

대중매체와 대중문화 부문의 남북 교류는 양측이 한 팀이 되어 공동으로 작품을 만들어내고 그 작품이 양측 국민에게 공개될 때 가장 큰 의미가 있다. 하지만 아마도 당분간은 이를 실현하기 어려울 것이다. 남측이 북측에 작품 제작을 의뢰하는 형태로 사업을 진행하거나 북측이 남북 합작작품을 국내에서 공개·방영·출판하지 않는다 해도 남북 간 대중문화 교류는 양측의 사업 방식과 역사에 대한 인식 격차를 줄이는 데 도움이 될 것이다. 적어도 초반에는 교류를 하는 과정 자체가 결과보다 더 큰 의미가 있다.

산삼과 한반도 전역에서 자라는 채소 등 전통 음식에 대한 남북 공동 연구는 현재는 물론, 통일 한국의 미래에도 큰 도움이 될 것이다. 이를 통해 남북 전문가들의 지식을 한데 모아 한국 음식 발전에 기여할 수 있기 때문이다. 또 북한의 음식과 영양을 개선하는 데에도 도움을 줄 수 있다. 장기적으로 남북한은 한반도의 음식 문화를 세계적으로 홍보할 수도 있다. 이러한 종류의 교류는 정치적 상황에 영향을 받지 않고 국민들의 호응을 얻기가 쉽기 때문에 평양과 서울에 남북 전통 음식점을 개업하는 등 다른 형태의 음식 교류로 이어질 수 있다. 이와 함께 한의학에 대한 남북 공동 연구도 시도해볼 수 있다. 남북한은 한의학과 관련된 유용한 연구 및 기술을 교환하고 서로 협력함으로써 한약과 한의학 치료법의 세계화에 기여할 수 있을 것이다.

② 문화 교류·협력 사업에 시장 원리를 적용해야 한다

한국은 남북 관광사업이 최대한 시장 원리에 기초하여 '정상적'인 사업이 되도록 노력해야 한다. 한국 정부는 남북 관광사업을 장려해야 하지만 보조금을 지원해서는 안 된다. 금강산 관광보다는 (역시 현재는 중단된) 개성 관광과 같은 관광사업을 추진해야 한다. 또 백두산 관광이나 마식령 스키리조트 등으로 남북관광을 확대하고 싶다는 의사를 나타내는 것도 고려해볼 수 있다. 한국 정부는 박 대통령이 드레스덴 연설에서 남북 교류 협력 사무소 설치를 제안했던 것처럼 평양과 서울에 남북관광 교류 확대를 위한 연락 사무소를 설립하자고 주장해야 한다.

앞서 언급했던 것처럼 음식 관련 사업을 통해 북한과 경제적·문화적· 인도적으로 교류 및 협력할 수 있다. 북한은 음식 사업과 관련해 다른 국가들과 적극적으로 협력했다. 중국에는 북중 국경 근처뿐만 아니라 많은 지역에 수백 개의 '북중 친선식당'이 있다. 한국 정부는 북한이나 제3국에서 남북 친선식당을 운영하려는 개인이나 기업이 특정 조건을 충족할 경우, 이들의 노력을 적극 지원해야 한다. 앞서 예로 들었던 최 대표의 치킨 전문점의 경우 모든 식자재를 남측에서 공급했으나 앞으로 할 남북 사업은 북측에서 직접 식자재를 충당하는 방식으로 추진해야 한다. 그래야 더 많은 북한 주민들과 교류할 수 있고 북한의 시장을 활성화할 수 있다.

③ 다른 국가나 국제기구, 외국 기업이나 NGO와 연계하여 문화 교류 · 협력 사업을 진행해야 한다

남북 간 문화 교류 추진 시, 외국 정부나 기관과 연계하면 교류를 더욱 촉진할 수 있다. 따라서 한국 정부는 다른 국가나 기관과 연계할 수 있는 방안을 고민해야 한다. 남북 간 스포츠 교류도 유엔스포츠개발평화사무국(UNODP)과 같은 국제기구와 협력해 진행해야 한다. 2013년에 강원도와 UNODP는 2018 평창 동계올림픽의 평화적 개최, 세계 청소년의 계발, 남북 간 스포츠 교류, 평창 올림픽 남북 단일팀 구성을 위해 협력하기로 합의했다. 국제기구와 연계하면 북한이 남북 합동 프로젝트 논의에 참여할 동기를 제공해줄 수 있다.

④ 문화 교류 · 협력은 정부와 민간 차원의 교류를 통해 추진해야 한다

한국 정부는 남북 관광 교류의 재개 · 개선 · 확대와 올림픽 단일팀 구성 및 공동 훈련, 올림픽 및 기타 국제 스포츠 대회의 공동 응원단 구성 등 모든 차원의 문화 교류를 장려하고 지지해야 한다. 스포츠 교류에서는 이명박 정부 이전에 했던 것처럼 프로 스포츠팀뿐만 아니라 아마추어팀이나 중학교팀 · 고등학교팀 같은 청소년팀 간의 교류도 지원해야 한다. 이러한 교

류는 남북한 선수들이 서로를 알 수 있는 매우 좋은 기회이다. 남측은 북측 선수들에게 훈련을 제공하겠다고 제안할 수 있을 것이며 북측이 우세한 종목은 남측 선수들의 훈련을 요청할 수도 있다. 개인종목보다는 단체종목에 집중해야 하지만 기회가 주어지면 개인종목에서도 교류를 해야 한다.

4. 경제협력

북한과의 경제협력은 한국과 미국, 일본, 러시아 등 관련국에서 논란이 많은 사안이다. 정치적 위험과 실질적인 사업 진행에 어려움이 있음은 물론이고, 북한과의 경제협력이 북한의 개혁에 도움이 되지 않을뿐더러 북한 정권에 외화벌이의 수단을 제공해준다는 우려가 존재한다. 특히 북한이 핵무기 개발을 꾸준히 진행하면서 이러한 우려는 더욱 커지고 있다.

그러나 무역과 투자 등의 경제협력을 통해 상호 이익에 기초를 둔 경제 관계를 수립한다면 개인, 단체, 정치적 측면에서 남북 관계는 서서히, 그러나 분명히 개선될 것이다. 협력을 더 장기적이고 광범위하게 추진할수록 협력을 유지하려는 북한의 의지는 증가할 것이며 이에 따라 북한 주민들의 생활수준이 상당히 개선되어 평화통일의 기반을 다질 것이다. 그러므로 다자간 경제협력뿐만 아니라 남북 간 경제협력을 통해 북한 경제를 활성화하는 것은 매우 중요하다.

맞춤형 인게이지먼트에 입각한 경제협력은 북한의 행동 변화를 필요로 하며, 행동 변화는 곧 태도 변화로 이어질 수 있다. 경제협력은 북한 비핵화를 위한 국제사회의 노력을 저해하지 않고, 오히려 중기·장기적으로 볼 때 핵 문제 진전을 위해 반드시 필요한, 북한의 태도 변화를 이끌어낼 것이다. 경제협력을 통해 북한은 외화를 벌겠지만 이에 따라 불법적인 활동에 의존할 필요성이 감소한다.

우리는 이 연구에서 주요 남북 경제협력 프로젝트인 개성공단 사업을 집중적으로 다루려고 한다. 개성공단 사업은 향후에 추진할 북한 경제특구 개발 등 다른 남북 경제협력의 시험대가 될 것이다.

개성공단은 남북 협력의 지표이자 적절한 환경에서 훨씬 더 성공적인 경제협력이 가능하다는 것을 보여준 사례이다. 개성공단은 이미 남북한에 상호 이익을 제공하고 있다. 북측은 개성공단을 통해 북한 주민들에게 상대적으로 높은 보수의 일자리와 합법적인 외화벌이 수단을 제공하며 신기술과 관리 절차를 습득한다. 남측은 저렴하고 생산적인 노동력을 이용하고, 남측의 선의를 보여준다. 또 북측 노동자뿐만 아니라 북한 사회 전체에 간접적으로 최신 기술을 소개하고,[93] 북한에 새로운 이해관계자를 만든다. 그 결과 개성공단을 통해 북한 주민의 생활수준이 향상되면 한국은 통일에 대한 부담을 덜 수 있다. 더불어 박 대통령이 발표한 '유라시아 이니셔티브(Eurasia Initiative)'를 추진할 때 개성공단을 아시아 국가들의 연결 고리로 활용할 수 있다.

그럼에도 개성공단 사업은 많은 문제가 있다. 무엇보다 북한은 일방적으로 개성공단을 폐쇄하겠다는 협박을 일삼아 북측 근로자와 남측 기업들을 불안하게 한다. 또 북한이 커뮤니케이션과 물류, 직원 선정 및 대우에서 정상적인 운영 기준을 따르지 않기 때문에 개성공단 내 기업들은 투자자나 파트너를 유치하는 데 어려움을 겪는다. 개성공단 사업은 북한 근로자뿐만 아니라 북한 사회 전반에 간접적으로 큰 영향을 미치지만 여전히 공식적으로는 북한 경제 및 사회와 고립되어 있다. 많은 국가들은 개성공단에서 생산한 제품을 포함해 북한에서 제작된 모든 제품에 여전히 높은 관세를 부과한다. 외국 기업들은 핵무기 개발국이자 최악의 인권 유린국에서 제품을 생산할 경우 브랜드 이미지가 손상될까 우려한다.

북한이 개성공단의 북측 근로자들을 잠정 철수시킨 지 1년이 지난 후,

다시 정상 가동 중인 개성공단의 생산량은 전반적으로 회복되어 2013년 1월의 94% 정도 수준으로 돌아왔다.[94] 한국은 5·24 조치 이후 개성공단에 대한 남측의 신규 투자를 금지하고 있지만 개성공단의 정상 가동을 위한 외국인 투자는 장려한다. 엔리코 레타(Enrico Letta) 전 이탈리아 총리는 개성공단에 대한 정치적 지지를 표명했고, 독일 기업인 미앤프렌즈(Me & Friends) AG는 개성공단 입주 기업인 삼덕통상과 올해 말에 MOU를 체결할 계획이라고 한다. 또 재미한인 의류 도매업체들 및 중국과 러시아의 많은 기업들이 개성공단에 진출 의사를 타진했다.

북한은 개성공단 성공을 경험한 후 국가의 경제 발전 방법으로 경제특구 개발에 집중하는 것으로 보인다. 2013년에 북한은 전국 9개 도 각각에 한 개 이상의 경제특구를 건설한다는 법령을 발표했다. 현재 13개의 경제개발구가 계획 또는 건설 단계에 있다. 북한은 이러한 경제특구 개발을 진지하게 추진 중이나 이처럼 야심 찬 계획을 실현시킬 역량은 부족하다. 인프라는 물론이고 시장경제 메커니즘과 세계시장에 대한 지식을 갖춘 인력도 부족하다. 북한의 경제특구 건설이 성공하기 위해서는 국제사회의 많은 도움이 필요하다. 북중 국경 인근에 위치한 경제특구는 중국 시장 및 바다와 접하고 있어 유리한 입지에 있으나 그 외의 경제특구는 많은 어려움을 겪을 것으로 예상된다.

우리는 맞춤형 인게이지먼트 원칙에 기초를 둔 남북 경제협력이 확대될 수 있다고 믿으며 남북한 모두에 이익을 가져다줄 것으로 예상한다.

① 남북 경제협력은 상호 이해와 이익 추구를 목표로 해야 하며 개성공단 사업을 경제특구 등 다른 경제협력 프로젝트의 모델로 삼아야 한다

개성공단은 많은 면에서 남북 경제협력의 좋은 예이다. 그러나 더 많은 남측 기업과 외국 기업의 투자를 유치하려면 개선해야 할 점이 여전히 많

다. 2013년 개성공단의 잠정 폐쇄와 재개 후 나타난 가장 두드러진 변화는 남북 공동위원회 설치였다(이전까지는 북측이 개성공단에 대해 단독 운영권을 행사했다). 이제 남북한이 개성공단을 경영하는 데 동등한 발언권을 갖게 됐다. 그러나 중국이나 싱가포르 등의 이해관계자를 개성공단 사업에 참여시키려면 개성공단의 운영 체계를 더욱 개선해야 한다. 무엇보다 (직원 선정, 임금 지불 등 경영 전반의) 투명성 제고와 인프라 개발(일일 단위 상시 통행을 위한 전자 출입체계 도입 또는 세관, 항구, 철도 구축을 통한 시장 접근성 강화 등), 물류 및 통신 개선(휴대폰 및 인터넷 서비스 제공 등)은 개성공단이 해결해야 할 주요 과제이다. 이러한 부분이 개선되면 개성공단의 생산성과 효율성이 증대될 뿐 아니라 훨씬 많은 외국인 투자를 유치할 수 있다. 따라서 개성공단은 남북 간 정치적 긴장의 영향에서 벗어날 수 있으며 그에 따라 정치적 위험도 감소하게 된다.

남북한이 함께 개성공단의 유지와 개선, 확대를 위해 노력해야 한다. 개성공단 사업이 성공하면 개성공단은 북한 경제와 사회 개방에 기여할 경제특구 모델이 될 수 있다. 그러나 북한이 13개 경제개발구를 동시에 개발하고 운영하는 것은 불가능하다. 한국은 북한이 특구 중 위치가 좋은 곳을 먼저 개발하고, 경험이 쌓이고 자원이 확보되면 다른 곳을 개발하는 방식으로 우선순위를 정해 사업을 추진할 수 있도록 북한을 독려해야 한다. 또 상업적으로 성공 가능성이 있는 경제특구에 투자하는 것도 고려해야 한다.

② 남북 경제협력은 상징적인 의미에 그쳐서는 안 되며 시장 원리에 입각해 남북한과 모든 관련국 및 기업에 이익이 되어야 한다

경제특구는 고립될 수도 고립되어서도 안 된다는 것을 북한 당국이 이해할 수 있도록 노력해야 한다. 경제특구가 개별 프로젝트로 성공하면서도 북한 경제 전반에 도움을 주려면 다른 국가들과 마찬가지로 지역 주민을

고용하고 지역 경제에 대한 의존도를 높여야 한다. 현재는 북한 정부가 개성공단에서 근무할 근로자를 선정하고 그들을 기업에 파견한다. 기업들은 정부가 선택한 근로자를 면접한 뒤 고용을 거부할 수 있지만 북한에는 그들이 직접 근로자를 채용할 자유노동시장이 없다. 임금은 남북 간 계약으로 정해진다. 한국 기업들은 북한 근로자에게 직접 임금을 지불할 수 없다 (북한 정부에 임금을 지급하면 정부가 근로자에게 전달한다). 한국 기업들이 생산성과 품질에 따라 근로자에게 현금 보너스를 주는 것도 제한된다. 한국 정부는 북한이 시장 원리에 기초한 임금제도와 고용 관행을 채택하도록 독려해야 한다.

개성공단의 또 다른 장기 목표는 북한 경제로의 후방통합(backward integration)이 되어야 한다. 후방통합은 궁극적으로 북한 경제가 자유주의 시장 체제로 이행하는 데 기여하고, 경제특구의 수익성을 높이는 데도 도움이 될 것이다. 지금까지는 소규모의 후방통합만이 이루어졌다. 개성공단이 매우 적은 양의 건축자재와 원자재를 북한 내 다른 지역에서 조달한 것이 전부였다. 북한 경제에서 무역과 투자 체제를 정상화할 수 있는 방법을 찾는 것이 남북 경제협력의 주요 목표가 되어야 한다. 개성공단이 북한의 중소기업과 후방통합할 수 있는 새로운 경제 모델을 개발하여 경제특구에도 적용할 수 있도록 해야 한다.

한국 정부는 개성공단에 투자할 때 한국 기업과 외국 기업의 투자 목적과 동기가 다를 수밖에 없다는 사실을 인지해야 한다. 한국 국민들은 개성공단을 남북 경제협력과 통합을 위한 국책사업이라고 생각하고, 일부 한국 기업들은 바로 그 이유 때문에 개성공단 사업에 참여한다. 비슷한 이유로 한국 정부는 개성공단에 투자하는 한국 기업에 세제 지원, 보험 혜택 등 상당히 많은 지원을 한다. 한국인 투자자들은 또한 북한 관계자 및 근로자들과 같은 언어를 쓴다는 점에서도 유리하다.

외국 기업들은 개성공단에 투자할 국가주의적 동기도 없고, 투자로 얻는 특별한 이점도 없으며 정부로부터 별도의 인센티브도 받지 못할 가능성이 크다. 외국 기업들이 개성공단이나 북한의 다른 지역에 대한 투자를 결정할 때 가장 중요하게 생각하는 것은 단연 수익성이다. 개성공단이 외국 기업들의 투자를 유치하려면 정치적 위험 등 대북 투자의 많은 단점을 상쇄할 수 있을 정도의 조건과 실질적인 인센티브를 제공해야 한다. 한국은 외국인 투자를 유치하기 위해 필요한 조건과 인센티브에 이해관계가 있는 외국 정부 및 기업들과 논의해야 한다. 더불어 그것들이 실행 가능한지에 관해서 북한 당국과 별도로, 이상적으로는 다 함께 논의해야 한다. 무엇보다 현재 한국 정부가 개성공단 입주 기업에 제공하는 정치적 위험 관련 보험을 개편해야 한다. 북한도 함께 참여하는 공동 보험으로 대체하는 것이 바람직하다. 북한이 다시 개성공단의 폐쇄를 주장할 경우 근로자들의 임금 측면에서만 손해를 보는 것이 아니라 더 큰 손실을 입도록 하는 새로운 시스템을 도입해야 한다. 그리고 개편된 시스템을 북한 경제특구와 외국 투자자들에게도 적용해야 한다.

그러나 개성공단은 여전히 한국 정부의 직간접적 보조금을 필요로 하기 때문에 일부에서는 개성공단이 진정한 상업 단지가 아니라 국영 시설일 뿐이라고 비판한다. 개성공단이 자생하기 전까지는 북한 경제특구의 모델이 되기에도 부족하고 북한 경제와 사회에 미치는 영향도 제한적일 수밖에 없다. 사정이 허락되면 한국과 국제사회가 북한 당국에 이러한 사실을 알려 줄 필요가 있다.

③ 국제화를 목표로 개성공단 사업과 경제특구 개발 등 남북 경제협력에 국제 기준을 적용해야 한다

운영의 투명성을 높이고 더 나은 투자 환경을 조성하기 위해서는 개성공

단 사업에 반드시 국제 기준을 적용해야 한다. 국제적으로 협력할 수 있는 방법을 찾고 실행하기 위해서는 법적·금융 시스템을 면밀히 분석해야 한다. 현 상황에서는 이념적으로 위협을 받지 않는 국가의 기업 중 위험을 감수하려는 기업만이 개성공단 사업에 참여하기를 고려한다. 북한은 젊은 세대에게 시장경제를 가르치고 외부 세계에 대한 접근을 허용하여 그들이 세계경제를 이해하고 경험하며 국제적인 트렌드를 익힐 수 있도록 해야 한다. 국제사회와 경제협력해서 비교적 성공을 거둔 베트남 사례를 참고해보면 북한도 경제특구로 진전을 이룰 수 있을 것으로 예상된다. 그러나 외국 기업이 개성공단 사업 참여를 고려하려면 북한은 국제 기준 준수를 위해 훨씬 더 많은 노력을 해야 한다.

박 대통령은 개성공단의 국제화가 필요하다고 강조해 많은 한국 전문가들의 지지를 받았다. 그러나 양자간, 다자간 대북 제재가 큰 걸림돌이다. 개성공단의 국제화를 위해서는 먼저 5·24 조치를 해제하거나 완화해야 한다. 5·24 조치는 한국 기업이 개성공단에 신규 투자하는 것을 막을 뿐만 아니라 외국 기업 유치에도 큰 장애가 된다. 한국 정부가 국내 기업들의 참여를 독려하지 않는다면 정치적 위험을 감수하면서까지 개성공단에 투자할 외국 기업은 거의 없을 것이다.

중국은 개성공단 세계화에 중요한 역할을 할 수 있다. 중국과 북한은 황금평-위화도 경제특구를 공동 개발하기로 하는 등 긴밀하게 협력하고 있다. 북한이 새로 지정한 13개 경제개발구와 마찬가지로 황금평-위화도 경제지대 개발도 중국의 투자로 진행될 예정이다. 개성공단과 (현재는 중국이 거의 독점하고 있는) 경제특구 간의 상호 출자도 바람직하다. 경제특구 간 물류 네트워크 구축도 중요하다. 물류 네트워크를 구축하려면 도로 및 철도 인프라를 개선해야 한다. 북한은 경제특구 건설에 대한 의지는 있으나 외국인 투자 유치를 위한 인프라를 구축할 의지 또는 역량은 없다. 경제특구

간 물류 네트워크가 갖춰지면 개성공단에 입주한 한국 기업은 다른 경제특구에 있는 중국 공장으로 부품을 보내 조립한 뒤 제3국으로 수출할 수 있다. 또 여러 자유무역협정에 따라 북한의 경제특구에서 생산된 제품 대부분은 관세 감면 혜택을 누릴 수 있을 것으로 예상된다. 한국은 중국 및 다른 이해관계국들과 협력하여 북한 당국에 이와 같은 내용을 알려야 한다.

④ 한국 내외에서 정부와 민간 차원의 교류를 통해 남북 경제협력을 추진해야 한다

남북 경제협력은 다차원적으로 추진되어야 한다. 중국의 동북 3성(흑룡강성·요령성·길림성)은 한국에 전략적으로 중요한 입지에 있으며 정부와 민간 차원의 남북 경제협력을 효과적으로 할 수 있는 지역이므로 눈여겨볼 필요가 있다. 특히 내륙지역과 바다를 연결하기 위해 중국의 국경도시 훈춘과 북한의 나진항에 건설 중인 대규모 산업 물류 단지에 주목해야 한다. 동북 3성의 경제개발을 위해서는 북중 경제협력이 반드시 필요하며 중국은 이 지역에 대한 영향력을 급격히 확대하고 있다. 향후 북한은 동북 3성에 값싼 노동력과 자원을 제공할 수 있다. 이미 많은 북한 주민들이 중국의 북중 국경지대에서 일하고 있으며 북한 지역에 대한 중국의 투자도 증가하는 추세이다.

북한이 새로 지정한 13개 경제개발구 대부분이 해안과 북중 국경 인근에 밀집되어 있다. 이 중 개성공단 옆에 위치한 '개성첨단기술개발구'만이 한국을 염두에 두고 계획된 것으로 보인다. 북한이 중국을 경제 발전의 장기적 파트너로 인식하고 있음을 여실히 보여주는 예이다. 5·24 조치가 발효되자 북중 무역이 급증했다고 한다. 결국 5·24 조치는 북한 경제에 아무 영향을 미치지 못한 것이다(오히려 북한에서 사업 중인 한국 기업들만 타격을 입었다). 북중 무역의 70%를 담당하는 중국 도시 단동은 2015년 상반기에 중국과 북한을 연결하는 신압록강대교를 개통할 예정이다. 북중 국경에 인

접한 단동 신구는 임차인과 기업들을 맞이할 준비를 마쳤다. 앞으로 북중 국경무역은 증가할 것이고 나아가 두 경제가 통합될 수도 있다.

한국은 북한과 직접적인 재통합을 이루기 위해 지속적으로 노력하는 한편, 더 광범위하고 지역적인 틀 안에서 면밀하게 남북 경제협력을 추진할 필요가 있다. 대북 교류 측면에서 한국은 북중 국경지대에서 중국과 경쟁할 수밖에 없다. 이미 중국에 대한 경제 의존도가 높은 북한이 '대중화 경제권'으로 흡수된다면 한국은 대북 경제협력에 대한 영향력을 상실하게 된다. 이 지역은 동북아 경제협력을 위한 통로이면서 한국이 대북 투자 및 남북 합작투자를 할 때 우회로 역할을 할 수 있는 곳이다. 현재 동북 3성에는 SK와 포스코, 롯데, 금호아시아나, 하나은행 등이 진출해 있고, 삼성과 LG, 한화, CJ 등도 투자를 검토 중인 것으로 알려졌다. 2013년에 중국 단동에서 북한과 무역한 기업 중 14%가 한국 기업이었고, 23%가 조선족, 43%가 한족 기업이었다.[95] 한편 한국 기업들의 대북 무역액은 5·24 조치 이후 2009년 약 2000만 달러에서 2011년 1000만 달러로 급감했다.[96] 이 지역에는 중소기업들을 위한 많은 기회가 있다. 이러한 기회를 잘 활용하여 박 대통령이 제안한 '유라시아 이니셔티브'의 틀 안에서 프로젝트를 진행해도 좋을 것이다.

5. 개발협력

북한은 인프라 구축을 통해 경제 근대화 및 발전의 기반을 마련할 수 있다. 인프라가 구축되면 외자 유치가 쉬워지고 노동생산성이 향상되어 북한 주민들의 생활수준이 향상되고, 북한 정권이 외화를 벌기 위해 불법적인 사업에 의존할 가능성이 감소한다. 북한에 매장된 풍부한 천연자원을 개발하기도 용이해져 북한은 자본을 창출하고, 그 자본으로 추가적인 경제개발과 투자를 할 수 있을 것이다.

한국도 북한의 인프라 구축을 지원하면 많은 이득을 얻을 수 있다. 북한의 인프라 구축은 무엇보다 한반도 긴장 완화에 도움이 된다. 한국 기업들, 그중에서도 건설업체들이 혜택을 볼 것이다. 북한에 대한 한국의 영향력이 증가하고, 북한의 경제·사회 발전은 평화통일의 기초가 된다. 북한의 인프라 건설에 대한 한국의 지원은 북한 내 인프라 확충 및 자원 개발 가능성과 이점을 강조한 박 대통령의 '비전 코리아 프로젝트'의 내용과도 일맥상통한다.

그러나 한국이 북한 내 인프라 건설과 자원 개발을 지원하는 데에는 많은 문제가 얽혀 있다. 개발 사업은 보통 장기적으로 추진되어야 하므로 지속적인 재정 지원뿐만 아니라 공여국과 수원국의 정치적 노력이 필요하다. 또 장기 프로젝트이기 때문에 한반도와 역내 정치 및 안보 상황에 취약하다. 북한이 한국의 자본을 북한 주민이 아닌, 정권을 위해 사용하거나 개발 사업으로 얻은 수입을 핵무기 개발에 투자할 수도 있다. 북한 경제개발을 위한 한국의 지원은 북핵 관련 유엔 제재 측면에서도 문제가 된다.[97] 5·24 조치는 북한이 핵 문제에 진전을 보일 경우에만 인프라 및 자원 개발을 지원한다고 명시하고 있으며 박근혜 정부의 '비전 코리아 프로젝트'도 북한의 비핵화를 조건으로 한다.

이와 같은 수많은 문제가 있지만 북한의 인프라 개발이 한반도에 미칠 긍정적인 영향을 고려할 때 한국은 개발협력에 대한 다양한 가능성과 조건을 고민해볼 필요가 있다. 박근혜 정부는 이미 몇 가지 가능성을 고려하고 있는 것으로 보인다. 5·24 조치 후 남북 간 모든 개발협력이 중단됐지만 박근혜 정부는 5·24 조치에 예외를 적용해 러시아와 북한의 철도·항만 프로젝트에 참여하기로 합의했다. 한국과 유럽 간 물류 네트워크 구축은 한반도 긴장 완화에 도움이 될 수 있다. 2008년 북한과 러시아는 북한 북동부의 부동항(不凍港)인 나진항을 러시아의 시베리아 횡단철도(Trans-Siberian Railway: TSR)와 연결하고 물류 거점으로 개발하기 위해 3억 4000만 달러 규모의 합작 프로젝트를 시작했다. 북한의 나진과 러시아 국경도시 하산을 연결하는 철도가 수년간의 개수·보수 공사를 거쳐 2013년에 재개통됐다. 나진항 현대화 작업이 완료되면 나진항은 유럽발 화물을 철도로 운송하는 물류 중심지 역할을 할 수 있다. 그렇게 되면 한국 기업들도 나진항과 나진 -하산 철도, 시베리아 횡단철도를 이용해 유럽까지 수출 화물을 운송할 수 있다.

필요한 안보·정치·사업 환경이 조성되면 이전에 남북이 합의했던 합동 개발 사업들을 선택적으로 재개해야 한다. 5·24 조치가 시행되기 이전에 남북은 많은 개발협력 프로젝트에 대한 합의를 마쳤으며 일부는 거의 실행 직전까지 갔다. 북한 주민들의 난방을 돕기 위한 인도적 차원의 에너지 공급과 금강산 지구 에너지 공급, 단천 지역 3개 광산 개발, 정촌 흑연광산 개발 사업 등이 그 예이다.

재개하거나 새로 추진할 프로젝트를 선정할 때에는 다음의 원칙을 따라야 하며 이 원칙을 개발협력의 계획·실행·운영 지침으로 삼아야 한다.

① 개발협력 추진 시, 상호 이해에 기초해 신중하게 프로젝트를 선택하고 프로젝트 실행 순서를 정하여 남북한과 이해관계자 모두에게 이익이 되도록 해야 한다

적절한 정치·안보 환경이 조성되면 한국 정부는 5·24 조치로 중단된 프로젝트들을 수정해서 상호 이득이 되는 시범 사업으로 시작할 수 있다. 예를 들어 남포-평양 탄광 사업은 노후화된 광산을 재정비만 하면 되므로 상대적으로 수월하게 진행할 수 있다. 아시아 최대 노천 철광인 무산 철광은 이미 에너지 공급체계를 갖추고 있으므로 철광이 개발되면 한국으로도 철을 공급할 수 있다. 또 평양-남포 지역에 '공동 발전단지'를 조성하면 북

한 전 지역 주민에게 충분한 전력을 공급할 수 있을 뿐 아니라 남는 전력을 서울로도 공급할 수 있게 된다.

상황이 좋아지면 남·북·러 에너지 네트워크 개발도 추진할 수 있다. 남·북·러 가스관 사업은 아직 상업 협상 단계에 있지만 한국과 러시아 철도 연결 프로젝트와 함께 동아시아와 유럽 간 물류 네트워크 구축에 기여할 수 있다. 이러한 프로젝트들은 박근혜 정부의 '유라시아 이니셔티브' 취지에도 부합한다. 현재 한국에서 유럽까지 해상으로 화물을 수송하면 최소 4주가 걸린다. 그러나 철도가 건설되면 수송 기간이 반으로 줄고 운송비도 대폭 감소해 한국의 수출 경쟁력이 강화될 것이다.

북한은 발전소 건설과 교통체계 정비, 통신 인프라 확충 등 북한 도시와 경제특구에 인프라를 구축하기 위한 한국의 투자를 환영할 것이다. 북한은 현재 큰 도(道)에만 대중교통 체계를 갖추고 있다. 교통 인프라 부족은 북한의 지속 가능한 경제성장을 가로막는 주요 원인이다. 북한이 최근 발표한 경제특구 사업의 가장 큰 장애물도 인프라 구축에 대한 북한 정부의 무관심 또는 무능력이다. 예를 들어 경제특구와 중국 간 도로는 대부분이 비포장도로이다. 나선특구도 전기 등의 인프라가 부족해 그 잠재력을 충분히 발휘하지 못하고 있다. 인프라 구축은 외자 유치와 외국인 직접 투자에도 영향을 미치기 때문에 북한 경제특구가 성공하려면 반드시 필요하다.

② 남북 개발협력에 시장 원리와 국제 기준을 적용해야 한다

남북 개발협력은 시장경제 메커니즘에 따라 추진되어야 한다. 초기에는 정부 보조금 없이 개발 프로젝트를 진행하는 것이 거의 불가능하겠지만 한국 정부는 점차 보조금을 최소화하고 프로젝트가 독립적으로 자생할 수 있도록 해야 한다. 그리고 궁극적으로는 정상적인 시장 원리에 따라 운영되어야 한다. 한국은 실행 단계 이후에도 정치적인 지원을 해야 하지만 지속

적으로 정부 보조금을 지급하는 것은 이전 사례에서 증명된 바와 같이 정치적 상황과 프로젝트의 연계를 강화하여 장기적으로 프로젝트의 성공을 어렵게 할 것이다.

또 남북 개발협력 사업에 미국과 일본, 세계은행(World Bank)과 국제통화기금(International Monetary Fund: IMF) 등 국제금융기구(International Financial Institutions: IFIs)가 참여하도록 독려해야 한다. 초기 단계에서는 이들의 자금보다도 노하우와 전문 지식이 도움이 될 것이다. 국제금융기구와 유엔개발계획(United Nations Development Programme: UNDP)은 북한 정부의 부족한 역량을 채워주고, 국제금융 및 경제, 사업 관행 등에 대한 지식을 제공해줄 수 있다. 물론 북한도 국제금융기구와 관계를 구축하기 위해 노력해야 하며 한국과 중국은 북한의 노력이 필요하다는 것을 북한이 인지할 수 있도록 북한을 설득해야 한다. 이 부분에서 한국과 중국의 협력이 필요하다.

경험에 따르면 국제금융기구와의 연계는 제한적이라 해도 분명 효과가 있다. 미얀마의 경우, 국제금융기구가 정보 및 관계 기반을 제공해준 덕분에 정부가 강력한 경제개혁을 추진할 준비가 되었을 때 그 기반을 바탕으로 신속하게 개혁을 추진할 수 있었다. 또 국제금융기구와 연계한 덕분에 미얀마 정부는 만만치 않은 국내외 정치 환경 속에서도 내부로부터 변화를 끌어내 개혁을 추진할 수 있었다. 국제사회도 미얀마의 상황과 개발 과제의 해결책을 좀 더 현실적으로 이해할 수 있었다. 북한 개발 사업을 국제금융기구와 연계해서 추진하면 관련국들도 대북 개발협력을 통해 무엇을 얻을지 전략적으로 판단해볼 것이다.

대북 개발 지원을 할 때에는 되도록 OECD에서 규정한 공적개발원조(Official Development Assistance: ODA) 규정 및 기준을 준수해야 한다. 정책의 일관성과 운영 투명성, 협력을 강화하기 위해서이다. 북한은 세계 최빈국

중 하나인데도 핵무기 개발과 인권 문제, 국제 기준 준수 거부 등으로 ODA를 거의 받지 못하고 있다. 북한은 ODA에 대한 관심을 공식적으로 표명했으나 원조 수원국의 조건을 충족하기 위한 노력은 하지 않았다.

한국은 북한을 외국으로 생각하지 않기 때문에 한국의 대북 인도적 지원 및 개발 지원은 공식적으로 '해외' 개발 원조로 분류되지 않는다. 그 때문에 ODA 기준과 규정은 한국의 대북 지원에는 적용되지 않는다. 일부에서는 한국의 대북 지원에도 ODA 기준을 적용해야 한다고 주장하지만 이는 현실적으로 실현 가능해 보이지 않는다. 그럼에도 한국은 대북 개발 지원 시, 최대한 ODA 국제 기준을 따르려고 노력해야 한다. 그렇게 하면 국내에서도 대북 지원 확대에 대한 정치적 지지를 강화할 수 있을 것이다. 또 대북 지원을 정치적 변화의 영향에서 보호하는 효과도 있다. 한국이 국제 기준에 입각해 대북 지원을 시행하면 국제사회도 원조 수여국으로서 북한에 더 매력을 느낄 것이다.

③ 개발 사업은 외국 및 외국 기업들이 이해관계자가 될 수 있도록 국제적으로 추진해야 한다

3자간 또는 다자간 개발협력은 남북 양자간 개발 사업에 비해 실패할 확률이 낮다. 남북한 외에 이해관계자가 있으면 북한이 남북 간 정치적 이슈와 개발 사업을 연계하기 어렵기 때문이다. 아마도 이러한 이유로 한국 정부는 대북 개발협력 재개의 첫 사업으로 나진-하산 프로젝트를 선택했을 것이다. 2014년 4월, 한국 정부는 한국 국민의 북한 주민 접촉 및 방북을 금지하는 법에 예외를 적용해 최연혜 한국철도공사(코레일) 사장과 관계자 네 명이 방북하는 것을 허용했다. 이들은 중국, 러시아 등 25개 국가의 철도 관계자들과 함께 북한에서 열린 국제철도협력기구(Organization for the Co-operation of Railways: OSJD) 사장단 정례회의에 참석했다. 최 사장의 방북은

2008년 초 이명박 정부가 출범한 이후 최초로 허용된 한국 공기업 사장의 방북이었다는 점에 큰 의미가 있었고, 그동안 중단되었던 나진－하산 철도의 개수·보수 관련 협력에 대한 기대를 높였다. 현재 나진－하산 프로젝트 합작회사의 지분은 러시아가 70%, 북한이 30%를 보유하고 있다. 철도 공기업인 코레일과 포스코, 현대상선으로 구성된 국내 기업 컨소시엄이 러시아 측 지분 중 50%가량을 매입할 것으로 알려졌다.[98] 이 같은 지분 매입은 러시아를 통한 간접투자인데도 대북 신규 투자를 금하는 5·24 조치에 위배된다. 그러나 유라시아 국가들이 도로 및 철도 연결 사업에 참여해 한국－북한－러시아－중국－유럽을 관통하는 '실크로드 익스프레스'를 실현해야 한다고 주창한 박근혜 정부의 '유라시아 이니셔티브'에 따라 한국 정부는 이 사업에 예외를 적용했다. 진전이 있을 경우 나진－하산 프로젝트는 추가적인 대북 직간접투자의 기반을 마련할 것이다. 러시아와 한국은 남·북·러 가스관 사업과 아시아와 유럽 간 운항 거리 및 시간 단축을 위한 북극 항로 개발협력 등을 장기 사업으로 추진하기로 합의했다. 2014년 4월 러시아는 유럽을 넘어 아시아로 수출 시장을 다변화하기 위해 가스관을 건설하기로 했다. 그래서 북한이 과거 소련에 진 부채 중 90%에 해당하는 100억 달러를 탕감해주기로 결정했다.[99] 또 4월 말에는 유리 트루트네프(Yury Trutnev) 러시아 부총리가 남·북·러 간 3자 협력 인프라 프로젝트의 촉진을 위해 방북하여 남북한 철도와 시베리아 횡단 철도 연결, 남·북·러 가스관 및 전력망 구축 사업 등 주요 사업을 논의했다. 러시아는 이러한 프로젝트에 이미 상당한 자금을 투자했다.[100] 한국과 러시아 대표단이 북한을 방문한다면 3국 간 경제, 개발협력뿐만 아니라 남북, 북러 관계도 새로운 국면을 맞이할 수 있다. 남·북·러 협력은 향후 러시아 외 다른 국가들과 북한 개발 프로젝트를 추진할 때에도 중요한 모델이 될 수 있다.

④ 개발 프로젝트를 통해 정부와 민간 차원의 변화를 이끌어내야 한다

인프라와 자원 개발은 북한 경제와 사회 발전에 도움이 될 뿐 아니라 북한과 국제사회의 협력을 강화할 수 있는 가장 효과적인 협력 방식이 될 수 있다. 그러나 프로젝트를 성공적으로 추진하기 위해서는 북한이 먼저 프로젝트 수행에 대한 의지와 파트너로서의 신뢰를 보여줘야 한다. 국제사회에 신뢰를 주기 위해서는 핵 문제와 관련해서도 책임감 있는 태도를 취해야 한다.

에너지 부족은 아마도 북한이 겪고 있는 가장 근본적인 자원 문제이자 개발의 걸림돌일 것이다. 이를 극복하기 위해 북한은 지금까지 상당한 노력을 했다. 에너지 공급과 개발에 관한 대규모 대북 지원은 북핵 문제와 연계해서 진행해야 한다. 그러나 남북 공동 조사 및 공동 계획은 핵 문제가 해결되기 전에도 수행할 수 있다. 이를 통해 한국은 6자회담과 한국의 대북 에너지 개발 원조에 대한 북한의 신뢰를 얻을 수 있을 것이다.

도로 건설과 같은 인프라 구축은 민간 차원에서도 중요한 변화를 일으킬 수 있다. 북한 주민들은 정치적인 이유뿐만 아니라 실질적인 문제로 이동에 제약을 받는다. 도로 상태가 열악해서 가까운 지역으로 이동하는 것조차 쉽지 않다. 특히 시골에 사는 북한 주민들은 음식을 구하고, 병원에 가고, 타 지방 사람들과 소통하는 데에도 제약이 따른다. 중국과 러시아가 북한의 교통 인프라에 관심을 갖기 시작하자 북한도 교통 인프라 구축이 경제 발전을 위한 필수 조건이라는 사실을 점차 인지하는 것 같다. 교통 인프라 확충은 중기·장기적으로 북한에 긍정적인 사회 변화를 일으킬 것이다.

6. DMZ(Demilitarized Zone) 세계평화공원 조성

박 대통령은 2013년 5월 미 의회 상원과 하원 합동회의 연설에서 'DMZ

세계평화공원' 조성에 대한 구상을 밝혔다. 군사 충돌지대를 통일에 대한 염원과 남북 간 화합, 인간과 자연의 화합을 상징하는 공원으로 탈바꿈하겠다는 계획이다. 김대중, 노태우, 이명박 정부 등 이전 정부들도 DMZ의 평화적 활용 방안에 대한 계획을 발표했지만 군부를 중심으로 한 북한의 반대로 실현시키지는 못했다.

길이 248km, 폭 4km의 DMZ에 어떠한 변화도 있어서는 안 된다고 주장하는 북한의 입장을 고려해 박 대통령은 세계평화공원을 소규모로 시작하자고 제안했다. 추후에 DMZ의 다른 구역도 공원으로 확대하고, 마침내 DMZ 전체가 평화공원이자 자연보호구역으로 조성될 수도 있을 것이다. 이 '비무장'지대는 사실 세계에서 가장 삼엄한 '무장' 국경지대로, 남북한 모두 70%의 병력을 이곳에 주둔시키고 있다. 따라서 박 대통령이 강조한 대로 아주 작은 규모로 시작한다 해도 DMZ에 평화지대를 조성하는 것은 남북 간 신뢰와 협력, 평화적 공존을 위해 중요하다.

유엔은 기본적으로 DMZ 세계평화공원 조성에 대한 지지 입장을 표명했다. 2013년 8월 반기문 유엔 사무총장은 "적극적으로 돕겠다"라고 말하며 유엔도 이미 내부적으로 어떻게 도울 수 있을지 검토를 시작했다고 덧붙였다.[101] 그러나 북한이 DMZ 세계평화공원 조성 사업에 관한 모든 부분에 동의해야만 유엔이 이 프로젝트를 지지할 수 있다고 밝혔다. 사실 북한의 동의를 얻기는 결코 쉽지 않을 전망이다. 북한은 DMZ 세계평화공원 조성 사업에 대해 "우리 민족이 외세에 의해 분열된 것만도 가슴 아프고 창피스러운 일인데, 그곳을 하루빨리 밀어버리기는 고사하고 세상 사람들의 구경거리로 돈벌이 목적에 이용하겠다고 하니 실로 개탄할 일이 아닐 수 없다"[102]라고 비난했다.

박 대통령은 세계평화공원 조성에 대한 국제사회의 관심과 지지를 확보하기 위해 노력 중이다. 한국은 국제사회의 지지를 얻을 만한 확고한 기반을 갖추고 있다. 한국전쟁 당시 67개국이 한국을 지원했고, 전쟁 이후 휴전 협정으로 DMZ가 설정되었다. 미국 등 여러 국가의 수많은 NGO가 DMZ를 자연보호구역으로 활용하자는 아이디어를 오래전부터 지지했다. DMZ 세계평화공원 조성에 대한 논의가 시작될 정도로 남북 관계가 진전되면 국제사회의 강력한 지지가 힘을 발휘할 것이다.

DMZ 세계평화공원 조성 사업을 실행하는 데 기본적으로는 북한의 반대가 가장 큰 걸림돌이지만 그 외에도 해결해야 할 실질적인 문제들이 많다. 한국인 금강산 관광객 총격 피살사건이 보여주듯 남북 간 긴장이 해소되지 않는 한 DMZ의 어느 구역을 개방해도 위험할 수 있다. 따라서 평화공원을 조성하려면 남북 간 정치적·군사적 긴장이 먼저 완화되어야 하며 남북 군대가 소통하고 협력할 수 있는 장치가 마련되어야 한다. DMZ에 묻혀 있는 지뢰를 탐지하고 제거하는 작업도 필요하다. 남북이 세계평화공원 조성에 대한 최종 합의에 이르기 전에 한국은 먼저 DMZ 내 자원의 공동 연구를 북한에 제안해야 한다. 공동 연구 자체가 매우 중요한 파일럿 프로그램이 될 수 있다.

세계적으로도 국경분쟁을 완화하고 평화를 촉진하기 위해 자연공원을 활용한 사례는 많이 있다. 폴란드와 체코슬로바키아는 상호 신뢰를 재건하고 제1차 세계대전 기간에 발생한 국경분쟁을 해결하기 위해 타트라 산맥을 자연보호구역으로 지정했다. 아프리카 남부 스와질란드와 모잠비크 사이에 있는 루봄보 지역을 비롯해, 자연보호와 생태관광을 통한 국가 간 협력을 보여주는 10개의 평화공원이 있다. 칠레와 페루의 해상 국경분쟁은 10년간의 정치적·법적 논란 끝에 해결되었다. 국제사법재판소의 판결에 따르면 국경 도시 타크나에 산타로사 콩코르디아(Santa Rosa Concordia)라는 지대가 건설되어 사업 유치와 양국 간 무역 촉진에 기여할 전망이다.

해결해야 할 문제가 많이 있지만 우리는 박 대통령의 주장대로 DMZ 세계평화공원 조성 사업이 단계적으로 진행할 만한 가치가 있는 프로젝트라고 생각한다. DMZ 세계평화공원 조성 사업을 계획하고 실행할 때, 그리고 북한과 논의를 진행할 때에는 다음 원칙들을 기반으로 해야 한다.

① DMZ 세계평화공원 조성에 대한 국내 합의 도출이 우선이다

한국 국민 대부분은 DMZ에 평화공원을 조성한다는 아이디어에 찬성한다. 그러나 북한을 설득하기가 어려워지자 이제 한국에서도 이 사업에 대한 관심이 식은 상태이다. 정부는 여당과 야당 모두의 지지를 얻을 수 있도록 노력해야 하고 충분한 예산을 승인해야 한다. 그래서 북한이 평화공원 조성 사업에 참여하겠다는 의사를 나타냈을 때 신속하게 사업에 착수할 수 있도록 준비해야 한다. 국회와 청와대, 국방부와 외무부, 통일부, 환경부 등 모든 관련 부처는 평화공원 조성 사업의 정책과 예산, 계획과 관련하여 다 함께 협력해야 하다. 2014년에 발족한 통일준비위원회가 어렵고 까다로운 이 사업에 관한 정부 부처 간 조정을 할 수 있을 것이다(통일준비위원회는 초당파적인 위원회로, 30명의 민간 위원과 모든 관련 정부 부처의 대표들로 구성되어 있다). 이러한 노력을 통해 정부는 국민들과 국제사회에 진정성을 보여줄 수 있다. 그에 따라 북한이 DMZ 세계평화공원 조성 사업에 관심을 가질 가능성도 증가할 것이다.

그러나 한국이 북한에 DMZ 세계평화공원을 조성하여 얻을 수 있는 혜택과 이점을 분명하게 제시하지 못하면 이 프로젝트는 한국만의 희망사항으로 남을 가능성이 크다. 남측 국민들은 DMZ를 그린벨트(green belt)라고 생각하지만 북측 국민들은 끊임없이 전쟁을 연상시키는 블랙벨트(black belt)라고 생각한다. 한국 정부는 특히 북한 군부에 호소할 수 있는 프로젝트 이행 계획과 논리를 준비해야 하며 북한과 논의를 시작하기 위한 적절한 방법을 찾아야 한다. 이런 점에서 한국이 DMZ 이남에 '시범 모델'이나

'과도기 모델'로 공원을 조성하는 것도 좋은 방법이다. 이를 통해 한국은 북한에 한국의 선의와 DMZ 평화공원의 실행 가능성을 보여줄 수 있다.

② DMZ 세계평화공원은 남북한 모두에 이익이 되어야 한다

DMZ 세계평화공원 조성은 남북한 모두에 많은 기회를 제공할 것이다. 가장 중요한 것은 아주 작은 규모의 상징적 공간이라도 남북의 민간인이 공원을 공동으로 관리할 경우 남북 간 군사적 신뢰 구축과 긴장 완화, 안보 상황 안정화에 기여할 수 있다는 점이다. DMZ의 평화로운 풍경과 인간의 간섭을 받지 않은 야생동물 덕분에 남북한 모두 생태관광으로 수입을 거둘 것이다. DMZ 공원의 규모를 점차 확대하면 향후에는 DMZ 평화공원과 평화조약협상을 연계할 수도 있다. DMZ 평화공원에 대한 협력이 계기가 되면 남북은 DMZ 밖에서도 공해방지대책, 홍수방지, 탄소격리, 정수(淨水) 등 환경보호 사안에 협력할 수 있다. DMZ 내 한국전쟁 전사자들의 유해 발굴 및 송환과 공동 문화유물 발굴도 남북에 상호 이익이 되는 활동이다. 남북 양측은 임진강 유역의 홍수가 DMZ를 거쳐 남쪽으로 내려오는 것을 막기 위한 협력도 추진할 수 있다(남북한의 수자원 관리 당국 간 의사소통 문제로 장마철에 사망자가 발생하기도 했다).

한국이 북한에 DMZ 세계평화공원 조성으로 얻을 수 있는 즉각적인 경제적·재정적 혜택을 강조한다면 북한도 이 사업에 관심을 보일 것이다. DMZ 세계평화공원은 공동 경제단지의 새로운 형태로 고용 창출, 투자 촉진, 인프라 구축에 기여할 수 있다. 또 한국은 현재 북한에서 DMZ를 거쳐 내려오는 물을 사용하고 있으므로 북한 농민들이 상류수를 정화해서 내려보내면 한국이 이에 대한 사례를 지불하는 방식의 정수 펀드 사업 등도 추진할 수 있다. 이러한 노력의 일환으로 한국은 북한의 람사르 협약(Ramsar Convention, 공식 명칭은 '물새 서식지로서 특히 국제적으로 중요한 습지에 관한 협약) 가입을 지지할 수 있다.

박 대통령의 주장처럼 30만 평가량의 소규모 공원이라도 충분히 의미 있는 출발점이 될 수 있다. 한국 정부는 이러한 소규모의 상징적 공간이 북한에 어떠한 부정적인 군사적 영향도 미치지 않으며 오히려 즉각적인 수입과 장기적인 이득을 가져다줄 것이라는 점을 설명할 수 있어야 한다.

③ 한국은 DMZ 세계평화공원 조성에 대한 국제사회의 지지를 확보하고, 되도록 다른 국가들과 협력해야 한다

익명의 북한 관계자는 평화공원 조성에 대한 논의가 진행될 경우 북한의 협상 상대는 한국이 아니라 미국이 되어야 한다고 말했다. 이러한 주장은 북한과 휴전협정에 서명한 국가가 한국이 아니라 미국이라는 사실에 기초를 둔 것으로 보인다. 그러나 남북이 경의선 철도 연결에 합의했던 것처럼 북한의 입장은 달라질 수 있다. 미국은 한국의 DMZ 세계평화공원 조성 노력에 간섭할 생각은 없을 것이다. 그러나 DMZ 관리를 책임지는 유엔군 사령부의 책임자로서 미국, 그중에서도 특히 미군은 DMZ 세계평화공원 조성이 북한에 대한 억지력과 방어력을 약화시키지 않는 방향으로 추진되어야 한다는 점을 분명히 하고 싶어 할 것이다. 한국은 세계평화공원 조성과 관련해 주한 유엔군 사령부와 이미 상의와 조율을 진행하고 있어야 한다. 또 중국에도 이 프로젝트를 알리고 상의할 필요가 있다. 중국은 더 이상 DMZ 관리에 적극 관여하지는 않지만 한국이 평화공원 조성을 상의하면 고마워할 것이고, 향후 DMZ 세계평화공원 조성에 대한 중국의 지지가 중요해질 수도 있다.

60년 넘게 인간의 손길이 닿지 않은 DMZ 내의 풍부한 생태자원은 국제자연보호협회(Nature Conservancy)와 야생동물보존협회(Wildlife Conservation Society) 등 세계 환경 NGO들의 관심을 받았다. 보통 생태관광을 주제

로 한 평화공원은 세계 환경보호 단체들의 이목을 끈다. 유엔세계관광기구 (United Nations World Tourism Organization: UNWTO)에 따르면 1990년 이후 생태관광은 매년 30% 이상 성장하고 있으며 모든 관광의 형태 중 지역 경제에 가장 큰 수익을 제공한다. 게다가 생태관광은 경제적으로 빈곤하지만 뛰어난 자연환경을 가지고 있는 지역의 경제를 활성화할 수 있는 가장 효과적인 방법이다. 국제사회와 협력하면 DMZ 세계평화공원 조성 사업을 더욱 지속 가능한 방식으로 추진할 수 있고, 북한의 관심과 협력을 이끌어 낼 수 있을 것이다.

후기

2014년 8월 15일 광복절 경축사에서 박근혜 대통령은 남북한이 환경협력과 고고학 공동 연구 등 '실천 가능한' 작은 사업부터 추진해나가야 한다고 강조했다.[103] 박근혜 정부는 연설이 있기 몇 주 전부터 이미 한국 학자들과 인도주의 단체가 추진했던 대북 사업의 재개를 허용하기 시작했으며 큰 규모는 아니었지만 북한 주민들을 위해 인도적 지원을 하기도 했다.

우리는 이 보고서에서 주장했듯이 박 대통령이 언급한 실용적인 정책을 강력하게 지지한다. 그러나 정책만으로는 현재 한국이 직면한 문제를 해결할 수 없다. 우리가 2014년 2월과 3월에 열린 세 번의 워크숍에서 미국, 한국, 중국의 대북 전문가들과 논의를 하고 이 보고서의 초안을 작성하기 시작한 이후 한반도의 근본적인 상황은 더욱 악화되었다.

- 북한은 이제 플루토늄 재처리뿐만 아니라 우라늄 농축을 이용한 핵무기 개발을 계속하고 있다. 머지않은 미래에 2012년 궤도 진입에 성공했던 위성보다 더 큰 로켓의 발사 실험을 할 가능성도 있다.[104]
- 7월 시진핑 주석의 방한은 북핵 문제에 대한 중국의 대북 압력이 제한적일

것임을 시사했다.

· 중동과 남아시아 문제가 악화되고 우크라이나 위기까지 더해진 상황에서
  오바마 정부는 현재의 대북 접근 방식을 바꾸지 않을 가능성이 크다.

한반도의 위험한 흐름을 바꿀 필요성과 영향력을 모두 가진 국가는 한국
뿐이라는 사실이 더욱 명백해졌다. 그러나 한반도의 상황을 바꾸기 위해서
는 박근혜 정부의 대북정책에 조정이 필요하다. 신뢰 프로세스는 과정에
불과하고, 통일 대박론은 궁극적인 목표에 가깝기 때문이다. 지금 박근혜
정부에게 필요한 것은 실행 가능한 로드맵이다.

우리는 통일보다 '인게이지먼트'를 훨씬 강조한 로드맵을 제안했다. 물
론 평화적이고 민주적이며 지속 가능한 통일을 이룰 수만 있다면 우리는
그 통일을 적극 지지할 것이다. 그러나 안타깝게도 지금은 그러한 통일을
이룰 수 있는 상황이 아니다. 우리가 제안한 '맞춤형 인게이지먼트'는 적어
도 남북 간 긴장 완화와 북한 주민들의 생활수준 향상, 남북의 사회적 통합
에 도움이 될 것이다. 궁극적으로는 평화적이고 민주적인 통일을 가로막는
한반도의 근본 문제들을 해결하는 데 기여할 수 있을 것이다.

맞춤형 인게이지먼트를 시행하기 위해 박근혜 정부는 대북정책을 담당
하는 정부 부처들을 재조정하고 간소화해야 한다. 이러한 측면에서 우리는
박 대통령에게 한국의 '윌리엄 페리'를 선임할 것을 제안했다. 박근혜 정부
는 또한 북한에 대한 비핵화 압력을 약화시키지 않으면서도 추진할 수 있
는 사업에는 무엇이 있고, 어떠한 환경에서 어떤 순서로 그 사업들을 시행
할 것인지 분명히 밝힐 필요가 있다. 정부는 5·24 조치를 완화하거나
5·24 조치의 원인이 된 사건들을 다룰 새로운 접근 방식을 마련해야 한
다. 앞으로 대북 제재를 할 때는 가치 있는 인게이지먼트 노력을 저해하지
않도록 신중히 검토하고 목표를 설정한 후에 제재를 가해야 한다.

한국 지도자들과 국민들은 한반도 상황을 변화시킬 수 있는 한국의 역량을 믿고 좀 더 자신감을 가질 필요가 있다. 한국은 10년 전에 비해 훨씬 더 강력하고 영향력 있는 국가가 되었다. 그 영향력을 발휘하기 위해서는 대북정책에 대한 국민적 합의를 도출하는 것이 무엇보다 중요하다. 한국 국민들의 의견이 분열되면 주변국들은 각기 듣고 싶은 목소리에만 귀를 기울일 것이다. 국민적 합의가 이루어지면 정권이 바뀌어도 지속 가능하고 일관성 있는 대북정책을 추진할 수 있기 때문에 대북정책의 효과도 증대될 것이다.

우리는 박근혜 정부가 이러한 정책 조정을 실행할 수 있다고 믿는다. 하지만 박 대통령의 임기가 만료되는 2018년 2월까지 시간은 빠르게 흘러갈 것이다. 이미 집권 3년 차에 접어든 박 대통령도 전임 대통령들과 마찬가지로 2016년 4월 총선이 지나면 영향력이 약해질 것이다. 그러나 박 대통령은 보수진영의 강력한 지지를 받고 있다. 따라서 중국과 수교했던 닉슨 대통령처럼 유리한 정치적 위치를 이용해 대담하고 적극적인 맞춤형 인게이지먼트를 추진할 수 있다. 한국은 남북화해와 통일을 촉진할 중요하고 특별한 기회를 놓치지 말아야 한다.

주

1) Shorenstein Asia-Pacific Research Center, "The North Korea Problem and the Necessity for South Korean Leadership," policy report, Stanford University, March 4, 2013, http://iis-db.stanford.edu/pubs/24020/North_Korea_Problem_and_Necessity_for_South_Korea_Leadership.pdf.

2) 워크숍 참석자 명단은 이 책 부록에 첨부했다.

3) 미 국방부 "In the coming years, instability on the Korean Peninsula could produce a regional crisis involving China's military"; 미 국방부 장관실 "Annual Report to Congress: Military and Security Developments Involving the People's Republic of China 2014", April 24, 2014, http://www.defense.gov/pubs/2014_DoD_China_Report.pdf.

4) 2012년에 개정된 북한 헌법 전문 중 "김정일 동지께서는 세계 사회주의 체계의 붕괴와 제국주의 련합의 악랄한 반공화국압살공세 속에서 선군정치로 김일성 동지의 고귀한 유산인 사회주의 전취물을 영예롭게 수호하시고 우리 조국을 불패의 정치사상 강국, 핵 보유국, 무적의 군사강국으로 전변시키시었으며 강성국가건설의 휘황한 대통로를 열어놓으시었다"(이충원, "北, 개정 헌법에 '핵 보유국' 명기", ≪연합뉴스≫, 2012년 5월 30일 자, http://www.yonhapnews.co.kr/politics/2012/05/30/0511000000AKR20120530112851073.HTML).

5) 미 국방부, 2014년 4개년 국방검토보고서(Quadrennial Defense Review 2014), Published by Department of Defense, March 4, 2014. "North Korea's long-range missile and weapons of mass destruction (WMD) programs-particularly its pursuit of nuclear weapons in contravention of its international obligations-constitutes a significant threat to peace and stability on the Korean Peninsula and in Northeast Asia and **is a growing, direct threat to the United States**." http://www.defense.gov/pubs/2014_Quadrennial_Defense_Review.pdf.

6) 정주영 현대그룹 창업주의 아들이자 정치인 정몽준 관련 기사: http://www.nytimes.com/2013/04/10/world/asia/in-us-south-korean-makes-case-for-nuclear-arms.

html; 전 일본 재무상 나카가와 쇼이치 관련 기사: http://www.telegraph.co.uk/
news/worldnews/asia/japan/5187269/Japan-should-develop-nuclear-weapons-to-
counter-North-Korea-threat.html.

7)   2014년 7월 27일 연설에서 황병서 조선인민군 총정치국장은 다음과 같이 말했다.
     "미제가 우리의 자주권과 생존을 위협하려 든다면 우리 군대는 악의 총본산인 백악
     관과 펜타곤을 향하여, 태평양상의 미제 군사기지와 미국 대도시들을 향해 핵탄두
     로켓을 발사하게 될 것이다"(민경락, "북한군 총정치국장, '자주권 위협하면 미 본토
     핵 공격'", ≪연합뉴스≫, 2014년 7월 28일 자, http://www.yonhapnews.co.kr/
     northkorea/2014/07/28/1801000000AKR20140728043000014.HTML). 과거 북한의
     대미 도발 위협에 관해서는 Guy Taylor, "North Korea threatens attack, including
     nukes, on U.S.," *Washington Times*, April 3, 2013, http://www.washingtontimes.
     com/news/2013/apr/3/north-korea-threatens-attack-including-nukes-us/; "North
     Korea Threatens Preemptive Attack on U.S., South Korea," *NTI*, October 7, 2013,
     http://www.nti.org/gsn/article/n-korea-threatens-carry-out-preemptive-attack-
     us-s-korea 참조.

8)   연평도 포격 이후 추가적인 상황 발생 위험에 대한 미국 정부의 우려에 관해서는
     Jeffrey A. Bader, *Obama and China's Rise: An Insider's Account of America's Asia
     Strategy*(Washington, D.C.: Brookings Institution Press, 2012), pp.89~92 참조.

9)   Scott Snyder, "China-North Korea Trade in 2013: Business as Usual," *Forbes*,
     March 27, 2014, http://www.forbes.com/sites/scottasnyder/2014/03/27/44/.

10) 2014년 4월 10일 스티븐 해들리(Stephen Hadley) 전 미국 국가안전보장회의 보좌
     관은 이례적으로 솔직한 의견 교환에서 다음과 같이 말했다. "······ North Korea is
     as potentially divisive of the relationship between the United States and China as
     Taiwan is, so it's in some sense a ticking time bomb in the relationship(북한은 대
     만처럼 미중 관계에 분열을 초래할 수 있다. 북한은 미중 관계에 있어 언제 터질지
     모르는 시한폭탄과 같다)." 이에 대해 주미 중국대사 추이톈카이(Cui Tiankai)는 다
     음과 같이 답변했다. "······ one thing that worries me a little bit, and maybe more
     than a little bit, is that we're very often told that China has such an influence over
     DPRK and we should force the DPRK to do this or that. Otherwise the United
     States would have to do something that will hurt China's security interests. You
     see, you are giving us a mission impossible. ······ (I don't) think that this is very
     fair, I don't think that this is a constructive way of working with each other[내가
     조금 ─ 어쩌면 많이 ─ 염려하는 부분은 미국이 우리에게 '중국이 북한에 대한 영향
     력이 큰 만큼 북한을 압박해라' '그렇게 하지 않으면 중국의 안보적 이해를 손상시키

는 행위를 할 수 밖에 없다'라는 이야기를 너무 자주 하는 것이다. 그것은 미션 임파서블(불가능한 임무)이다. …… 이는 타당하지 않으며, 서로가 함께 일을 해나가는 데 건설적인 방법도 아니다"("U.S.-China Cooperation in Peace and Security with Ambassador Cui Tiankai," video, United States Institute of Peace, April 10, 2014, 41:54~48:34, http://www.usip.org/events/us-china-cooperation-in-peace-and-security-ambassador-cui-tiankai).

11) 예를 들면, 1972년 리처드 닉슨 대통령은 저우언라이(周恩來) 총리에게 다음과 같이 말했다. "The Koreans, both the North and the South, are emotionally impulsive people. It is important that both of us exert influence to see that these impulses, and their belligerency, don't create incidents which would embarrass our two countries. It would be silly, and unreasonable to have the Korean peninsula be the scene of a conflict between our two governments. It happened once, and **it must never happen again**. I think that with the Prime Minister and I working together we can prevent this(북이든 남이든 한국인들은 감정적으로 충동적인 사람들이다. 중요한 것은 우리가 영향력을 발휘해서 이 충동적이고 호전적인 사람들이 사건을 만들어서 우리 두 나라를 난처하게 만들지 않도록 하는 것이다. 한반도를 우리 두 나라가 충돌하는 장소로 만드는 것은 어리석고 비이성적인 일이다. 한 번은 일어났지만 **다시는 일어나서는 안 된다**. 총리님과 내가 힘을 합하면 이러한 상황을 막을 수 있다)"(Memorandum of Conversation, February 23, 1972, 2 p.m. ~ 6 p.m., The President's Guest House, Peking, in *Foreign Relations of the United States*, 1969~1976, vol.17, pp.732~733. Cited in "Getting to Know You-The US and China Shake the World, 1971~1972," *USC US-China Institute*, February 21, 2012, http://china.usc.edu/showArticle.aspx?articleID=2705).

12) Mark E. Manyin, Mary Beth D. Nikitin, *Foreign Assistance to North Korea*, Congressional Research Service, Table 1, April 2, 2014, http://www.fas.org/sgp/crs/row/R40095.pdf.

13) 존 케리(John Kerry) 미 국무장관: "And the United States—I want to make this clear—is absolutely prepared to improve relations with North Korea if North Korea will honor its international obligations. It's that simple. **But make no mistake we are also prepared to increase pressure, including through strong sanctions and further isolation if North Korea chooses the path of confrontation**(분명히 해두고 싶은 것은, 미국은 북한과의 관계를 개선할 준비가 되어 있지만 이는 북한이 국제사회에 대한 의무를 이행할 경우에만 가능하다는 것이다. 아주 간단한 문제이다. **하지만 미국은 북한이 계속해서 대결 태세를 취한다면 제재와 고립을 심**

화시키는 등 더 큰 압박을 가할 준비도 되어 있다)"(U.S. Department of State, "Remarks With Secretary of Defense Chuck Hagel, Australian Minister of Foreign Affairs Julie Bishop, and Australian Minister of Defense David Johnston," Admiralty House, Sydney, Australia, August 12, 2014, http://www.state.gov/sec retary/remarks/2014/08/230525.htm).

14) 북한 당국은 김정은이 1982년 1월 8일생이라고 주장하지만 실제 생년월일은 1983년 1월 8일이라는 주장이 지배적이다.

15) 실제로 김정은 집권 이후 북한 당·정·군의 주요 인사 중 절반 가까이가 교체되었다. Kwan-se Lee, "Why Kim Jong Un's Regime Opted for Stability Over Change," *IFES Issues and Analysis*, No.3(2014.3.), Institute for Far Eastern Studies, Kyungnam University, April 15, 2014; Sang-Hun Choe, "North Korean Leader Tightens Grip With Removal of His Top General," *New York Times*, October 10, 2013, http://www.nytimes.com/2013/10/11/world/asia/north-korean-leader-tightens-grip-with-removal-of-top-general.html.

16) Gi-Wook Shin and David Straub, "North Korea's Strange, Bloody Mistake," *Bulletin of the Atomic Scientists*, December 20, 2013, http://thebulletin.org/north-korea %E2%80%99s-strange-bloody-mistake.

17) Aidan Foster-Carter, "Kimmy No-Mates: Why no meeting and greeting?" May 14, 2014, http://www.nknews.org/2014/05/kimmy-no-mates-why-no-meeting-and-greet-ing/.

18) "It is our party's resolute determination to let our people who are the best in the world—our people who have overcome all obstacles and ordeals to uphold the party faithfully—not tighten their belts again and enjoy the wealth and prosperity of socialism as much as they like(세상에서 제일 좋은 우리 인민, 만난 시련을 이겨내며 당을 충직하게 받들어온 우리 인민이 다시는 허리띠를 조이지 않게 하며 사회주의 부귀영화를 마음껏 누리게 하자는 것이 우리 당의 확고한 결심입니다)"(2012년 4월 15일 김정은이 김일성광장에서 했던 연설의 비공식 영문 번역, http://www.northkoreatech.org/2012/04/18/english-transcript-of-kim-jong-uns-speech/. 한국어 전문은 "北 김정은, 김일성 탄생 100주년 대중연설[전문]", ≪중앙일보≫, 2012년 4월 15일 자, http://article.joins.com/news/article/article.asp?total_id=7899550&ctg=10 참조).

19) 한국은행에 따르면 2012년 북한 GDP는 전년대비 1.3% 증가했다. "Gross Domestic Product Estimates for North Korea in 2012," news release, The Bank of Korea, July 12, 2013, http://www.ncnk.org/resources/publications/BoK_GDP_of_North_

Korea_in_2012.pdf.

20) 그 예로 다음을 참조. "…… the Policy Department of the NDC(National Defence Commission) of the DPRK once again serves the following strong warning to Park and her group: First, they should not dare utter words about the nukes of the DPRK and its line of simultaneously pushing forward economic construction and the building of nuclear force any longer"("NDC Policy Department of DPRK Slam's Park Geun Hye's Sophism during Her Foreign Trip," KCNA, Pyongyang, November 14, 2013, http://www.kcna.co.jp/item/2013/201311/news14/20131114-28ee.html 참고).

21) Tania Branigan, "North Korea: The New Generation Losing Faith in the Regime," *The Guardian*, April 21, 2014, http://www.theguardian.com/world/2014/apr/22/north-koreans-turning-against-the-regime.

22) Dae-Kyu Yoon, "The Trickle-Down Effect of China's Growth on North Korea," The Institute for Far Eastern Studies, May 23, 2014, http://ifes.kyungnam.ac.kr/eng/FRM/FRM_0401V.aspx?code=FRM140523_0001.

23) Jeffrey A. Bader, "North Korea: Breaking the Pattern," in *Obama and China's Rise: An Insider's Account of America's Asia Strategy*(Brookings Institution Press: Washington, D.C., 2012).

24) Staff Sgt. Kathleen T. Rhem, "Korean War Death Stats Highlight Modern DoD Safety Record," American Forces Press Service, June 8, 2000, http://www.defense.gov/news/newsarticle.aspx?id=45275.

25) 사실 북한이 미국에 훨씬 더 적대적이다. 북한 정권은 한국전쟁 이후 국내외에서 상당히 많은 반미 교육 및 선전 활동을 하고 있다. 게다가 어느 쪽에서든 '적대감'은 문제 자체가 아니라 증상 또는 근본적인 문제의 결과이다.

26) 1992년 1차 북핵위기 후 2003년 2차 북핵위기까지 북한과 북미 관계를 다룬 미국의 주요 언론 기사에 대한 분석에 관해서는 다음을 참조. Gi-Wook Shin, *One Alliance, Two Lenses: U.S.-Korea Relations in a New Era*(한국어판 『하나의 동맹 두 개의 렌즈: 새 시대의 한미관계』), 특히 제6장 "Dealing with the 'Axis of Evil'" 참고. "…… American skepticism of North Korea is deep rooted. Newspapers in the United States tend to present a fairly unified image of North Korea, first, as a threat to U.S. security, and second, as a closed communist regime in violation of basic human rights(북한의 의도에 대한 미국의 의심은 뿌리가 깊다. 미국 신문에 그려지는 북한의 이미지는 꽤 통일되어 있는데 미국 안보에 위협적인 존재이고 기본 인권마저 침해하는 폐쇄된 공산정권이라는 것이다)," p.137(한국어판, 202쪽).

27) 2014년 갤럽의 여론조사 결과에 따르면 미국인 중 84%가 북한에 부정적인 태도를 보였다(http://www.gallup.com/poll/1624/perceptions-foreign-countries.aspx; http://www.gallup.com/poll/167489/north-korea-least-favorable-among-nations.aspx). 일부 응답자가 남한과 북한을 혼동했을 수도 있다는 점을 감안하면 실제 북한에 대한 미국 국민들의 호감도는 더 낮을 가능성이 크다. 그 외 Joy Wilke, "North Korea Least Favorable Among Nations: Iran no longer least favorable in Americans' eyes," Gallup, February 19, 2014, http://www.gallup.com/poll/167489/north-korea-least-favorable-among-nations.aspx 참조.

28) 1961년 7월 11일에 체결된 '조선민주주의인민공화국과 중화인민공화국 간의 우호, 협조 및 호상원조에 관한 조약(Treaty of Friendship, Co-operation and Mutual Assistance Between the People's Republic of China and the Democratic People's Republic of Korea)'이 여전히 유효하다는 것을 알고 있는 사람은 많지 않다. 제2조는 다음과 같이 명시하고 있다. "In the event of one of the Contracting Parties being subjected to the armed attack by any state or several states jointly and thus being involved in a state of war, the other Contracting Party shall immediately render military and other assistance by all means at its disposal(체약 쌍방은 체약 쌍방 중 어느 일방에 대한 어떠한 국가로부터의 침략이라도 이를 방지하기 위하여 모든 조치를 공동으로 취할 의무를 지닌다. 체약 일방이 어떠한 한 개의 국가 또는 몇 개 국가들의 련합으로부터 무력 침공을 당함으로써 전쟁 상태에 처하게 되는 경우에 체약 상대방은 모든 힘을 다하여 지체 없이 군사적 및 기타 원조를 제공한다)"["Treaty of Friendship, Cooperation, and Mutual Assistance between the People's Republic of China and the Democratic People's Republic of Korea," Peking Review 4, no.28(1967): 5)]. 그러나 지난 10년간 중국 관리와 대변인들은 이 조항을 거론하지 않았다. 일부 중국인들은 이 조항이 더 이상 유효하지 않다고 주장하지만 중국은 이를 공식적으로 발표할 수 없다. 다른 한편에서는 여전히 북한이 정당한 이유 없이 공격을 받거나 중국의 안보에 위협이 될 경우, 중국이 북한을 방어해야 한다고 주장한다.

29) Dae-Kyu Yoon, "The Trickle-Down Effect of China's Growth on North Korea," Institute for Far Eastern Studies, May 23, 2014, http://ifes.kyungnam.ac.kr/eng/FRM/FRM_0401V.aspx?code=FRM140523_0001; "North Korea," CIA World Factbook, https://www.cia.gov/library/publications/the-world-factbook/geos/kn.html; Scott Snyder, "China-North Korea Trade in 2013: Business as Usual," Forbes, March 27, 2014, http://www.forbes.com/sites/scottasnyder/2014/03/27/44/; Aidan Foster-Carter, "How Seoul Distorts Pyongyang's Trade Statistics," Wall Street

Journal, May 30, 2014, http://blogs.wsj.com/korearealtime/2014/05/30/how-seoul-distorts-pyongyangs-trade-statistics/.

30) 추이톈카이 주미 중국 대사의 연설 참고. "U.S.-China Cooperation in Peace and Security with Ambassador Cui Tiankai," video, United States Institute of Peace, April 10, 2014, 41:54~48:34.

31) 오바마 대통령은 ABC News와의 인터뷰에서 다음과 같이 말했다. "I think what's most promising is we're startin' to see the Chinese, who historically have? tolerated misbehavior on the part of the North Koreans because they're worried about? regime collapse and how that could spill over to them. You're startin' to see them recalculate and say, 'You know what? This is startin' to get outta hand.' And, so, we may slowly be in a position where we're able to force? a recalculation on the part of North Koreans[그동안 북한 정권의 붕괴와 그 파급효과를 우려해 북한의 비행을 계속 참아오던 중국이 (북한에 대한) 계산을 바꾸고 있다는 것은 매우 고무적인 일이다. 중국도 북한이 자신들의 통제에서 벗어나고 있다는 것을 인지하고 있는 것으로 보인다. 우리는 더디게나마 점점 북한의 계산에 영향을 미치고 있는 것 같다]("Transcript: President Obama's Exclusive Interview with George Stephanopoulos," *ABC News*, March 13, 2013, http://abcnews.go.com/blogs/politics/2013/03/transcript-president-obamas-interview-with-george-stephanopou los/).

32) Seong-hyon Lee, "Firm Warning, Light Consequences: China's DPRK Policy Upholds Status Quo," The Jamestown Foundation, *China Brief* 13, no.23 (November 22, 2013), pp.10~12, http://www.jamestown.org/uploads/media/China_Brief_Vol_13_Issue_XXIII_02.pdf.

33) 이성현 '써니' 박사가 저자들에게 보낸 이메일, November 25, 2013.

34) David Straub and Daniel C. Sneider, "North Korea's Distorted View of the United States and Japan," pp.180~183, in Choe Sang-Hun, Gi-Wook Shin, and David Straub(eds.), *Troubled Transition: North Korea's Politics, Economy, and External Relations*(Stanford, CA: Walter H. Shorenstein Asia-Pacific Research Center, 2013).

35) Joon-Woo Park, Gi-Wook Shin, Donald W. Keyser(eds.), *Asia's Middle Powers?: The Identity and Regional Policy of South Korea and Vietnam*(Stanford, CA: Walter H. Shorenstein Asia-Pacific Research Center, 2013).

36) 박 대통령 연설 비디오, 오디오 자료 참조. "Madam Park Geun Hye Addresses U.S.-Korea Relations in a Changing World," Shorenstein-APARC Korea Studies

Program, May 6, 2009, http://ksp.stanford.edu/news/madam_park_geun_hye_
addresses_us__korea_relations_in_a_changing_world_20090506/; Park Geun-hye,
"A New Kind of Korea: Building Trust between Seoul and Pyongyang", *Foreign
Affairs* 90, no.5(September-October 2011), http://www.foreignaffairs.com/articles/
68136/park-geun-hye/a-new-kind-of-korea.

37) 통일부, "Trust-Building Process on the Korean Peninsula(한반도 신뢰 프로세스),"
September 2013, http://eng.unikorea.go.kr/content.do?cmsid=1920&mode=view&
cid=32799.

38) 북한은 오래전부터 미국이 한국전쟁의 도발자이고 여전히 한반도 평화에 위협이 된
다고 주장하며 북미 간 평화협정 체결을 요구했다. 북한은 한국이 휴전협정에 서명
하지 않았다는 이유로 한국이 평화협정의 서명국이 되어야 한다는 주장을 거부한
다. 북한은 1991년에 체결한 '남북기본합의서'로 남북 간 평화문제가 해결됐다고 주
장할 때도 있었다. 그러나 이 합의서는 이행되지 않았으며 북한은 합의 사항 이행을
거부하고 있다. 이전 진보 정부들은 북한이 한미 동맹과 미국 때문에 위협을 느끼고
있으며 북미 간 평화협정 체결은 북한을 안심시켜 한반도의 긴장 완화 및 전쟁위험
감소에 기여할 것이라고 주장했다. 한편 박 대통령은 보수진영의 다른 대통령들처
럼 북미 양자간 평화협정을 지지하지 않을 것으로 예상된다. 미국과 마찬가지로 박
대통령도 한국이 평화협정 협의에 참여하지 않거나 핵 문제에 진전이 없는 한 평화
협정 관련 협의를 지지하지 않을 전망이다.

39) 통일부, "Trust-Building Process on the Korean Peninsula(한반도 신뢰 프로세스),"
September 2013, p.23.

40) Choi Hyun-june, "Park's private sector aid to North Korea falls to all time lows,"
Hankyoreh, June 16, 2014, http://english.hani.co.kr/arti/english_edition/e_north
korea/642563.html.

41) 통일부가 발표한 '한반도 신뢰 프로세스'에는 북방한계선(NLL)에 대한 언급이 전혀
없다. 13쪽에서 신뢰 프로세스의 네 가지 추진 기조 중 두 번째로 "남북 간 합의는
물론 국제사회와의 합의를 존중하고 이행하는 것으로부터 신뢰를 축적해나갈 것입
니다"를 언급하고 있으나 그 뒤에 바로 다음의 내용을 덧붙여 그 범위를 한정하고
있다. "**실천할 수 있는 내용**에 합의하고 합의된 내용은 반드시 이행함으로써 신뢰를
다져나갈 것입니다." 31쪽에서도 다음과 같은 단서를 달았다. "정부는 7·4 공동성
명, 남북기본합의서, 6·15 공동선언, 10·4 정상선언 등 남북 간 기존 합의를 존중
하면서 이를 실천하고자 합니다. 다만, 구체적인 이행 문제는 **국민적 합의, 안보 상
황 등을 종합적으로 고려하면서** 검토해나갈 것입니다."

42) Yonhap, "Park Cautions Against Letting N. Korea Abuse Nuclear Talks," *Global*

Post, November 4, 2013, http://www.globalpost.com/dispatch/news/yonhap-news-agency/131104/park-cautions-against-letting-n-korea-abuse-nuclear-talks.

43) '통일 대박론'을 언급한 박 대통령의 신년기자회견 내용을 인용. *Korea Times*, January 6, 2014, http://www.koreatimesus.com/unification-is-like-hitting-jackpot/.

44) Gi-Wook Shin, "Realistic Approach to Obtain 'Unification Bonanza,'" *Korea Focus*, February 15, 2014, http://www.koreafocus.or.kr/design3/politics/view.asp?volume_id=148&content_id=105203&category=A; 한국어 원문: http://news.donga.com/Column/3/all/20140214/60879487/1#.

45) 청와대 영문 홈페이지에 연설 전문이 게재되어 있다. http://english1.president.go.kr/activity/speeches.php?srh%5Bboard_no%5D=24&srh%5Bview_mode%5D=detail&srh%5Bseq%5D=5304&srh%5Bdetail_no%5D=27.

46) 그 예로 Aidan Foster-Carter, "Jackpot or Crackpot: Park on Unification," *Wall Street Journal*, January 22, 2014, http://blogs.wsj.com/korearealtime/2014/01/22/jackpot-or-crackpot-park-on-korean-reunification/; Stephan Haggard, "On Jackpots," *North Korea: Witness to Transformation*, March 25, 2014, http://blogs.piie.com/nk/?p=12997 참조.

47) "Rodong Sinmun Dismisses 'Confidence-Building Process' as Hypocritical," KCNA, November 2, 2013, http://www.kcna.co.jp/item/2013/201311/news02/20131102-12ee.html.

48) "NDC Policy Department of DPRK Slams Park Geun Hye's Sophism during Her Foreign Trip," KCNA, November 14, 2013, http://www.kcna.co.jp/item/2013/201311/news14/20131114-28ee.html. 핵 문제와의 연계를 거부하는 북한 당국의 태도는 여전히 단호하다. 예를 들어, 북한 조선중앙통신은 다음과 같은 북한 노동당 기관지 ≪노동신문≫의 논평을 보도했다. "…… building of an economic power and a thriving socialist nation in the DPRK would be unthinkable apart from bolstering the nuclear force …… nuclear deterrence can never be subject to political bargaining and economic dealings(오늘 우리에게 있어서 핵 무력강화를 떠나 경제강국 건설, 사회주의 강성국가 건설을 생각할 수 없다 …… 우리의 핵 억제력은 그 어떤 정치적 흥정물이나 경제적 거래물이 아니다)"["DPRK Will Make No Concession and Compromise: Rodong Sinmun(≪노동신문≫, 우리는 그 어떤 양보나 타협도 모른다)," KCNA, June 16, 2014, http://www.kcna.co.jp/item/2014/201406/news16/20140616-11ee.html].

49) 2014년 4월 오바마 대통령의 방한에 대해 북한 조국평화통일위원회는 다음과 같이 논평했다. "What Park did before Obama this time reminds one of an indiscreet

girl who earnestly begs a gangster to beat someone or a capricious whore who asks her fancy man to do harm to other person while providing sex to him(박근혜가 이번에 오바마 앞에서 놀아댄 몰골을 보면 흡사 주먹깡패를 불러다 누구를 혼내달라고 떼질 쓰는 못돼먹은 철부지 계집애 같기도 하고 …… 남을 모해하는 간특하고도 요사스러운 기생 xxx)"("Challengers to DPRK Will Never Be Pardoned: CPRK Spokesman," KCNA, April 27, 2104, http://www.kcna.co.jp/item/2014/201404/news27/2014-0427-20ee.html).

50) "NDC of DPRK Sends Special Proposal to S. Korean Authorities," KCNA, June 30, 2014, http://www.kcna.co.jp/item/2014/201406/news30/20140630-17ee.html. 북한 국방위원회는 2014년 1월 16일부터 이런 식의 대남 성명을 발표하기 시작했다. "NDC of DPRK Advances Crucial Proposals to S. Korean Authorities," http://www.kcna.co.jp/item/2014/201401/news17/20140117-02ee. html; 김정은 2014년 신년사 원문: "Supreme Leader Kim Jong Un's New Year Address," January 1, 2014, http://www.kcna.co.jp/item/2014/201401/news01/ 20140101-01ee.html 참조.

51) ≪노동신문≫은 박근혜 정부하에서는 남북 관계 개선을 기대할 수 없을 것이라고 보도했다("N. Korea says it sees no improvement in ties with S. Korea," *Yonhap News*, May 28, 2014, http://english.yonhapnews.co.kr/northkorea/2014/05/28/42/0401000000AEN20140528003400315F.html 참조). 북한 조선중앙통신은 다음과 같은 ≪노동신문≫의 논평을 인용했다. "The prevailing situation shows that in order to improve the inter-Korean relations, achieve the peace and reunification and carve out the bright future of the nation, all Koreans should turn out as one to resolutely remove traitor Park, the root cause of national disaster(조성된 정세는 북남관계를 개선하고 평화와 통일을 이룩해 민족의 밝은 미래를 개척해나가자면 온 겨레가 한사람같이 떨쳐 일어나 민족적 재앙의 근원인 박근혜 역도를 단호히 제거해버려야 한다는 것을 보여주고 있다)"("Rodong Sinmun Calls for Removing Traitor Park Geun Hye, Roost Cause of National Disaster," KCNA, May 28, 2014, http://www.kcna.co.jp/item/2014/201405/news28/20140528-06ee.html).

52) 그 예로 다음을 참조. James Church, "Rough Seas, Rocky Roads," *38 North*, July 2, 2014, http://38north.org/2014/07/jchurch070214/.

53) 한미 정상 공동 기자회견 전문. "Remarks by President Obama and President Park of South Korea in a Joint Press Conference," White House press release, May 7, 2013, http://www.whitehouse.gov/the-press-office/2013/05/07/remarks-president-obama-and-president-park-south-korea-joint-press-confe.

54) 다음과 유사한 여론조사결과가 많았다. Kim Jiyoon et al., "One Bed, Two Dreams:

Assessing Xi Jinping's Visit to Seoul," Issue Brief, The Asan Institute for Policy Studies, July 2014, http://en.asaninst.org/one-bed-two-dreams-assessing-xi-jin pings-visit-to-seoul/. 그 외 참조: Kim Jiyoon et al, "South Korean Attitudes on China," Asan Public Opinion Report, The Asan Institute for Policy Studies, July 2014, http://en.asaninst.org/south-korean-attitudes-on-china/.

55) 박근혜 대통령과 시진핑 중국 국가주석이 7월 3일에 발표한 공동성명 전문. http://m.chosun.com/svc/article.html?contid=2014070303652.

56) 미국과 한국 정부는 정기적인 공식 성명 발표를 통해 일본은 북일 양자회담에 대해 '투명(transparent)'해야 한다고 주장했다.

57) 한 예로 다음을 참조. Stephan Haggard's critique, "Trustpolitik v. 2.0," *North Korea: Witness to Transformation*, October 15, 2013, http://www.piie.com/blogs/nk/?p=11979.

58) 2013년에 실시한 여론조사에 따르면 통일이 '필요하다'는 응답이 2007년 63.8%에서 2013년 54.8%로 감소했다. 같은 기간 '반반이다' '불필요하다'는 응답은 36.2%에서 45.2%로 증가했다(『2013 통일의식조사발표: 박근혜정부 대북정책에 대한 국민의 평가와 기대』, 서울대학교 통일평화연구원, 21쪽, 표 1 참조).

59) 그럼에도 한국 정부는 최악의 상황에 대비해 비상계획을 세우는 것이 안전하다. 그러나 그 작업은 비밀리에 진행되어야 한다. 또 국내 합의를 확대하고 국내 조직체제와 경제를 강화하는 것이 비상계획보다 훨씬 더 중요하다.

60) 2009년 6월 16일 이명박 대통령과 오바마 대통령은 '한미 동맹을 위한 공동비전(Joint vision for the Alliance of the Republic of Korea and the United States of America)'에서 다음과 같이 선언했다. "Through our Alliance we aim to build a better future for all people on the Korean Peninsula, establishing a durable peace on the Peninsula and leading to peaceful reunification on the principles of free democracy and a market economy(우리의 동맹관계를 통해 우리는 한반도에 항구적 평화를 구축하고 자유민주주의와 시장경제 원칙에 입각한 평화적 통일에 이르도록 하면서 한반도의 모든 사람들을 위해 더 나은 미래를 건설해 나가려고 한다)"(http://www.whitehouse.gov/the_press_office/Joint-vision-for-the-alliance-of-the-United-States-of-America-and-the-Republic-of-Korea). 그러나 동일 정상회담의 기자회견에서 두 대통령은 통일을 언급하지 않았다("Remarks by President Obama and President Lee Myung-Bak of the Republic Of Korea in Joint Press Availability," White House press release, June 16, 2009, http://www.whitehouse.gov/the_press_office/Remarks-by-President-Obama-and-President-Lee-of-the-Republic-of-Korea-in-Joint-Press-Availability 참조).

61) 제임스 클래퍼(James Clapper) 미 국가정보국 국장은 2014년 1월 29일 미 상원 정보위원회 공청회에서 다음과 같이 말했다. "North Korea's export of ballistic missiles and associated materials to several countries, including Iran and Syria, and its assistance to Syria's construction of a nuclear reactor, destroyed in 2007, illustrate the reach of its proliferation activities. Despite the reaffirmation of its commitment in the Second-Phase Actions for the Implementation of the September 2005 Joint Statement not to transfer nuclear materials, technology, or know-how, North Korea might again export nuclear technology(북한이 이란, 시리아 등 여러 국가로 탄도미사일 관련 물질을 수출하고 2007년 파괴된 시리아의 원자로 건설을 도왔던 사례는 북한의 핵 확산 활동이 어느 정도 가능한지를 보여준다. 9·19 공동성명 이행을 위한 2단계 조치에서 합의 사항인 비확산 공약 – 핵 물질, 기술, 노하우 이전 불가 – 을 재확인했음에도 불구하고 북한은 핵기술을 또다시 수출할지도 모른다)" ("Statement for the Record: Worldwide Threat Assessment of the US Intelligence Community," January 29, 2014, http://www.dni.gov/files/documents/Intelligence% 20Reports/2014%20WWTA%20%20SFR_SSCI_29_Jan.pdf).

62) Kim Keun-Sik, "For the Successful Trust-Building Process," IFES Forum No. 13-10-10, October 10, 2013, http://ifes.kyungnam.ac.kr/eng/FRM/FRM_0201V.aspx?code=FRM131010_0002.

63) 통일부, "Trust-Building Process on the Korean Peninsula(한반도 신뢰 프로세스)," September 2013, p.28.

64) 한 예로 인권 전문가 데이비드 호크(David Hawk)의 활동을 참조. http://www.davidrhawk.com/.

65) *Report of the Commission of Inquiry on Human Rights in the Democratic People's Republic of Korea*(북한인권조사위원회 보고서), United Nations General Assembly, Human Rights Council, twenty-fifth session, agenda item 4, February 7, 2014, hhttp://www.ohchr.org/EN/HRBodies/HRC/CoIDPRK/Pages/ReportoftheCommissionofInquiryDPRK.aspx.

66) Nick Cumming-Bruce, "U.N. Panel Says North Korean Leader Could Face Trial," *New York Times*, February 17, 2014, http://www.nytimes.com/2014/02/18/world/asia/un-panel-says-north-korean-leader-could-face-trial.html.

67) Daniel Wertz and Ali Vaez, *Sanctions and Nonproliferation in North Korea and Iran: A Comparative analysis*, FAS Issue Brief, Federation of American Scientists, June 2012, http://fas.org/pubs/_docs/IssueBrief-Sanctions.pdf.

68) The National Committee on North Korea(전미북한위원회), "H.R. 1771 Revisions

NCNK Issue Brief," n.d., http://www.ncnk.org/resources/publications/HR_1771_Revisions_Issue_brief.pdf.

69) Peter D. Feaver and Eric Lorber, "Penalty Box: How Sanctions Trap Policymakers," *Foreign Affairs*, June 6, 2014, http://www.foreignaffairs.com/articles/141526/peter-d-feaver-and-eric-lorber/penalty-box.

70) 같은 글.

71) 청와대 홈페이지, "The President Meets with Main Architects of German Unification(대통령, 독일 통일 관련 인사 접견)," March 27, 2014, http://english1.president.go.kr/activity/briefing.php?srh%5Bpage%5D=2&srh%5Bview_mode%5D=detail&srh%5Bseq%5D=5288&srh%5Bdetail_no%5D=145#sthash.aXewXkxh.dpuf.

72) "노무현 '美, 북한 공정하게 안 대해'," ≪연합뉴스≫, 2011년 9월 17일 자, http://www.yonhapnews.co.kr/politics/2011/09/17/0501000000AKR20110917036800009.HTML.

73) 대북 문제에 대한 보수와 진보진영의 입장 차이를 보려면 다음을 참고. Chapter 3 in Shin, *One Alliance, Two Lenses*(하나의 동맹 두 개의 렌즈).

74) 이것은 수십 년 동안 북한을 겪어본 경험에 근거한 결과로 보인다. 예를 들어 최근 여론 조사에서 한국 국민 중 17%만이 "대북 안전보장이 제공되고 대북 제재가 해제되면 북한은 핵무기를 포기할 준비가 되어 있다"고 답했다. Marcus Noland, "South Korean Attitudes Toward the North Korean Nuclear Program," *North Korea: Witness to Transformation*, October 11, 2013, http://blogs.piie.com/nk/?p=11939.

75) 통일부, "Trust-Building Process on the Korean Peninsula(한반도 신뢰 프로세스)".

76) Stephan Haggard, "Nae-Young Lee on Political Polarization in Korea," *North Korea: Witness to Transformation*, August 12, 2014, http://blogs.piie.com/nk/?p=13395. 이 조사는 좌파와 우파의 분열을 다루고 있지만 한국에서는 보통 이것이 북한과 한미 동맹에 대한 관점과 일치한다.

77) "Democratic People's Republic of Korea: Situation Overview and Strategic Objectives," in United Nations Country Team, *DPR Korea 2013: Humanitarian Needs and Priorities, Democratic People's Republic of Korea*, http://www.unicef.org/eapro/Humanitarian_Needs_and_Priorities_DPR_Korea_FINAL.pdf.

78) 세계보건기구, *WHO Country Cooperation Strategy, 2004-2008: Democratic People's Republic of North Korea*, June 2003, http://www.dprk.searo.who.int/LinkFiles/WHO_Collaborating_Centres_CCSDPRK.pdf.

79) 세계보건기구, "Democratic People's Republic of Korea," DPRK country profile, http://www.who.int/countries/prk/en/.

80) Grace Oh, "WFP's food aid to N. Korea hits all-time low in 2013," *Yonhap News*, January 8, 2014, http://english.yonhapnews.co.kr/northkorea/2014/01/08/16/04 01000000AEN20140108003200315F.html.

81) Mark E. Manyin and Mary Beth D. Nikitin, "Foreign Assistance to North Korea," Congressional Research Service, April 2, 2014, 4, http://fas.org/sgp/crs/row/R40095.pdf.

82) Hyun-june Choi, "Park's Private sector aid to North Korea falls to all time low," *Hankyoreh*, June 16, 2014, http://english.hani.co.kr/arti/english_edition/e_north-korea/642563.html.

83) 박 대통령의 드레스덴 선언 이후 2014년 8월 한국 정부는 세계식량계획(WFP)의 북한 산모 및 영유아 영양 지원 사업과 세계보건기구(WHO)의 필수 의약품 제공 사업에 1330만 달러를 지원할 방침이라고 밝혔다.

84) Katharina Zellweger, "Aid and Development Cooperation and North Korea: A Window of Opportunities or Pushing at a Closed Door?, March 2013, p.4, http://iis-db.stanford.edu/evnts/7214/2012Mar_Zellweger_Harvard_Final.pdf.

85) James Reilly, "China—DPRK economic engagement: don't blame the sunshine," East Asia Forum, November 13, 2013, http://www.eastasiaforum.org/2013/11/13/china-dprk-economic-engagement-dont-blame-the-sunshine/.

86) 이 프로젝트에 관한 최신 보도를 보려면 '조선의 그리스도인 벗들(CFK)'의 2014년 6월 뉴스레터를 참조. hhttp://cfk.org/wp-content/uploads/2014/06/June-2014-Newsletter. pdf; 이 프로젝트에 관한 자세한 내용을 알고 싶다면 다음을 참조. Sharon Perry, "The Stanford North Korean Tuberculosis Project," in *U.S.-DPRK Educational Exchanges: Assessment And Future Strategy*(ed.), Gi-Wook Shin and Karin J. Lee(Stanford, CA: Shorenstein Asia-Pacific Research Center, 2011), pp.121~126, http://iis-db.stanford.edu/pubs/23213/5_Perry_Stanford_North_Korean_Tuberculosis_Project.pdf; 그 외 Steven Borowiec, "Just how bad is tuberculosis in North Korea?" *Global Post*, January 19, 2014, http://www.globalpost.com/dispatch/news/regions/asia-pacific/north-korea/140107/tuber culosis-north-korea-stanford-medi cal-school 참조.

87) https://www.cia.gov/library/publications/the-world-factbook/fields/2103.html 참고.

88) 북한을 방문했거나 관찰한 이들의 증언에 따르면 '삼지연'을 판매하는 상점과 이를 이용하는 국민들이 증가하고 있다고 한다.

89) "남북 손잡고 6년째 편찬 '겨레말큰사전' 좌초위기 직면", ≪한겨레신문≫, 2010년

10월 4일 자, http://www.hani.co.kr/arti/politics/politics_general/442173.html.

90) Steven Borowiec, "Two Koreas make strides to talk the same language," *The Guardian*, July 11, 2014, http://www.theguardian.com/world/2014/jul/11/korean-peoples-comprehensive-dictionary.

91) "北 학생들, 영국과 스웨덴에서 유학", ≪코리아헤럴드≫, 2013년 11월 23일 자, http://www.koreaherald.com/view.php?ud=20131123000073.

92) 남과 북이 파트너가 되면 남북한은 다른 국가들과 수익을 나누지 않고 모든 수익을 차지할 수 있다는 의미였다. "언론사 사장단 金위원장 오찬/대화 요지," ≪동아일보≫, 2000년 8월 13일 자, http://news.donga.com/View?gid=7570144&date=20000813.

93) 일부 전문가들은 개성공단이 북한 내부에 긍정적인 변화를 일으킬 가능성이 제한적이라고 주장하지만 그들의 주장은 대부분 개성공단과 관련된 한국 사업자들과의 인터뷰에 기초한 것이다. 우리는 개성공단이 장기적으로 북한 사회에 상당한 영향을 미칠 수 있다고 본다.

94) 현재 생산액은 2012년 12월 생산액의 94% 수준이다. "개성공단, 가동중단 전 상태 회복," ≪연합뉴스≫, 2014년 3월 9일 자, http://www.yonhapnews.co.kr/bulletin/2014/03/07/0200000000AKR20140307143700043.HTML.

95) "5·24 조치, 한국기업에 부메랑으로," ≪내일신문≫, 2014년 2월 26일 자, http://m.naeil.com/m_news_view.php?id_art=97825.

96) 같은 글.

97) 유엔 안보리 결의 1874호(2009년): 19. Calls upon all Member States and international financial and credit institutions not to enter into new commitments for grants, financial assistance, or concessional loans to the DPRK, except for humanitarian and developmental purposes directly addressing the needs of the civilian population, or the promotion of denuclearization, and also calls upon States to exercise enhanced vigilance with a view to reducing current commitments(모든 회원국들과 국제 금융·신용 기관들이 조선민주주의인민공화국 주민들의 필요를 직접 해소하는 인도주의 또는 개발상의 목적이나, 비핵화 증진의 경우를 제외하고, 동 공화국에 대한 무상원조, 금융 지원, 양허성 차관 계약을 신규 체결하지 않고, 기존 계약은 줄여나가도록 주의를 강화할 것을 촉구한다). 20. Calls upon all Member States not to provide public financial support for trade with the DPRK (including the granting of export credits, guarantees or insurance to their nationals or entities involved in such trade) where such financial support could contribute to the DPRK' nuclear-related or ballistic missile-related or 99 other WMD-related programs or activities[모든 회원국들이 조선민주주의인민공화국의

핵·탄도미사일·여타 WMD와 관련된 프로그램·활동에 기여할 가능성이 있는 동 공화국과의 무역을 위한 공적 금융 지원 (자국 국민 또는 이러한 무역과 연관된 단체에 대한 수출신용, 보증, 또는 보험 포함)을 제공하지 않도록 촉구한다].

98) Jae-soon Chang, "S. Korea to participate in Russian-led rail, port development project in N. Korea," Yonhap News, November 13, 2013, http://english.yonhap news.co.kr/national/2013/11/12/10/0301000000AEN20131112007053315F.html.

99) Vladimir Soldatkin, "Russia writes off 90 percent of North Korea debt, eyes gas pipeline." Reuters, April 19, 2014, http://uk.reuters.com/article/2014/04/19/russia-northkorea-debt-idUKL6N0NB04L20140419.

100) Alexander Vorontsov, "Is Russia-North Korea Cooperation at a New Stage?" 38 North, May 8, 2014, http://38north.org/2014/05/avorontsov050814/?utm_source= feedly&utm_reader=feedly&utm_medium=rss&utm_campaign=avorontsov050814.

101) "반기문 '방북 검토 …… DMZ 평화공원 적극 도울 것'", ≪머니투데이≫, 2013년 8월 26일 자, http://news.mt.co.kr/mtview.php?no=2013082614102989212.

102) "정부 '北, DMZ평화공원 부정적이지만 개의치 않고 준비 계속'", ≪중앙일보≫, 2014년 4월 24일 자, http://article.joins.com/news/article/article.asp?total_id=14525893& ctg=1000.

103) 박근혜 대통령 제69회 광복절 경축사. "Address by President Park Geun-hye on the 69th Anniversary of Liberation, April 15, 2014," http://english1.president. go.kr/activity/briefing.php?srh%5Bview_mode%5D=detail&srh%5Bseq%5D= 6984.

104) Nick Hansen, "North Korea's Sohae Satellite Launching Station: Upgrades Near Completion; Ready for More Launches?" 38 North, August 21, 2014, http://38 north.org/2014/08/sohae082114/.

부록 1: 워크숍 참석자

부록 1-1 스탠퍼드대 Koret 컨퍼런스

- 스탠퍼드대 아시아태평양연구소, 한국학 연구소
- 제6회 Koret 연례 워크숍
  Engaging North Korea: Projects, Challenges, and Prospects
- 날짜: 2014년 2월 21일
- 장소: 스탠퍼드대 엔시나홀 백텔 컨퍼런스센터

☞ 참석자

마이클 아머코스트(Michael H. Armacost): 전 주일미대사, 스탠퍼드대 아시아태평양연구소 석좌연구위원

브래들리 밥슨(Bradley O. Babson): 존스홉킨스대 국제대학원 한미연구소 북한 경제포럼 의장

스티븐 보스워스(Stephen W. Bosworth): 前 미 국무부 북한 정책 특별 대표, 스탠퍼드대 아태연구소 페인(Payne) 초빙강사

고든 최(Gordon Guem-Nak Choe): 스탠퍼드대 아태연구소 방문 연구원

카렌 이글스톤(Karen Eggleston): 스탠퍼드대 아태연구소 보건정책 연구소 소장

칼 아이켄베리(Karl Eikenberry): 스탠퍼드대 국제안보협력센터(CISAC) 국제안보 담당 윌리엄 J 페리 연구위원

데보라 고든(Deborah C. Gordon): 스탠퍼드대 '예방성 방위 프로젝트' 부소장

홀 힐리(Hall Healy): 국제두루미재단(International Crane Foundation) 이사장

지그프리드 헤커(Siegfried S. Hecker): 스탠퍼드대 프리먼 스포글리 국제학연구소(FSI) 선

임연구위원, 경영과학과 연구교수

안드레아 리(Andrea Lee): Uri Tours 공동창립자, CEO

카린 리(Karin J. Lee): 전미북한위원회(NCNK) 사무국장

써니 성현 리(Sunny Seong-Hyon Lee): 스탠퍼드대 아태연구소 팬택 펠로우

알렉산드르 만수로프(Alexandre Y. Mansourov): 존스홉킨스대 국제대학원(SAIS) 한국학 겸임교수

윌리엄 뉴콤(William J. Newcomb): 유엔 대북제재위원회 전문가 패널

윌리엄 페리(William J. Perry): 前 미 국방장관, 스탠퍼드대 마이클 & 바바라 베르베리안 명예교수

헨리 로웬(Henry S. Rowen): 스탠퍼드대 아태연구소 명예수석연구위원, 공공정책 및 경영학과 명예교수

개리 슐닉(Gary Schoolnik): 스탠퍼드 의대 미생물학 & 면역학(전염병 전문) 교수

신기욱(Shin GiWook): 스탠퍼드대 아태연구소 소장

다니엘 스나이더(Daniel C. Sneider): 스탠퍼드대 아태연구소 부소장

트로이 스탠가론(Troy Stangarone): 한미경제연구소(KEI) 의회 · 통상 선임국장

캐슬린 스티븐스(Kathleen Stephens): 전 주한미대사, 스탠퍼드대 아태연구소 Koret 방문연구위원

데이비드 스트로브(David Straub): 스탠퍼드대 아태연구소 한국학 부소장

부록 1-2 서울대 통일평화연구원 세미나

- 서울대 통일평화연구원과 스탠퍼드대 아시아태평양 연구소 공동 워크숍
- Engaging North Korea: Projects, Challenges, and Prospects
- 날짜: 2014년 3월 14일
- 장소: 서울대학교 호암교수회관

☞ 참석자

장용석(Chang YongSeok): 서울대 통일평화연구원(IPUS) 선임연구원

조봉현(Cho BongHyun): IBK경제연구소 수석연구위원

전재성(Chun ChaeSung): 서울대 국제문제연구소 소장

정형곤(Jeong HyungGon): 대외경제정책연구원 선임연구위원

조동준(Jo DongJoon): 서울대 국제관계학 교수

김병로(Kim Philo): 서울대 통일평화연구원 부교수

조이스 리(Joyce Lee): 스탠퍼드대 아태연구소 한국학 연구원

이상준(Lee SangJun): 국토연구원 연구위원

박명규(Park Myoungkyu): 서울대 통일평화연구원 원장

박상민(Park SangMin): 서울의대 통일의학센터 교수

박영정(Park YoungJeong): 한국문화관광연구원 연구위원

신기욱(Shin GiWook): 스탠퍼드대 아태연구소 소장

손기웅(Son GiWoong): 통일연구원 선임연구위원

송영훈(Song YoungHoon): 서울대 통일평화연구원 선임연구원

데이비드 스트로브(David Straub): 스탠퍼드대 아태연구소 한국학 부소장

부록 1-3 요녕대 워크숍

- 요녕대 조선 · 한국연구센터와 스탠퍼드대 아시아태평양 연구소
- Korean Peninsula Economic Cooperation: History, Status, and Prospects
- 날짜: 2014년 3월 17일
- 장소: 요녕대학교 본관 학술보고청

☞ 참석자

고정식(Ko Jeongsik): 배재대 중국학 교수

조이스 리(Joyce Lee): 스탠퍼드대 아태연구소 한국학 연구원

임목서(Lin, Muxi): 요녕대 경제학 교수

류홍종(Liu, Hongzhong): 요녕대 국제학 대학원 경제학과 교수

여초(Lu, Chao): 요녕성 사회과학원 남북한연구센터 주임

레니 문(Rennie Moon): 연세대 언더우드 국제대학 교수

신기욱(Shin GiWook): 스탠퍼드대 아태연구소 소장

데이비드 스트로브(David Straub): 스탠퍼드대 아태연구소 한국학 부소장

장동명(Zhang, Dongming): 요녕대 동북아 연구소 소장

장옥산(Zhang, Yushan): 길림성 사회과학원 한국학연구소 소장

조선－한국연구센터 연구원들

부록 2: 대한민국 국회 남북관계 및 교류협력 발전 특별위원회 공청회 회의록

- 대한민국 국회 남북관계 및 교류협력 발전 특별위원회 전체회의 질의응답
- 일시: 2014년 9월 15일
- 장소: 국회 특별위원회 회의실(220호)

〈참석자〉
- 진술인: 신기욱, 데이비드 스트로브
- 참석 국회의원(22명): 김광림, 심윤조, 안덕수, 양창영, 유재중, 정병국, 함진규(이상 새누리당), 강동원, 김기식, 김성곤, 김영환, 노웅래, 문재인, 박병석, 박홍근, 심재권, 원혜영, 유인태, 이목희, 임내현, 홍영표(이상 새정치민주연합), 심상정(이상 정의당)

위원장 원혜영 ┃ 『맞춤형 인게이지먼트』는 오늘 우리 남북특위에서 처음으로 공개되는 정책 제안서로서 효과적이고 지속 가능한 남북 협력관계를 위한 구체적이고 단계적인 로드맵이 담겨 있습니다. 보고서 내용 가운데 한국이 더 이상 주변 강대국 사이에 끼인 새우가 아닌 돌고래임을 인식하고 더 적극적으로 대북정책을 펴야 한다는 주장을 보면서 우리의 역량을 우리 스스로가 제대로 평가하고 있는가 하는 반성을 하게 됩니다.

한국에서의 바쁜 일정에도 불구하고 남북 협력관계 진전에 대한 고견을 발표해주시기 위해 우리 위원회에 특별히 참석해주신 진술인 여러분께 다시 한 번 감사의 말씀을 드립니다.

신기욱 ┃ (발표 생략)

심윤조 위원 ㅣ 맞춤형 인게이지먼트 내용을 들으니 한반도 신뢰 프로세스 (Korean Peninsula trust-building process)를 아주 잘 설명해주신 것 같은 느낌을 받았습니다. 사실 지금 한반도 신뢰 프로세스의 개념에 대해서 물론 우리 정부나 학계에서도 많은 설명을 하고 있는데, 그 프로세스에 대한 의미나 지금 가동이 안 되고 있는 상황에 대해서 잘 설명을 해주셨다는 생각이 듭니다. 특히 보면 맞춤형 인게이지먼트에서도 '단계적인 신뢰 구축이 필요하다'는 말씀을 하셨고요. 그러니까 우선 위험 요소를 줄이고, 단계적이고 지속적인 교류 협력을 하고, 안보 상황을 개선하면서 평화통일을 위한 기반을 조성해가는 선순환 전략을 말씀하신 것은 바로 저희가 생각하는 한반도 신뢰 프로세스와 상당히 일치한다는 생각을 합니다.

맞춤형 인게이지먼트 로드맵이 특히 그렇습니다. 한반도 신뢰 프로세스도 먼저 인도적 지원과 상호 호혜적인 교류 협력을 통해서 신뢰를 구축하고 그 과정에서 북핵 문제도 실질적인 진전이 있을 경우에 더 큰 규모의 경제협력으로 가는 것이지요. 그래서 작은 통일, 즉 경제적 통합을 이루고 그것을 바탕으로 더 큰 규모의 통일, 즉 정치적 통일을 이룬다는 것이지요.

신기욱 교수님께서 맞춤형 인게이지먼트를 제창하셨을 때 한반도 신뢰 프로세스 중에서 무엇을 가장 보완해야 되는 것인지에 대해 생각한 것이 있으시면 말씀해주시기 바랍니다.

신기욱 ㅣ 심 위원님께서 굉장히 적절한 지적을 해주셨습니다. 말씀하신 대로 한반도 신뢰 프로세스하고 제가 주장하는 맞춤형 인게이지먼트가 기본적인 취지는 거의 같다고 생각을 합니다. 조금 차이가 있다면 저희가 여기서 '신뢰'라는 말을 쓰지는 않았는데요. 왜냐하면 신뢰보다는 '실리주의'에 초점을 맞췄습니다. 과연 북한하고 얼마만큼의 신뢰 구축이 가능하냐, 꼭 신뢰가 있어야 외교를 하는 것은 아닐 수 있기 때문에 신뢰보다는 과정을 통해서 어떤 실리를 바탕으로 한 협력을 맺어갈 것이냐를 강조하는 데서 약간의 차이가 있는 것 같습니다.

그다음에 한반도 신뢰 프로세스가 상당히 맞는 방향이어서 많은 기대를 했는데 수사적(rhetoric)인 측면이 강해서 아쉬움이 많이 있습니다. 왜냐하면 후속 조치가 굉장히 약하고 인도주의 지원 같은 것도 제 기억에는 전임 정부보다 오히려 적은 측면이 있기 때문에 맞춤형 인게이지먼트가 어떤 의미에서는 한반도 신뢰 프로세스를 좀 과감하게 했으면 좋겠다는 연구자의 의도도 상당히 많이 들어가 있습니다.

정리하면 결국 북한하고의 관계에 있어서 오히려 실리에 기초하는 것이 신뢰보다는 맞지 않겠느냐 하는 것이 제가 구태여 차이를 말한다면 차이라 할 수 있을 것 같습니다. 그렇지만 단계별 과정은 상당히 일치하는 부분이 많이 있습니다.

심윤조 위원 | 신뢰 프로세스에 '신뢰'를 넣은 이유 중 하나는 남북한 간에 7·4 공동성명 이후 많은 합의가 있었는데 그것이 지켜지지 못하는 근본에는 신뢰가 부족한 정도가 아니고, 서로 신뢰가 없기 때문이 아니냐, 그래서 작은 신뢰부터 쌓아가자는 차원에서 신뢰 프로세스라는 말을 넣었습니다. 신 교수님께서 말씀하신 실리주의와 결국 일맥상통한다고 생각합니다.

그리고 방금 수사를 말씀하셔서 지난번에 통일부 장관은 이미 한반도 신뢰 프로세스를 가동하고 있다고 언급했습니다만 사실 제대로 가동할 계기를 만들지 못했다 생각합니다. 왜냐하면 정권 출범 초기부터 북한이 장거리 미사일을 쏘고 3차 핵실험을 하고 이어서 남북한 모두에 있는 외교관들, 외국인들 다 철수하라고 위협하고, 이후 개성공단이 폐쇄되는 일련의 과정을 거치면서 신뢰 프로세스를 제대로 이행할, 실행할 계기를 발견하지 못했다는 것이 사실 딜레마입니다. 지금도 어떻게 풀어나가야 되는데 신 교수님께서 무엇을 추진력(momentum)으로 해서 신뢰 프로세스를 본격적으로 이행할 수 있을지 방안에 대해 말씀해주시면 고맙겠습니다.

또 보고서에 나온 것 중에서 제가 두 가지만 말씀드리겠습니다. 하나는 5·24 조치, '5·24 제재 조치의 전면적 해제'라는 말이 있어서 자세히 봤더니 '선택적 완화'라는 표현을 쓰신 것은 지금 정부 입장하고 같다고 생각합니다. 왜냐하면 5·24 조치는 실질적으로 저희가 얼마든지 적용 안 하면서 나갈 수 있는 상황입니다. 가령 개성공단의 확장이라든지 러시아와의 협력 같은 국제적 협력 등 우리가 필요하면 얼마든지 할 수 있는 여지가 있습니다. 그런데 왜 굳이 전면적 해제라는 말을 안 쓰느냐 하면 신 교수님도 잘 아시다시피 천안함 피폭에 의해서 제재를 부과했는데 거기에 대해서 아무런 말도 없이 푼다고 했을 때 5·24 조치를 부과한 명분 자체가 없어진다는 것입니다. 그래서 언젠가 남북 관계가 개선돼가면서 북한이 천안함 피폭에 대한 입장을 밝히고 필요하면 사과도 하고 그 이상의 조치들을 취할 수 있는 하나의 툴로서 5·24 제재 조치라는 명분은 걸어두되 실질적으로는 완화할 것은 완화하고 있기 때문에 '선택적 완화'와 같다는 생각이 듭니다.

두 번째, 인권 문제에 대해서 한국 정부가 방관했다고 쓰셨는데 그것은 아닙니다. 여기 모든 내용에 제가 거의 공감하는데 딱 하나 공감하지 않는 것입니다. 한국 정부가 방관하는 것이 아니고 한국 국회가 방관하는 겁니다. 정부는 할 것 다 하려고 하고 있습니다. 인권대사 임명했습니다. 인권대사 업무의 99%가 북한 인권 문제를 다루고 있으며 인권대사가 국제회의, 전문성을 띤 국제 인권 관련 기구에 참여해서 북한 인권 문제를 제기하고 있습니다. 다만 국회에서 인권법이 통과되지 않고 있기 때문에 한국이 북한 인권 문제에 대해 무심하다 내지는 방관하고 있다는 평가를 받고 있는 겁니다. 물론 다른 생각이 있을 수 있겠지만 제 입장을 분명히 그렇게 말씀드립니다.

신기욱 | 신뢰냐 실리냐 하는 문제인데, 예를 들면 지금 개성공단이 폐쇄가 됐다가 다시 재개되지 않았습니까? 그러면 과연 남북 간에 신뢰가 생겨서 다시 재개가 됐느냐, 그렇게 생각하지는 않습니다. 결국 개성공단은 남북 간의 이해관계가 있기 때문에 재개된 게 아니냐 하는 말씀을 드립니다.

그다음에 5·24 조치가 정말 얼마나 완화가 되고 있는지는 모르겠는데, 물론 일부 하고 있는 것은 사실이기는 하지만 작년에 제가 단둥에 가보니까 과거 북한하고 무역하던 한국 기업이 거의 다 죽었고, 아직 거의 살아나지 못하는 것 같습니다. 교역이나 교류를 할 때도 상당히 제약이 많다는 느낌이 듭니다. 물론 북한의 태도 때문에 난감한 부분이 있긴 하지만 인도적 지원 같은 것들은 핵 문제하고 연관 없이 지원하겠다고 정부가 발표를 했으면 한번 과감하게 해봤으면 좋겠습니다. 한번 해봤을 때 과연 북한이 어떻게 나오느냐. 지금 우리가 말은 많이 했는데 실제로 지원한 게 많은 것은 아닙니다. 그러니까 우리가 북한과 신뢰가 있고, 북한이 좋아서가 아니라 남북 관계의 동력을 만들기 위해서 어느 정도까지는 핵 문제와 상관없이 한번 해보겠다는 판단이 서면 한번 과감하게 해봤으면 합니다. 그렇지 않으면 지금 동력을 만들 수 있는 그러한 기회가 전혀 없는 것 같습니다. 그래서 지금 말씀하신 대로 한반도 신뢰 프로세스를 과감하게 해봤으면 좋겠다는 것이 제 생각입니다.

위원장 원혜영 | 다음으로 이목희 위원님 질의해주시기 바랍니다.

이목희 위원 | 맞춤형 인게이지먼트가 제 생각이나 우리 당의 기본적인 인식과 크게 차이가 없다 그런 느낌을 갖습니다. 우선 '대북 문제에서 우리나라의 역할이 확대되어야 한다' 이것은 전적으로 공감합니다. 한반도의 비핵화, 남북의 평화·화해·협력 이것이 동북아시아의 관점에서도 매우

중요하지만 남북문제는 남한과 북한에 더 절실한 문제라고 생각합니다.

보고서에 보면 '미국, 중국 등 주요 관련국들은 당분간 대북정책을 전환할 의지나 여유가 없다'고 말씀하셨는데 전문가가 아닌 제가 봐도 비슷하게 보입니다. 미국은 최근 IS 문제 등 중동, 아프리카가 우선입니다. 이슈가 돼서 그런지 오바마 행정부가 원래 한반도에 대해서 적게 생각을 하는지는 제가 잘 모르겠습니다. 중국도 보고서에 쓰인 대로 대략 그런 상황에 처해 있는 것으로 보입니다.

그래서 우리나라가 북한 문제 해결을 위해서 적극적인 역할을 해야 하는데 지금 발제문에 있는 것처럼 박근혜 정부의 대북정책이 구체적 내용이라기보다는 주로 수사에 의존하고 있다, 그런 성격이 강하다 이렇게 보입니다. 지금 대통령이 취임한 지 1년 반이 넘었습니다마는 실질적으로 진전된 것은 없습니다. 또 취임 이전에 주장한 한반도 신뢰 프로세스, 지금 말하는 통일 대박론 이게 무슨 논리적 연결이 가능한 이야기인지 잘 모르겠습니다. 국민들도 잘 모릅니다. 그리고 5 · 24 조치에 대해서도 계속 유지하겠다는 것인지, 필요에 따라 부분적으로 제재를 푼다는 것인지, 해제를 한다는 것인지 잘 모릅니다. 여당 일부에서 해제 얘기가 나오고 있습니다만 어떻게 한다는 것인지 잘 모르겠습니다.

인도적 분야부터 남북 교류를 해야 한다는 방향에는 동의합니다만 역시 제가 보기에는 경제적 교류가 남북 교류의 핵심이 돼야 한다는 생각을 가지고 있습니다. 예를 들면 아까 단동 말씀을 하셨는데, 사실 5 · 24 조치는 법적 조치가 아니라 남북 관계에서 충돌이 일어나니까 정부가 취한 조치인데 이 조치로 인해서 손해를 본 기업들이 많습니다. 기업이 정부의 정책을 따라하다가 손해를 보고, 망하기도 했는데 이것을 가지고 정부에 대항해서 뭘 하기가 쉽지 않습니다. 그러니깐 손해 보고 그냥 있는 것이지요. 그래서 저는 5 · 24 조치가 해제돼야 함은 물론이고 5 · 24 조치로 인해서 손해를 본 기업들에 대해서 정부가, 국회가 나서서 일정한 보상을 하고 그 기업들이 좀 정상적으로 운영될 수 있도록 도와야 한다는 생각을 합니다.

우선, 첫 번째 질문을 하나 드리겠습니다. 미국이 '전략적 인내 정책이 최상은 아니라도 아마 그냥 가지 않겠는가' 하는 말씀을 하셨습니다. 미국은 원론적으로 우리 한국의 대북정책을 지지한다는 입장을 갖고 있습니다만 '전략적 인내' 이외에 어떤 정책들이 있는지 간단하게 말씀해주시기 바랍니다.

데이비드 스트로브 ┃ 제가 말씀드리겠습니다. 기본적으로 한반도 문제에서 미국에 가장 중요한 것은 대한민국을 지키는 것입니다. 그리고 20년 전부터 북핵 문제를 다루는 것은 굉장히 중요한 이슈로 부각됐습니다.

그런데 북핵 문제를 가지고 거의 20년간 미국이 협상해왔는데 북한은 핵을 카드로 갖고 여러 가지를 했습니다. 북한의 지렛대(leverage)가 가장 영향력이 있을 때는 바로 첫 번째 핵실험을 하기 전이었습니다. 그런데 핵실험을 함으로써 북한은 미국에 대한 지렛대가 완전히 없어졌습니다.

미국은 원래 북한 정권을 굉장히 싫어합니다. 북한은 미국이 자신들을 적대적으로 보고 있다는 것을 핑계로 전술적으로 이를 활용하고 있습니다마는 미국 국민이나 미국 지도자가 북한 체제를 싫어하는 것은 분명합니다. 만약 북한이 핵실험을 하기 전에, 부시 행정부 마지막 1~2년간 진심으로 협상했으면 그때는 북한이 미국으로부터 최대의 여러 가지 양보를 얻을수 있었을 겁니다. 그런데 제가 보기에 북한은 부시 행정부가 첫 번째 실험을 보고 태도를 바꾸었으니 두 번째 실험을 하면 훨씬 더 강력한 영향력을 미국에 행사할 수 있을 것이라고 착각을 한 것 같습니다. 그래서 북한이 2차, 3차 핵실험을 했는데 오바마 정부에서 '우리가 북한하고 더 이상 협상할 리가 있느냐' 이렇게 생각하게 됐습니다. 그래서 결국 이런 상황에서 미국이 북한하고 적극적으로 협상에 나설 리가 없다고 결론을 내렸습니다.

신기욱 ┃ 좀 부연하면 제가 모 일간지에 기고하면서 '미국은 지쳤다. 지쳤기 때문에 이제 한국이 나설 때다'라고 썼습니다. 지난해경 북한 문제 회의를 하면서 윌리엄 페리, 스티브 보스워스 등 과거 미국의 대북정책을 맡은 사람들이 거의 다 왔는데 결론은 이렇습니다. 미국에서는 양자대화도 해보고 다자회담도 해보고 단계적(step by step)으로도 해보고 포괄적(comprehensive)으로도 다 해봤습니다. 해볼 수 있는 것은 다 해봤는데 결국은 원위치라는 느낌이 드니깐 사실 미국은 '약간 지쳤다'고 보고 이제는 한국이 나서야 된다는 얘기를 한 겁니다. 만약 이러한 상황이 지속됐을 경우 미국보다는 한국에 훨씬 더 영향이 많이 있기 때문에 한국이 주도적으로 나서야 합니다. 그런데 저희가 미국에 있으면 방문하는 의원님들이나 여론 주도층(opinion leader)이 '미국이 역할을 해야 되는 것 아니냐'고 미국이 뭔가 하기를 바라시는 분들이 많이 있습니다.

이목희 위원 ┃ 저는 미국이 적극적으로 나서달라는 차원에서 드린 말씀이 아니라, 미국의 대한반도 정책, 북한정책이 전략적 인내 말고 다른 것이 있는지 여쭤본 것입니다.

　짧게 하나 물어보겠습니다. 지금 미국인 3명이 북한에 있지 않습니까? CNN을 통해서 인터뷰를 하기도 했고요. 과거 미국 같으면 자국민을 어떻게든 구출하려고 강력한 노력을 했던 것으로 기억하는데 이번에는 상황이 좀 다릅니다. 왜 그런 것인지 설명을 해주십시오.

데이비드 스트로브 ┃ 제가 몇 년 전에 클린턴 전 대통령과 같이 북한에 가서 미국 기자 2명을 데리고 온 경험이 있는데, 그 당시 저는 정부에 있지 않았습니다. 북한이 미국 시민을 인질로 삼아서 미국한테 협박하는 것이기 때문에 미국 기자를 데리고 올 때도 미국 정부에 있던 사람들은 억지로 결정을 내렸을 겁니다. 느낌으로는 미국이 다시는 같은 방법을 하지 않겠다는 결정을 내렸을 거라 생각합니다. 왜냐하면 북한이 계속 미국 시민을 사실상 인질로 삼고 미국이 응하게 되면 끝이 없다고 생각하기 때문입니다.

위원장 원혜영 | 다음으로 양창영 위원님 질의해주시기 바랍니다.

양창영 위원 | '내부 분열과 일관성 없는 대북정책은 북한은 물론이고 관련국들에 대한 한국의 영향력을 감소시킬 수 있다'고 말씀하시고 그런 우려를 하는 것 같습니다. 지속 가능한 대북정책 모색을 위한 과제가 무엇이라고 생각하고 그 과제를 해결하기 위한 좋은 방안이 있으면 답변해주시기 바랍니다.

또 이번 발제문에서 정부하고 민간 차원에서의 역할에 대해서는 다양한 측면에서 상세히 말씀을 해주셨는데 남북 관계 개선을 위한 국회의 역할에 대한 구체적인 언급이 없어서 국회의 역할과 노력에 대해서도 말씀해주시기 바랍니다. 더불어 그동안 남북 관계 발전을 위해서 국회의 역할에 대해 부족한 점이나 개선해야 될 점 등에 대해서도 평소 생각하고 있던 바를 말씀해주시면 좋겠습니다.

신기욱 | 한 가지 최대 과제를 말씀드린다면 국민적 공감대를 얻는 게 굉장히 중요한 것 같습니다. 100%가 동의할 수는 없지만 한 3분의 2 정도라도 동의할 수 있는 정책을 만들어야 지속 가능할 것 같습니다. 제가 말씀드리기 조금 부담스럽지만 김대중·노무현 정부에서 이명박 정부로 넘어가면서 상당히 바뀌지 않았습니까.

제가 북한 생각을 잘 모르기는 하겠지만 어쨌든 노무현 대통령이 대한민국 대표로 김정일 위원장하고 사인을 한 것들이 있는데 이명박 정부가 들어오면서 상당 부분이 거의 다 무효가 됐습니다. 저희가 신뢰를 얘기하지만 북한은 이것을 어떻게 생각할까 하는 생각을 하게 됩니다. 왜냐하면 정부가 바뀌고 전임 정부에서 한 것을 다 폐기하면 과연 이게 지속 가능한 대북정책이 되겠느냐, 그렇다면 이명박 정부 들어서 노무현 정부가 추진한 것 상당 부분을 왜 없앴느냐 했을 때 결국은 국민적 공감대가 부족했기 때문에 결국 진보-보수에 따라서 대북정책이 너무 오락가락 했다고 봅니다.

　그래서 정부의 역할도 있겠지만 국민적 공감대를 만들고 국민 여론을 수렴하고 그것을 입법화하고 리드하는 것이 국회이기 때문에 국회의 역할이 중요합니다. 그런 점에서 오늘 발표를 국회 특위에서 하게 된 것을 굉장히 중요하게 생각합니다. 저희 발제에 공감하시는 부분이 있으면 국회가 적극적으로 나서서 합의를 모아 대북정책을 추진할 수 있게 하는 것이 국회의 역할이고 그게 사실은 제가 가장 바라는 의제(agenda)라고 생각합니다.

양창영 위원 | 남북 관계에서 동북아 등 국제관계를 따로 생각할 수 없습니다. 우리나라가 미국, 중국, 러시아와 관계를 정립할 때 어떤 자세(stance)를 두는 것이 옳고 좋은지 좀 더 상세하게 말씀해주시면 좋겠습니다. 또 하나는 지금까지 우리의 대북정책에 비해서 북한의 대남정책에 대한 세부적인 연구가 부족한 것이 아닌가, 북한 체제에 대한 이해 부족으로 잘못된 판단을 내릴 수도 있지 않겠나 하는 생각이 드는데 이에 대해서 교수님 견해도 좀 말씀해주시기 바랍니다.

신기욱 | 제가 볼 때 지금은 동북아 지역 질서가 바뀌는 굉장히 중요한 때라고 생각합니다. 제가 미국에서 아시아나 한반도에 관한 이야기를 할 때

과거 동북아 질서가 변하면서 사실 떠오르는 강자하고 좀 쇠퇴하는 강자하고 사이에 전쟁이 있지 않았습니까? 1894년부터 1895년의 청일전쟁, 10년 후에 러일전쟁, 똑같지는 않지만 어쨌든 1950년부터 1953년까지 6·25 전쟁이 있었습니다. 저도 한국 입장에서 볼 때 가장 안타까운 것은 강자들이 새로운 질서를 형성하는 가운데 싸우는 한복판이 한반도였다는 게 가장 가슴 아팠습니다. 6·25 때는 사실 거의 한 300만 명이 죽었는데 지금 보면 그게 한반도 인구의 10%가 죽은 것이거든요. 그런 것을 보면서 저희가 지금도 제대로 전략을 짜지 않으면 다시 한 번 그런 소용돌이에 휩싸일 가능성이 있지 않느냐 하는 생각을 강하게 합니다.

그래서 지금 현 정부가 중국하고의 관계 개선을 많이 하는데 그것은 굉장히 중요합니다. 왜냐하면 전임 정부에서 너무 한미 동맹을 강조하다 보니까 중국과의 관계가 좀 서먹해져서 관계 회복을 하는 것은 중요하지만 전략적으로 굉장히 조심스럽게 해야 된다고 생각합니다. 왜냐하면 지금 중국에서 안중근 기념관을 크게 만들지 않았습니까? 어떻게 보면 한국이 그만큼 원하지 않았는데 사실 좀 오버한 것이거든요.

그리고 시진핑 주석이 지난번 서울대 강연할 때 저는 개인적으로 기분이 안 좋았습니다. 강연 중에 '한국하고 중국이 힘을 합해가지고 일본의 침략을 같이 싸웠다' 이런 식의 발언을 했는데 사실 한반도 침략을 가장 많이 한 게 일본이겠습니까, 중국이겠습니까? 자기들이 한 행위는 이야기 안 하고, 또 지금 동북공정 같은 경우도 수면에 가라앉아 있기는 하지만 분명히 살아 있는 것이고요.

이러한 면에서 저희가 중국과의 관계 개선은 굉장히 중요하지만 중국이 영어로 얘기하면 이른바 '참 오펜시브(charm offensive: 매력 공세)'를 하고 있는데 과연 우리가 전략적으로 대응을 하는 것이냐, 중국이 우리에게 잘해주는 것 같으니까 좋아가지고 따라가는 것이냐 하는 것에 대해 깊은 고민을 해야 할 때라고 봅니다.

　그런 점에서 한일 관계도 분명히 개선을 해야 된다고 생각합니다. 한일 관계가 나쁘면 저희가 중국에 대한 지렛대가 없어집니다. 지금 잘못해서 구도가 미·일 대 한·중으로 가버리면 한국에 굉장히 불리한 구도입니다. 따라서 중국과의 관계 개선도 중요하지만 그럼에도 주의 깊게 전략적으로 접근해야 합니다. 물론 과거사 문제가 워낙 어렵기 때문에 쉽지는 않지만 지금과 같은 상황은 전략적으로 볼 때 우리 가치를 상당히 줄이는 일인 것 같습니다.

양창영 위원 ┃ 북한의 대남정책에 대한 것도 미국 아태연구소에서 검토를 하는 것 같은데 거기에 대해서 좀 더 깊은 얘기를 해주시면 좋겠습니다.

데이비드 스트로브 ┃ 북한의 대남정책은 제가 볼 때 굉장히 나쁜 것입니다. 북한은 언제나 미국이 가장 나쁘다고 하면서 미국이 한반도에서 가장 큰 문제인 것처럼 말하지만 제가 볼 때는 북한 정권이 가장 무서워하는 것은 대한민국이라고 생각합니다. 대한민국은 외국도 아니고 성공적으로 경제 발전뿐만 아니라 정치 발전, 민주화까지 했으니 비교가 안 되는 것입니다. 그래서 저희 영문 보고서에도 북한 정권의 역사, 이념, 체제가 기본적인 문제라고 분명히 썼습니다. 이러한 상대를 놓고 우리가 어떻게 한반도의 상황을 조금 좋게 할 수 있는지에 대해서 고민을 한 것입니다.

위원장 원혜영 ┃ 다음으로 정병국 위원님 질의해주시기 바랍니다.

정병국 위원 ┃ 현 정부의 대북정책에 대한 지적에 전반적으로 상당히 공감되는 부분이 많습니다. 그런데 질의응답 중에 말씀하셨다시피 지금 정권이 바뀔 때마다 일관성 없는 대북정책으로 인해서 과연 신뢰가 가겠느냐 하는 것입니다. 이게 북한과 남한의 체제적 차이에서 오는 것이지만요.

그런데 과거 김대중 정부나 노무현 정부에서 상대적으로 적극적 대화를 하면서 대북정책을 펼쳐왔을 때도 이후에 이명박 정부에서 강경정책을 펴 왔을 때도 북한의 핵 개발 프로세스는 전혀 변화 없이 진행이 됐습니다. 변화 없는 북한을 놓고 정권의 정책 전환이라고 하는 것은 의미가 없었다고 봅니다. 김대중·노무현 정부에서도 비핵화를 전제로 해서 햇볕정책을 했던 것이고, 이명박 정부에서 비핵개방 3000 구상을 제시한 것도 비핵화를 전제로 했는데 비핵화는 이루어지지 않았습니다.

과거 정권이 바뀔 때마다 정책이 변화를 했는데도 불구하고 핵 개발은 계속 진행이 됐다, 국제사회에서도 3차 핵실험 이후에 강력한 유엔제재조치를 취하고 있지만 그 뒤에도 변화가 없다고 저는 봅니다. 오히려 북한을 방문했던 사람들 얘기를 들어보면 과거보다 평양이 물질적으로 굉장히 풍요로운 것 같다, 전혀 제재를 받는 것 같지가 않다, 5·24 조치를 취했음에도 전혀 제재 효과가 나타나는 것 같지 않다고 합니다.

지금 이러한 상황을 전제로 해서 맞춤형 인게이지먼트를 말씀하시는 것 같은데 제재가 있음에도 북한이 그 제재에 영향을 받지 않고 과거보다도 훨씬 더 상황이 좋아졌다는 평가에 대해서는 어떻게 봅니까?

신기욱 ┃ 몇 가지 말씀드릴 수 있습니다. 저희가 대북정책 관련된 연구를 하면서 가장 어려운 부분도 지금 말씀하신 대로 결국 어떻게 해도 북한은 계속 핵을 개발하지 않았느냐 하는 질문입니다. 세계적인 핵물리학자인 헤커 박사가 처음 영변에도 갔었고 2010년 우라늄 농축시설을 직접 시찰했는데 이런 얘기를 합니다. "만약 94년 제네바 협상 때, 핵 동결 노력이 없었으면 지금 북한은 핵을 10개가 아니라 100개는 가졌을 것이다." 어떻게 보면 많은 노력에도 불구하고 북한이 핵을 개발했다는 측면을 볼 수 있지만 또 다르게 생각하면 그러한 노력 덕분에 북한은 더 많은 핵을 개발하지 못한 것입니다. 그렇기 때문에 북한은 자기 이유로 계속 핵 개발 노력을 하지만 그럼에도 한국이나 국제사회도 노력을 안 할 수는 없다는 입장입니다.

두 번째, 5·24 조치 문제라든가 북한 실상 얘기는 말씀하신 대로 최근 북한에 다녀온 분이 다 같은 얘기를 합니다. 평양이나 이런 데는 시장 같은 것이 상당히 활성화돼 있고, 북한이 제재 영향을 많이 받지 않은 것 같다고 합니다. 제가 볼 때는 중국 문제가 있는데요. 만약 우리가 5·24 조치를 취한 것에 대해서 중국이 비슷한 형태의 협조를 했으면 아마 타격이 컸겠지만 한국 기업이 줄어든 것을 중국이 그대로 대체했으니까 사실 북한 입장에서는 큰 손해를 본 것이 아닙니다.

그래서 저는 조금 의아스러운 게 중국이 김정은하고 정상회담도 없고 유엔 제재 동참하고 이러한 모습이 보이기는 하지만 동북 3성이라든가 이런 데를 가보면 북·중 간 교역이 더 활성화되고 있기 때문에 이러한 상황에서는 아마 5·24 조치가 큰 효력이 없다고 봅니다. 그리고 정치적으로는 5·24 조치를 풀기 어려운 부분이 분명히 있지만 현실적으로 볼 때 그것 때문에 북한이 타격을 입은 것이 아니고, 오히려 중국은 이득을 봤고 가장 손해 본 것은 한국이 아니냐는 평가에 제가 상당히 동감을 합니다.

그리고 아마 일부에서는 '북한이 오래 못 간다, 그래서 계속 밀어붙이면 언젠가는 붕괴하지 않겠느냐, 지금 통일 대박론도 흡수통일을 염두에 둔 게 아니냐' 하는 얘기가 있는데, 제 입장에서 볼 때는 북한 정권이 지금 그렇게 안정적이지는 않다 하더라도 단기간 내에 무너진다고 생각하지 않습니다. 그리고 만약에 김정은 체제가 무너진다고 해도 그것이 북한 자체가 붕괴하는 것을 의미하지는 않기 때문에 우리가 현실을 놓고 정책을 해야 합니다. 윌리엄 페리 장관이 페리 프로세스 할 때 마지막 결론지은 게 있습니다. '북한을 우리가 원하는 모습으로 상정하고 하지 말고, 있는 그대로 보고 정책을 세워야 된다.' 그러니까 저희의 가치라든가 이념에 따라서 북한이 이랬으면 좋겠다, 북한이 좀 불안정하기를 바라는 마음도 있을지 모르지만 현실을 있는 그대로 인정하고 그 상황을 바탕으로 정책을 세우는 것이 맞다고 생각합니다.

정병국 위원 ┃ 그리고 맞춤형 인게이지먼트를 위한 네 가지 원칙, 이 접근 원칙에는 동의를 하는데, 이것도 역시 실행을 하려고 하면 5·24 조치 해제를 전제하지 않고서는 불가능한 일이 아닌가 하는 생각이 듭니다. 네 가지 원칙을 제시할 때에는 5·24 조치의 해제를 전제로 제시하신 겁니까?

신기욱 ┃ 말씀드린 대로 전면적인 해제는 아니더라도 어느 정도 완화는 해야 된다고 보는 것입니다. 그게 없이는 할 수가 없지요.

정병국 위원 ┃ 개인적으로는 효과 없는 제재 조치는 빨리 정리하는 것이 내성을 키우지 않고 그 이후에 더 강한 제재 조치를 할 수가 있다, 그렇기 때문에 더 이상 효과 없는 제재는 해제하는 것이 옳다 이런 입장이거든요.

신기욱 ┃ 그런데 이게 정치적인 이슈가 돼 있으니까 정치적인 부담이나 이런 것들을 국회에서 좀 풀어주시면 안 되겠습니까.

정병국 위원 ┃ 예, 고맙습니다.

위원장 원혜영 ┃ 심상정 위원님 질의 부탁드립니다.

심상정 위원 | 박근혜 대통령께서 당선되셨을 때, 특히 한반도 신뢰 프로세스를 말씀하셨을 때 저는 개인적으로 박근혜 정부가 가장 큰 성과를 낼 수 있는 분야가 바로 남북 관계 아닌가, 또 한반도 신뢰 프로세스에 담긴 긍정적인 평가를 기준으로 본다면 오히려 야당이 집권했을 때보다 박근혜 정부가 의지만 갖는다면 더 확고한 남북 관계 기반을 만들 수 있지 않을까 하는 기대를 솔직히 했습니다. 그리고 만약에 그런 의지를 갖는다면, 야당은 기왕에 남북 관계 개선에 적극적 의지가 있기 때문에 초당적으로 협력도 가능하겠다는 생각을 했어요. 그래서 성심으로 도와야 되겠다 이런 마음을 실제로 가졌습니다.

그런데 지금 1년 반 됐는데 과연 박근혜 정부 외교에서 뭘 남겼는지 통렬하게 비판하고 싶습니다. 물론 앞으로 남은 기간이 있습니다만 자극적인 수사만 많았지 이명박 정권 때하고 뭐가 달라졌는지 또 달라질 조짐이 있는지 잘 모르겠습니다. 그래서 왜 이런 문제가 생기나……. 한반도 신뢰 프로세스면 상호 이해에 기초한 실리적인 접촉 프로세스를 거쳐야 신뢰가 조성되는데 신뢰를 전제로 한 프로세스를 항상 말씀하시기 때문에 정말 답답합니다. 외교에서 신뢰는 외교적 실천의 결과지 외교의 전제가 될 수 있습니까? 이것은 노선이나 정책의 문제도 아니고, 이런 식의 사고방식과 문제 접근 방식을 가지고는 과거보다 더 꽉 막힐 것 같다는 문제인식을 하고 있습니다.

저는 최소한의 프로세스가 진행될 수 있는 신뢰는 두 가지라고 봅니다. 대북정책에서 전제할 것은 기존의 남북 간, 정부 간 합의의 대원칙과 약속이 기본적으로 존중돼야 남북 정부 간 진전의 출발선이 되는 것 아니겠습니까? 그런데 오늘 소장님 말씀은 이 점이 포함돼 있지 않아서 확인하고 싶고요.

두 번째는, 보고서에 말씀하신 상호 이해에 기초한 실리주의가 돼야 된다는 겁니다. 북한의 요구가 뭐고, 우리가 100% 들어주지 않는다고 해도 뭔가 접점을 찾아야 진전이 있는 것이지 일방적으로 프로세스를 아무리 구사한들 무슨 의미가 있습니까? 그러니까 드레스덴 선언 같은 것이 오히려 관계 악화만 시킨다고 생각합니다. 그 점에 대해서 맞춤형 인게이지먼트 로드맵은 제 주관적으로 해석하면 신뢰 프로세스의 접근법 자체를 근본적으로 비판하고 있다고 생각합니다.

다음으로 내용 문제와 관련해서 두 가지만 말씀드리겠습니다. 보고서에 인도주의부터 교육·문화, 그다음에 경협으로 단계론을 제시하고 있는데 이것이 좀 주관적일 수 있다고 봅니다. 물론 제가 북한 상황에 대해서 잘 알지 못하지만 기본적으로 지금 북한의 요구나 이해관계를 놓고 볼 때 경협의 시기를 이렇게 먼 훗날로 해서 과연 관계 개선이 가능할까 하는 생각이 듭니다. 적어도 인도주의적인 분야, 교육·문화 분야, 또 일정하게는 경협 분야를 5·24 조치를 해제하면서 동시에 일정하게 접근할 수 있다고 보는데 이렇게 분야를 단계적으로 설정하는 것이 현실적인지 의견을 조금 더 듣고 싶습니다.

마지막으로 3쪽에 보면 비핵화가 여전히 남한 대북정책의 우선순위가 돼야 된다고 말씀하시면서 '기존의 포괄적 접근법은 현재의 한반도 상황에 맞지 않을뿐더러 신뢰 기반이 구축되지 않으면 실패할 수밖에 없다, 오히려 상황을 악화시킬 수밖에 없다'라고 하셨는데, 제 생각하고는 조금 다른 측면이 있습니다. 저는 오히려 이명박 정부 이래 선 핵 폐기만 내세우면서 포괄적 접근법을 사실상 폐기한 것이 문제가 아닌가, 그런 생각이 듭니다.

말하자면 인도적 교류라든지 경협이라든지 이런 것들이 정치 상황에도 불구하고 항상적으로 접근할 수 있는 근본 원칙을 포괄한 게 포괄적 접근법이지 않습니까. 그렇지 않고 '선 핵 폐기 아니면 아무것도 할 수 없다'는 관점이 지난 정부로부터 이어지기 때문에 한반도 신뢰 프로세스라는 것이 실천적으로 진전이 되지 않는 것 아니냐는 의견에 대해서 말씀해주시기 바랍니다.

신기욱 ｜ 저희가 생각하는 맞춤형 인게이지먼트는 사실 한반도 신뢰 프로세스와 상당히 유사한 점이 많다고 생각합니다. 실행이 잘 안 된 부분에서 아쉬움이 있지만 방향 자체는 상당히 맞았다고 봅니다.

심상정 위원 ｜ 그런데 왜 실행이 안 된다고 보십니까?

신기욱 ｜ 박근혜 정부 같은 경우에 작년까지 미국에 가서 이야기를 하고 또 중국의 지지도 얻고 개성공단 폐쇄와 재개 과정에서 상당히 처리를 잘했다고 생각을 합니다. 그래서 작년까지는 저희도 기대를 많이 했고, 기반을 잘 만들어서 올해는 본격적으로 대북정책이 진전될 것이라 생각했는데 연초에 갑자기 통일 대박론이 나와서, 사실 한반도 신뢰 프로세스하고 통일 대박론하고의 연결 고리가 무엇인지 지금도 확실치가 않습니다.

정리하면 처음에 방향을 잡고 작년까지 일정한 기반을 만들기까지는 잘했다고 생각합니다. 그런데 올해 들어 통일 대박론이 나오면서 한반도 신뢰 프로세스가 실종된 느낌도 있고, 이게 실행이 안 된 부분이 조금 아쉽습니다.

그다음에 로드맵을 저희가 단계별로 제시했지만 이것이 기계적으로 두 번째 단계가 돼야 세 번째 단계로 가는 것을 뜻하는 건 아닙니다. 하지만 어느 정도 기본적인 로드맵을 상정하고 가야 정책에 일관성이 있지 않겠느냐는 측면에서 말씀을 드린 겁니다. 물론 하다가 막히는 부분도 있고 다른 게 더 생길 수도 있지만.

포괄적 접근과 관련해서는 사실 최고 지도자들이 만나 포괄적으로 합의를 한다든가 하는 식의 방식이 가능하긴 한데, 과연 현 시점에서 가능한가라는 생각이 많이 듭니다. 왜냐하면 지금 남북 간에 서로 잘 믿지도 못하고 여러 가지 막혀 있는 상태에서 저희가 제시하는 맞춤형 프로세스를 통해 단계별로 나가는 것이 더 현실적이지 않겠나 생각합니다. 만약 포괄적 접근이 성공만 할 수 있다면 굉장히 좋겠지만 과연 그것이 현실성이 있겠느냐는 점에서 의문이 좀 있습니다.

심상정 위원 ㅣ 그래서 전체적인 문제 인식에 대해서는 공감하지만 아주 단계적으로 접근하는 이 로드맵이 드레스덴 선언에 기초하는 인식하고 같은 게 아닌가 생각합니다.

신기욱 ㅣ 같다고 생각하시면 됩니다.

심상정 위원 ㅣ 그런데 이게 남북 관계를 풀어가는 데서는 너무 단선적입니다. 포괄적으로 한자리에 모여서 합의할 수 있느냐 하는 가능성은 어려운 문제지만 우리가 접근하는 전략의 측면에서는 남북 관계 개선을 다양하게 할 수 있는 공간을 허용하는 접근법이 아닌가 합니다.

신기욱 ㅣ 제가 볼 때는 지금 단계에서는 남북 관계 개선의 동력을 만들어야 되는데 동력이 많이 떨어진 상태입니다. 그래서 저희가 제시하는 건 일단 동력을 만들어놔야 더 큰 무언가를 할 수 있다는 차원에서 단계별 제시를 했습니다. 동력이 없는 상태에서 단계별 인게이지먼트를 통해 동력을 만들어나가는 것이 중요하지 않은가 생각합니다.

위원장 원혜영 ㅣ 김광림 위원님 질의해주시기 바랍니다.

김광림 위원 ┃ 신기욱 소장님, 굉장히 현실적인 고민을 많이 하시고 대안을 내주신 것 같습니다. 소장님께서 지난 8월 언론 기고에서 '신뢰 프로세스, 통일 대박론을 메울 구체적인 프로그램 제시가 시급한데 보이지 않는다, 핵 문제 연계도 명확한 선을 긋기를 바란다'고 하시면서 신뢰 프로세스에 대해서는 '정치적 수사를 넘어선 좀 더 구체적인 남북 프로그램과 이를 실행할 방안이 하루빨리 제시되어야 한다'고 하셨고, 이번에 구체적인 의견을 내놓으신 것 같습니다.

그런데 한 가지 여쭈어보려는 것은 우리끼리는 '신뢰다, 실리다', 이렇게 얘기를 할 수 있는데, '실리, 시장 원리, 글로벌 스탠더드, 국제사회를 통한 협력' 이런 것들은 북한이 제일 싫어하는 겁니다. 그중에서 싫어하는 게 실리입니다. 믿음을 주는 것은 하나하나 차곡차곡 쌓아오는 과정에서 믿음이 쌓이는 것이지 그쪽이 이익이고 내 쪽이 이익이고 이런 것은 제일 싫어합니다. 그래서 맞춤형 인게이지먼트 하시면서 북한 입장을 고려한 대안 마련도 고민을 해보셨는지, 한반도 신뢰 프로세스도 그런 고민 후에 나온 게 아닌지 의견을 듣고 싶습니다.

다음에 5·24 조치는 기본적으로 사과 받고 그다음에 어떻게 하겠다 하는 것인데 북한이 사과를 하지 않으니까 차선을 논의하는 과정에서 '일정 조치들은 북한만이 아니라 우리 기업 입장에서도 손해니까 풀어야 한다'고 하시면서 '5·24 조치의 해소나 완화가 어렵다면 새로운 조치를 통해서라도 현실적인 남북 관계 개선 환경을 조성해야 한다'고 말씀하셨는데 '새로운 조치가' 예를 들면 어떤 건지 말씀해주시기 바랍니다.

신기욱 ┃ 신뢰와 실리 관련해서는 앞서 말씀드렸는데, 개성공단 재개 시 과연 북한이 남한을 신뢰해서 한 것인가? 저는 그렇게 보지 않습니다. 신뢰는 없더라도 자기한테 실리가 있기 때문에 했다고 봅니다.

또 북한이 계속 요구하는 것이 금강산 재개 아닙니까? 북한이 지금 남한하고 신뢰가 더 생겨서 하자는 건 아니고 자기한테 이익이 되기 때문에 하자는 것입니다. 김대중 정부 시절에는 북한하고 관계 개선을 시작할 때여서 민족적 정서라든가 여러 가지 고려 요소가 필요했습니다. 하지만 이제는 현실적인, 실리 기반으로 가는 것이 맞다고 보고요, 북한도 이해를 하고 따라오지 않을까 생각을 합니다.

김광림 위원 ㅣ 아니, 북한 자체가 제일 싫어하는 용어가 '실리, 시장주의, 글로벌 스탠더드……' 이런 것입니다.

신기욱 ㅣ 그러니까 수사적으로는 싫어하지만 북한의 행동을 보면 제가 볼 때는 상당히 북한 사람들이 실리주의로 간다는 생각을 많이 합니다. 어떤 의미에서는 남한보다 더 실리 위주가 아닌가 생각할 때가 많이 있습니다.

김광림 위원 ㅣ 그런데 밖에서 보면 예컨대 '비핵개방 3000' 이런 것들은 가장 정곡을 찌르는 얘기들이거든요. 그래서 '신뢰 프로세스'라는 것은 북한에서 받아들일 수 있는 내용을 정선해서 나가는 과정에서 나온 게 아니겠나 하는 생각입니다.

신기욱 ㅣ 그거는 제가 이해를 합니다. 그리고 5·24 조치의 새로운 조치와 관련해서는 정부에서 할 문제이기 때문에 언급을 안 했는데 기본 취지는 이런 겁니다. 지난 정부에서는 천안함이라든가 연평도 이런 것 때문에 제재를 할 수밖에 없는 정치적인 상황이 있지 않았습니까? 그런데 지금 정부도 바뀌었고 또 아까 말씀드린 대로 5·24 조치도 예상했던 효과가 나타나지 않고, 그렇기 때문에 만약에 5·24 자체를 우리가 없앤다 이런 건 굉장히 정치적으로 부담이 되겠지요. 하지만 해소나 완화가 어렵다면 새로운 조치를 하나 만드는 겁니다.

김광림 위원 ㅣ 새로운 조치가 어떤 건가요? 공부하는 차원에서 예를 들면⋯⋯.

신기욱 ㅣ 결과론적으로는 해소나 완화에 버금가는 새로운 조치를 만드는 겁니다. 5·24 조치가 국회에서 입법화를 한 것도 아니고 정부에서 한 거니까 의지만 있으면, 5·24 조치는 내버려두고 '우리가 대북정책의 무언가를 위해서 새로운 조치를 한다'고 할 수 있습니다. 상당 부분 정부에서 완화한 부분도 있고요. 예를 들면 남·북·러가 참여하는 나진-하산 프로젝트는 엄격하게 따지면 5·24 조치에 위반되는 건데 통일부 장관님은 '특별한 사례(special case)다'라고 말씀했습니다.

김광림 위원 ㅣ 그러니까 아직까지 구체적인 무슨 대책이나 생각하는 내용을 상정한 것은 아니고 무언가 내놔야 될 것 아니냐는 취지에서 말씀하신 거지요?

신기욱 ㅣ 예, 그렇습니다. 완화나 해제는 정치적 부담 때문에 어렵다 하면 정부가 새로운 조치를 통해서 결과론적으로 5·24 조치를 완화하는 정책을 할 필요가 있지 않느냐 하는 취지에서 말씀을 드린 겁니다.

김광림 위원 ㅣ 스트로브 부소장님께 묻겠습니다. 부소장님께서 늘 말씀하시는 게 '미국의 정책에는 일반적인 영속성이 있다, 핵 보유 안 된다, 북핵 프로그램에 군사적 대응 안 한다, 북한 체제 변화 시도하지 않는다, 핵 포기 위해 유화정책 안 한다' 이게 미국에서 계속 써온 영속성이며 오바마 정부도 마찬가지라고 했습니다.

그런데 두 차례에 걸친 핵실험이 북한의 의도를 보는 미국 대중과 엘리트의 시각을 바꾸어놓았다고 하셨는데 어떻게 바뀌었는지 하는 내용이 없습니다. 그 내용이 어떤 겁니까?

데이비드 스트로브 | 이 시점에서 미국 정부가 북한하고 협상할 고리가 없습니다. 그러니까 제가 알기로 미국 정부 내에서 북한 정책을 바꾼다면 더 강경한 쪽으로 갈 겁니다.

김광림 위원 | 강경의 내용이 어떤 거지요? 예를 들면 이 영속성이 계속 있는 한 핵 포기를 위해서 유화정책도 하지 않는다, 체제 변화 시도하지 않는다, 절대로 군사적 대응하지 않는다, 그 외에 방법이 있나요?

데이비드 스트로브 | 예를 들어 4차 핵실험을 하게 되면 유엔 제재가 더 강화될 것 같고, 최근에 미국 정부가 북한 인권 문제에 훨씬 더 집중하고 있기 때문에 상황이 좋아지지 않으면 미국 정부가 이 방향으로 더 강경하게 나갈 것입니다. 전쟁, 공격은 상상하지도 못하지만 핵, 미사일, 인권 문제에 대한 제재를 훨씬 더 많이 할 가능성은 높다고 생각합니다.

위원장 원혜영 | 노웅래 위원님 질의 부탁드립니다.

노웅래 위원 | 남북 관계 개선이나 한반도 평화를 위해서 지금 걸림돌이 되고 있는 게 한반도 비핵화 문제입니다. 전략적으로, 현실적으로 한반도 비핵화라는 걸 핵의 동결로 봐야 됩니까, 아니면 완전히 한반도에서의 제

거로 봐야 된다고 보십니까?

신기욱 ┃ 동결은 비핵화는 아니니까, 궁극적인 비핵화는 '제거'로 봐야 되겠지요.

노웅래 위원 ┃ 그런데 지금 핵을 완전히 한반도에서 제거한다고 했을 때 우리 남북 관계가 한 발짝도 나가지 못하고 경색 관계가 계속되는 것 아닙니까? 이렇게 하다 보니까 결국에는 미사일, 핵 개발이 계속되는 거고요. 그러다 보면 남북 관계 경색이 고착화되고 상황을 더 악화시키는 쪽으로 가는 것 아닙니까? 그렇다면 이것은 문제 해결 방식이 아니라 문제를 악화시키는 결과가 나오는 것 아닙니까?

신기욱 ┃ 그래서 제가 이야기하는 것도 어떻게 보면 약간 투 트랙(Two-Track)으로 움직이는 겁니다. 왜냐하면 모든 것을 비핵화를 전제조건으로 하면 아무것도 못 합니다. 그렇다면 비핵화 전제조건 없이 갈 수 있는 남북 교류의 선이 어디냐? 국민들이 공감하고 남쪽에서 문제없다고 느낄 수 있는 선이 어디까지인지 정하고 거기까지는 과감하게 지원을 하자는 겁니다.
　그렇게 남북 관계의 동력을 만들어서 비핵화 문제를 풀어야지 그렇지 않고 모든 것을 비핵화를 전제로 삼으면 말씀하신 대로 한 발자국도 움직일 수가 없고 북한은 북한대로 계속 개발을 하기 때문에 맞춤형 인게이지먼트를 통해서 남북 관계를 풀 수 있는 공간을 만들고 동력을 만들어서 결과론적으로 비핵화로 가야 한다는 것입니다.

노웅래 위원 ┃ 국민적 공감대를 가질 수 있는 선은 어디까지라고 보십니까?

신기욱 ㅣ 제가 볼 때는 인도주의 지원이라든가 아까 교육, 문화 이런 쪽은 상당 부분은 할 수 있다고 생각합니다. 말씀드린 대로 인도주의 지원도 분명히 박근혜 정부가 비핵화 없이 하겠다 말씀을 했는데 실질적으로는 굉장히 작거든요.

노웅래 위원 ㅣ 그렇지요. 현실적으로 안 되고 있는 것 아닙니까, 거의?

신기욱 ㅣ 그렇습니다. 그러니까 제 생각에는 할 수 있는 부분은 과감하게 해보자는 겁니다. 말씀드린 부분이 단순히 북한만의 문제가 아니고 통일 한국을 바라보면 결국 우리 한반도, 한국인에 대한 문제가 되기 때문에 표현이 좀 뭐하지만 눈 딱 감고 한번 해볼 수 있지 않느냐. 그래서 핵과 연계시키지 않는 선이 어디인지를 정한 다음에 공감대가 형성되면 과감하게 해봤으면 좋겠다는 것이 제 생각입니다.

노웅래 위원 ㅣ 눈 딱 감고 해보자고 말씀하시는 건 아까 박근혜 대통령이 말한 신뢰 프로세스를 실천해봤으면 좋겠다는 거랑 같은 맥락입니까?

신기욱 ㅣ 제가 올 초 ≪연합뉴스≫ 워싱턴 특파원하고 인터뷰를 한 적이 있었는데요. 그때 '한반도 신뢰 프로세스를 본격 가동해보자, 굉장히 좋은 방향이고 좋은 정책인데 너무 수동적이지 않느냐, 그러니까 적극적으로 본격 가동해보자' 이런 이야기를 인터뷰에서 한 적이 있습니다.

노웅래 위원 ㅣ 데이비드 부소장께도 묻겠습니다. 한반도 비핵화를 우리가 너무 집착하고 이걸 원칙으로, 전제로 하다 보니까 한 발자국도 남북 관계가 나갈 수가 없거든요. 이것을 해결하려면 어떻게 해야 합니까?

데이비드 스트로브 | 보고서에 쓴 것처럼 핵 문제는 우리가 볼 때 미국뿐만 아니라 대한민국에도 굉장히 중요한 문제입니다. 미국은 현 단계에서 북한과 뭘 하려고 하지도 않고 하기도 싫지만, 그래도 대한민국은 특수 관계가 있어서 북한하고 여러 가지 해도 괜찮을 겁니다. 예를 들어 식량 문제, 보건 문제, 사회문화 교류 이런 것들을 해도 핵 문제와 별 관계가 없습니다. 만약 아주 적극적으로 여러 가지를 해서 분위기가 좋아지면 경제협력도 더 가능해지고, 분위기가 많이 바뀌면 6자회담도 재개되고 거기서 경제협력 문제, 인프라 문제를 가지고 구체적으로 북한하고 협상할 수 있게 될 가능성도 있습니다. 그래서 우리가 주장하는 것은 남북 관계의 모든 것을 비핵화에 두지 말고 핵 문제와 관계없는 것은 적극적으로 해보자는 취지입니다.

노웅래 위원 | 북한에 핵 보유는, 있어도 그만 없어도 그만인 게 아니라 체제 유지나 생존의 문제 아닙니까? 그렇기 때문에 우리가 평화협정으로 바꾸든지 어떻게 하든지 간에 이것을 놓는 것은 쉽지 않다고 보는데, 만약 우리가 평화협정을 맺든지 여러 가지 조건을 붙인다면 북한이 핵 보유를 안 할 수도 있다고 보십니까?

신기욱 | 사실 저희가 이런 제안을 하지만 저도 그런 고민을 많이 합니다. 위원님이 말씀하신 대로 핵이 생존의 문제이기 때문에 쉽게 포기할 거라는 생각은 안 합니다. 아마 북한이 쉽게 핵을 포기할 거라고 생각하는 전문가는 제가 볼 때는 거의 없다고 봅니다. 그런데 이게 생존의 문제면 역으로 만약에 북한이 핵을 포기한다면 그것은 북한이 생존에 대한 걱정을 안 할 때만 가능하다고 생각을 합니다.

　　그러면 북한이 생존 걱정을 안 할 수 있는 상황이 뭐냐 할 때 저희는 맞춤형 인게이지먼트를 통해서 북한이 생존에 대한 걱정을 덜 할 수 있는 상황으로 가면 비핵화 문제도 조금 더 가능성이 있지 않느냐, 그러한 상황을 만들어가자는 것이 저희의 취지입니다. 안 그러면 지금 단계에서는 제가 볼 때 북한이 절대 포기는 안 하겠지요.

노웅래 위원 | 그래서 지금 미국이 주도를 해서 한·미·일 군사동맹 체제로 가려고 하는 움직임이 있는 것 아닙니까, 그렇지요?

신기욱 | 이미 미국은 한국하고 일본하고 군사동맹이지요. 삼각동맹은 아니지만…….

노웅래 위원 | 한·미·일을 삼각동맹으로 지금 묶으려고 그러는 것 아닙니까? 그렇게 지금 봐야 되는 것 아닙니까? 그렇게 미국이 움직이려고 그러는 것 아닌가요?

신기욱 | 글쎄요, 데이비드 선생님도 얘기를 하시겠지만 이미 한미, 미일 동맹은 있는 것이고 한일 간의 군사동맹은 아니지만 사실 한·미·일 삼각 공조는 많이 해왔습니다. 그런데 그렇다고 해서 지금 당장 한·미·일 삼각 군사동맹으로 간다 그렇게 보지는 않는데, 설명을 좀 하시지요.

데이비드 스트로브 | 물론 미국 정부는 동맹인 한국과 동맹인 일본이 특히 북한 문제를 놓고 미국을 통해서 더 협조했으면 하는 마음이 있습니다. 하지만 여러 가지 어려움이 있어서, 특히 요즘에 미국이 구체적으로 이것저것 많이 하려는 것 같지는 않습니다.

노웅래 위원 | 만약에 직접적인 삼각동맹이 된다 그런다면 이것은 한반도 평화나 남북 관계를 개선하는 데 바람직하지 않게 작용한다고 봐야 되겠지요? 북한이랑 중국을 자극할 거고요. 거기에 위협으로 느끼지 않겠습니까?

데이비드 스트로브 | 저는 개인적으로 그렇게 생각하지는 않습니다. 우리가 구체적으로 무슨 조치를 취하는지, 공개적으로 그 정책을 어떻게 설명하는지에 따라서 달라진다고 보는데 북한이 앞으로 공격 같은 것을 하게 되면 대한민국과 미국이 먼저 대응해야 되지만 미국이 대응하려고 하면 일본의 도움도 많이 필요합니다.

그리고 미사일 문제 같은 것을 놓고 일본, 대한민국, 미국이 협조를 하지 않으면 대한민국에 대한 위험이 더 커지는 겁니다. 그래서 중국이나 북한이나 좀 싫어할지도 모르지만 대한민국의 안전을 위해서 필요한 조치라면 해야 되지 않겠습니까?

노웅래 위원 | 그 의견에 대해서 저는 반대입니다. 이상입니다.

위원장 원혜영 | 유재중 위원님 질의 부탁드립니다.

유재중 위원 | 신기욱 교수님 또 데이비드 스트로브 아주 고맙습니다. 이렇게 맞춤형 인게이지먼트에 대한 좋은 정책을 가지고 남북한에 큰 도움이 될 것 같습니다. 정말 참 꽉 막힌 이 남북 관계 교류에 대해서 합의점은 없는 것 같은데 그래도 이 내용을 보고 고민해야 될 것 같고, 또 우리로서도 한반도 신뢰 프로세스를 통해서 어떻게든지 북한 정세에 노크를 해서 해결해나가야 되지 않겠나 생각을 합니다.

또 5 · 24 대북 제재조치를 완화해야 된다고 교수님께서 말씀하셨는데 우리가 풀기 위해서는 국민적 공감과 지지도 얻어야 하는데 밖에서 봤을 때 과연 지금 시점에서 해제를 해야 된다는 지지를 얻고 있다고 보십니까?

신기욱 | 글쎄요, 그건 저보다 위원님이 더 잘 아실 것 같은데요.(웃음) 그런데 제가 볼 때는 아까 심윤조 위원 말씀대로 이미 어떤 부분에서는 조금 이미 완화가 되어 있는 상태인데 단지 정부에서 그냥 그렇게 말을 안 하는 것뿐인 측면도 있습니다. 또 언론을 통해서 보면 여당이나 야당 위원들께서도 완화하자는 분들도 많이 있는 것 같고 해서 제가 볼 때는 완화에 대한 상당한 공감대가 있다고 생각을 합니다.

단지 정부가 나서서 '우리는 5·24 조치를 이제 완화한다' 발표를 하면 정치적인 부담이 있으니까 아마 지금 말을 안 하는 것 같은데, 그게 어렵다면 정부가 5·24 조치를 대체하는 새로운 적극적인 조치를 하면 어떻겠냐, 우리는 남북 관계 개선을 위해서 이러한 조치를 하겠다 등 조금 더 긍정적이고 적극적인 방향으로 나가면 결국 결과는 같지만 정치적 부담은 줄일 수 있지 않을까 생각합니다. 구체적인 내용을 뭘 담을 것인가는 또 다른 연구가 되어야 하겠지만 이러한 방식으로 문제를 풀 수 있지 않겠느냐는 생각입니다.

유재중 위원 | 정부의 통일정책은 아주 전향적인 정책을 펴고 있다고 봅니다. 경제 교류까지는 아니더라도 인도적인 차원에서 교류, 교육·문화와 보건 이런 것도 있고, 종교적인 활동도 민간 교류가 있습니다. 독일 통일의 예를 봤을 때도 종교적으로 동독·서독의 어떤 활동으로 인해 통일을 당겨온 경향도 있다고 하는데…….

문제는 핵입니다. 보고서에 있습니다만 북한이 미국이나 남한을 상대로 핵을 사용할 것으로는 보지 않는다고 생각하겠지요. 그러나 자기 체제를 유지·강화하는 수단으로 핵 개발을 할 수밖에 없다는 계산으로 가다 보면 계속 하나의 국가로 인정이 되어 통일은 요원한 것 아니냐는 생각도 하게 되는데 어떻게 생각하십니까?

신기욱 | 사실 한국 사람 입장에서 통일은 상당히 당위적인 이슈이고, 결국 해야 되는 것이지 않겠습니까? 한국이 지금 상당히 선진국이기는 하지만 분단 비용도 많고, 또 통일을 했을 경우에는 대통령 말씀대로 대박 통일을 해야 하는데 아마 이 부분에 대해서는 이견이 없을 걸로 봅니다. 문제는 통일까지 가는 과정이 상당히 쉽지 않을 것이고 또 어떻게 가느냐에 대해서 이견이 있지 않겠습니까?

그래서 저희가 아까 통일 문제가 궁극적으로 중요하지만 현실정책을 펼때 그것을 현재의 목표로 놓는 것은 비현실적이다, 그것보다는 통일 기반조성을 만드는 것이 현재 더 중요한 정책의 요소가 된다는 것을 말씀드린겁니다. 독일의 경우처럼 예측보다 통일이 훨씬 빨리 온 경우도 있으니까, 중요한 것은 저희가 항상 준비를 하고 있는 것이지 않겠습니까?

위원장 원혜영 | 문재인 위원님 질의해주시기 바랍니다.

문재인 위원 | 좋은 말씀 감사합니다. 그런데 너무 조심스럽고 신중하게 접근하고 있다는 생각이 듭니다. 아마 남북 관계에 북핵 문제가 놓여 있고 지금 남북 관계가 아주 어려운 상황이기 때문에 현실을 감안한 것이 아닌가 생각됩니다.

그런데 남북 관계가 늘 이랬던 것은 아니고 과거 김대중·노무현 정부 10년 동안은 아주 활발했거든요. 북핵 문제도 6자회담을 통해서 해법을 모색했고요, 또 합의도 해서 일부 실천도 되었지요.

그런데 이명박 정부 들어서 '비핵개방 3000 정책'으로 가면서 남북 관계가 파탄이 나고 또 북핵 문제도 더 악화된 거지요. 그리고 박근혜 정부 들어서도 5·24 조치를 계속 답습하는 바람에 지금 남북 관계가 별로 진전되지 않고 있습니다.

그렇게 생각하면 지금 우리 남북 관계의 목표는 과거 김대중·노무현 정부의 활발했던 때의 상황으로 하루빨리 되돌아가 그것을 출발선으로 해서 더 발전시켜나가는 것이 우리가 해야 되는 과제라 생각합니다. 그러면 지금 정부가 조금 더 과감한 접근을 해야 하고, 박근혜 정부라면 가능하다고 생각합니다. 보수층의 굳건한 지지가 있기 때문에 더 과감한 대북정책을 펼쳐도 되는데 그렇게 하지 않는 것이 정말 아쉽습니다.

그러면 어떤 과감한 접근을 해야 되느냐. 첫째는 5·24 조치 해제가 우선적 과제입니다. 다음으로 역대 정부에서 남북 정상 간 여러 합의들이 있지 않았습니까? 박정희 대통령 때 7·4 공동성명, 노태우 정부 때 남북기본합의서, 김대중 대통령 6·15 공동선언 또 노무현 대통령의 10·4 정상선언, 이런 역대 정부가 했던 정상 간의 합의들을 존중하고 상호 이행한다는 것을 천명하는 데부터 남북 관계를 새롭게 풀어나가야 한다고 봅니다.

북핵 문제도 6자회담을 시급하게 재개해서, 말하자면 다자외교를 통해서 북핵 문제를 해결하는 노력을 함께 해야 되는 것이고요. 그다음에 과거 경험을 떠올려보면 남북 관계의 발전에서 가장 진도를 효율적으로 낼 수 있는 방법은 역시 정상회담이거든요.

지금 박근혜 정부 2년 차가 다 저물어가는데 내년 중에 정상회담을 하지 못하면 저는 박근혜 정부에서도 남북 관계를 별로 진전시키지 못한 채 끝나리라고 생각됩니다. 그래서 남북 정상회담도 좀 더 적극적으로 추진하는 조치들이 필요하다고 생각하는데 어떻게 생각하십니까? 과감하게 속 시원한 말씀 기대합니다.

신기욱 | 아까 제가 말씀드린 대로 한반도 신뢰 프로세스에 맞는 방향인데 비핵화랑 연계하지 않는 선이 있으면, 거기까지는 과감하게 하자고 말씀을 드렸습니다. 말씀드리기 조심스러운 측면이 있지만 과거 김대중·노무현 정부의 활발했던 대북관계가 왜 MB 정부에 들어와서 단절됐느냐고 하면 전적으로 MB 정부만의 문제인가 하는 생각도 해보게 됩니다. 다시 말하면 과연 합의한 것들이 국민적 공감대가 있었느냐, 또 지속 가능한 합의를 했느냐 하는 문제도 생각해볼 필요가 있다고 봅니다. 물론 위원님 말씀 취지는 전적으로 공감하는데…….

과연 노무현 대통령이 임기 말에 정상회담 해가지고 여러 가지 사인한 것이 과연 맞았느냐, 저는 사실 칼럼을 쓰기도 했지만 반대를 했습니다. 정상회담 자체를 반대한 것이 아니고 임기 말에 많은 것을 사인한 경우 만약 다음 정부가 그것을 이행하지 못하면 오히려 남북 관계가 어그러질 수 있다는 우려를 했습니다.

그전에 미국 클린턴 대통령 말기에 클린턴 대통령이 평양에 간다는 얘기가 있었습니다. 그래서 그때 ≪LA 타임스(Los Angeles Times)≫에서 제게 가야 한다는 당위성을 논지로 칼럼을 쓸 수 있느냐 했는데 제가 안 썼습니다. 왜냐하면 임기 말에 가서 약속하는 것은 맞지 않는다, 그것은 차기 정부에 부담을 줄 수 있다, 그런 취지로 미국에서도 반대를 했었습니다.

정상회담을 하고 남북 관계를 개선시키는 것은 100% 찬성이지만 임기 말에 가서 약속한 것이 차기 정부에서 이행이 되지 못했을 경우에 오히려 남북 관계가 악화될 수 있는 부분도 있다는 것을 말씀드립니다.

문재인 위원 | 그래서 말씀드리는 겁니다. 참여정부 시절 가장 아쉬웠던 부분 가운데 하나가 남북 정상회담의 시기가 너무 늦었다는 것이거든요.

신기욱 ┃ 그렇지요. 1년만 빨리 했으면 제가 볼 때는…….

문재인 위원 ┃ 그래서 참 좋은 합의들을 많이 했는데 그 좋은 합의들을 제대로 실천하지 못한 채 정권이 교체가 됐고, 그다음 MB 정부는 그것을 이행하려는 의지가 없었고요. 저는 그 점이 굉장히 아쉽기 때문에 우선은 박근혜 정부도 너무 늦기 전에 적어도 3년 차가 되는 내년 정도에는 정상회담을 해야 한다고 생각하는 겁니다.

신기욱 ┃ 예, 그 부분은 저도 동감을 합니다.

문재인 위원 ┃ 그다음에 좋은 합의들을 하고 나서도 정권이 바뀌면 제대로 이행되지 않고 무시되는 것이 문제 아닙니까? 정권이 교체되더라도 계속 효력을 발휘하게 하는 것이 중요합니다. 참여정부 때도 10·4 정상선언에 대해 유엔총회에서까지도 지지 결의가 있었는데 우리 국회에서 일종의 비준 절차를 밟아주지 않은 것이 저는 굉장히 아쉽습니다. 정권이 교체되더라도 지속 가능한 통일정책이 마련돼야 되는 것이지요. 그런 점은 아마 공감하시리라 봅니다.

신기욱 ┃ 제가 국민 공감대 형성도 강조하고 오늘 보고서의 부제도 '지속 가능한'이라고 말씀을 드린 것도 바로 그런 취지입니다. 아까 말씀드린 대로 100% 합의는 아니더라도 적어도 국민의 3분의 2 이상 정도가 공감할 수 있는 정책을 해야 정권에 관계없이 지속 가능하지 않겠느냐는 점을 강조하고 싶습니다. 그래서 말씀하신 점은 제가 전적으로 동감합니다.

문재인 위원 ┃ 하나만 더 말씀드리면, 이명박·박근혜 정부에서 남북 관계가 왜 과거의 진도를 다 까먹고 오히려 파탄이 나게끔 됐느냐는 것을 되돌아보면, 통일정책이나 대북정책을 북한 붕괴론에 입각해 했던 것은 아닌가 하는 생각이 듭니다.

아까 신 박사님도 북한 붕괴라는 게 '현실성이 없는 것이다'라는 취지의 설명을 했는데, 만약 북한 정권이 붕괴가 된다 하더라도 그것이 과연 우리에게 기회가 되는 것입니까? 그렇지도 않지 않습니까? 지금 김정은 정권이 붕괴되더라도 오히려 중국에 SOS를 치게 되면 친중국 정권이 들어서거나 또는 중국이 후견하는 그런 정권이 들어서서 오히려 통일의 길은 더 멀어질 가능성이 다분한데, 그렇다면 북한 붕괴론의 환상에서 벗어나는 것이 보수정권의 과제라는 생각도 드는데 어떻게 생각하십니까?

신기욱 | 제가 MB 정부나 현 정부가 북한 붕괴론에 근거하는지는 정확한 소스가 없으니까 잘 모르겠지만 지난 정부에는 그러한 느낌이 있었다는 생각이 듭니다. 만약 김정은 체제가 오늘 무너졌을 경우 내일 한반도가 통일이 되겠느냐 할 때 저는 아니라고 생각합니다. 위원님 말씀에 100% 동감하는 바입니다. 왜냐하면 독일의 경우 고르바초프가 더 이상 지지를 안 한다고 하니까 동독이 무너지고 통일이 됐는데 한반도는 상황이 다릅니다. 설사 북한에 붕괴 조짐이 있다 하더라도 거기에 근거해서 어떤 희망적인 정책을 펴는 것은 현실적이지 않다고 봅니다. 윌리엄 페리가 말한 대로 북한을 있는 그대로 보고 정책을 펴는 것이 현실적으로 맞는 정책이라고 생각합니다.

위원장 원혜영 | 다음으로 함진규 위원님 질의해주시기 바랍니다.

함진규 위원 | 신기욱 소장님께서 말씀하셨듯이 대북정책에서 국민 3분

의 2 정도의 동의는 담보돼야 한다는 말씀에 전적으로 공감합니다. 과거 국민적 동의가 담보되지 않은 상태에서 대북정책이 추진된 경우가 많았습니다. 일관성 없이 추진되다 보니까 여러 문제가 발생됐던 것이고 국민적 공감대도 따라주지 못했고, 또 정권이 바뀌면 수시로 대북정책에 변화를 주는 모습을 되풀이했습니다. 그래서 저는 다음에 정권이 바뀌더라도, 세계 220여 국가 중에서 유일하게 분단이 돼 있는 한반도 상황에서 정권을 초월해 국민의 3분의 2, 절대 다수가 동의하는 어떤 일관성 있는 통일정책, 그리고 더 나아가 국제사회에서도 동의하는, 그런 통일정책이 있어야 된다고 봅니다.

다음으로 중국의 학자들은 보통 정부직도 겸하고 있어서 영향력이 한국 학자들과는 다른 것으로 알고 있는데, 중국 인민대 어느 연구소 자료를 보니까 중국 학자들이 얘기하는 게 '중국의 이익에 반하지 않는 한 한국 주도의 통일에 대해서는 반대하지 않는다' 이런 공공연한 논평 내지는 언급을 하고 있습니다. 그래서 이것이 중국 정부의 공식적인 대외적 발표는 아니더라도 정부직을 겸하고 있는 학자의 입에서 나오는 발언이기 때문에 학자로서 이것을 어떻게 해석하고 계신지 궁금합니다.

다음으로 인권 관계가 저는 굉장히 중요하다고 봅니다. 우리 정부도 인권 관계에 굉장히 많은 관심이 있지만 미국하고 일본은 당사자가 아님에도 각각 2004년과 2006년에 북한인권법을 통과시켰습니다. 그런데 우리는 지금 인권법을 통과시키지 못하고 있습니다. 북한을 자극한다는 이유로 못하고 있는데 이 부분은 당사국으로서 굉장히 문제가 있다고 생각합니다. 이 점에 대한 두 분의 의견을 말씀해주시기 바랍니다.

저도 5·24 조치는 해제해야 된다고 보는데, 중요한 것은 북한의 군사 문제입니다. 북한이 연간 총예산이 약 6조 6000억 원 정도 되는데 그중에 무려 1조 원가량을 국방비로 사용하고 있습니다. 이런 상황인데 과연 북한이 남한을 위시해서 주변 미국이나 일본에 어떤 안보 위협을 받고 있는지, 우리가 북한을 선공격한다는 게 있을 수 있다고 봅니까? 저는 아니라고 봅니다. 이렇게 국방비로 조 단위, 퍼센티지로 따지면 거의 한 16~17% 정도 되는 20%에 육박하는 군사 비용인데 과연 이것이 옳은 것인지, 여기에 대해 문제 제기하는 분들도 없고 해서 말씀드립니다.

특히 핵 문제에 관해서는 제가 자료를 좀 정리했습니다만 마치 남의 나라 상황인 것 마냥 안이하게 생각하고 있는 것 같습니다. 과거 소련이 붕괴되면서 많은 국가로 분열이 됐지 않습니까? 그래서 가장 걱정되는 게 북한에 혼란 상태가 왔을 때 과연 소형 무기든, 대형 무기든 이런 것들을 통제할 수 있는지, 우방국들도 굉장히 우려를 하고 있는데 우리가 위험성을 너무 인식하지 않고 있는 게 아닌가 하는 견해에 대해서 의견을 말씀해주시기 바랍니다.

끝으로 북한이 붕괴가 되더라도 중국이 자기들한테 엄청난 피해를 주지 않는 한 국내 문제도 있고 해서 우리가 우려하는 것만큼 중국 중심으로 북한이 재편되리라고는 생각하지 않습니다. 또 중국 학자들이 상당히 전향적으로 한반도 문제를 바라보고 있고, 5·24 조치 해제 문제는 향후 통일을 대비해서도 어떠한 형태로든 비정치적인 분야에서는 적극적으로 접근을 해야 된다고 보기 때문에 5·24 조치 해제 못지않게 다각도로 접근할 수 있는 방법이 굉장히 많다고 생각합니다. 그래서 지금 상황에서 가장 현실적인 방법이 무엇인지 한번 얘기를 해주시기 바랍니다.

신기욱 | 중국 학자들 발언과 관련해서는 중국 학자들이 겸직을 하고 있지만 제가 볼 때는 두 가지인 것 같습니다. 하나는 중국의 이른바 관변 학자들이 실질적으로 정책에 큰 영향은 없다고 봅니다. 결국 중국의 정책은 당에서 하는 것이기 때문에 큰 영향력이 없고, 어떤 경우에는 중국 공식 입장

과 다르기도 한데 중국 정부에서 그대로 놔두기도 합니다. 그것은 중국도 이제 G2라고 얘기가 나올 만큼 국제사회에서 지위가 올라갔기 때문에 중국도 다양한 의견이 있다는 이미지를 국제사회에 주기 위한 것이지, 그 학자들의 입장이 중국의 핵심적인 의견이라든가 정책 변화를 의미하는 것이라고 보지 않습니다.

한국 언론은 주로 이런 사람들의 발언을 받아서 자주 인용하는 것 같은데 저는 상당히 동의하지 않고, 어쨌든 기본적으로 중국의 대북정책은 아직 바뀌지 않았다 생각합니다. 물론 북한이 중국 말을 잘 안 듣고 하니깐 기분은 좀 나쁘겠지만 북한이 갖고 있는 전략적 가치는 아직도 여전하기 때문에 크게 변하지 않았다고 생각합니다.

그다음에 지금 일본하고 과거사 문제로 굉장히 갈등이 심한데 제가 볼 때는 중국하고의 역사 문제도 잠복해 있다고 봅니다. 왜냐하면 동북공정이라는 것도 사실 중국에서 굉장히 체계적으로 시도를 한 것이고 이제 외교문제가 되니까 지금 일단 덮어는 뒀는데 언젠가는 동북공정 문제도 불거질 거라고 생각을 하고, 지금도 제가 알기로는 중국 사람들이 연구를 중단한 게 아니라 계속 연구를 하고 있습니다. 동북공정을 보면 고구려가 우리는 한국 역사로 분명히 배우고 알고 있는데 중국에서는 그렇지 않거든요. 앞으로 동북공정 문제로 갈등이 생길 소지가 분명히 있을 것 같습니다. 그래서 중국이 북한을 자기 것으로 끌어가는 게 현실적으로 쉽지 않을 겁니다.

그럼에도 아까 말씀드린 대로 오늘 북한이 붕괴됐다고 해서 내일 한반도 통일이 바로 되는 것은 아니다, 과정이 상당히 험난할 수 있다는 생각은 하고 있습니다.

데이비드 스트로브 | 보고서에서 인권 문제가 굉장히 중요하다고 강조를 했습니다. 그런데 국회에서 인권법이 통과돼야 되는지, 하지 않아도 되는

지, 구체적으로 무슨 내용을 둬야 하는지 언급하지 않겠습니다. 하지만 보고서에 쓴 것처럼 대한민국은 북한의 심각한 인권 상황을 무시해서는 안 됩니다. 국제사회는 북한 인권 문제를 매우 관심 있게 지켜보고 있습니다.

제가 한반도 문제를 공부하기 시작한 것은 35년 전부터인데 그동안 국제사회는 북한 인권 문제에 별 관심이 없었습니다. 그런데 한 10년 전부터 관심이 높아졌습니다. 그것은 여러 이유가 있겠지만 아마 과거 30~40년간 국제사회가 인권을 아주 깊이 연구하게 됐고 이제는 전 세계적으로 인권 문제에 있어서 내정간섭이라고 하는 사람이 거의 없을 정도로 인권 문제에 대한 국제사회의 태도가 바뀌었습니다. 특히 소련이 붕괴하고 난 뒤에.

그리고 두 번째는 IT 혁명입니다. 제가 국무부를 떠날 때 앞으로 한반도 문제에 대해서 공부하고 연구할 수 있을지 걱정했습니다. 국무부에 있을 때는 컴퓨터만 켜면 정보가 흘러나왔기 때문입니다. 그런데 은퇴한 지금 인터넷만 켜면 훨씬 더 많은 정보가 나오고 있습니다. IT 혁명으로 전 세계 많은 사람들이 북한 인권 문제를 연구하고 서로 단체를 만들어 협조하고 있습니다. 제가 볼 때 이 현상은 앞으로 더 뚜렷하게 나올 것입니다. 그러니까 대한민국이 북한 인권 문제를 다루게 되면 북한은 굉장히 싫어하지만 무시할 수는 없을 겁니다.

그런데 우리가 권유한 것은 대한민국이 북한 문제를 놓고 국제사회에서 적극적으로, 지도적인 역할을 하기보다는 대한민국은 가만히 연구를 많이 하고 옆에서 관심 있는 나라를 도와주는 것입니다. 대한민국이 아주 적극적으로 인권을 강조하면 북한이 그것을 핑계 삼아 대한민국과 접촉하지 않으려고 할 것입니다. 이는 보고서에 2~3쪽에 걸쳐 구체적으로 썼습니다.

위원장 원혜영 | 박병석 위원님 질의해주시기 바랍니다.

박병석 위원 | 먼저 한두 가지 궁금한 것을 묻고 제 의견을 말씀드리겠습니다. 6자회담의 전제조건으로 미국은 아직도 과거 약속의 합의 파기를 원하는 것인가, 아니면 현 수준에서의 동결, 즉 고도화만 시키지 않으면 6자회담에 응할 수 있다는 입장인가에 대해서 말씀해주시면 좋겠습니다.

데이비드 스트로브 | 지금 미국 정부는 6자회담을 재개해도 북한이 진심으로 협상을 안 하려고 한다고 생각합니다. 그래서 6자회담을 재개하려고 하면 북한이 진짜 핵 문제, 비핵화에 대해서 진심으로 협상하겠다는 것이 분명히 서야 된다고 봅니다. 지금 미국 내에서 북한을 믿는 사람이 이제 한 명도 없을 겁니다. 그러니까 정치적으로 미국 정부가 무조건 6자회담에 들어갈 수는 없습니다.

박병석 위원 | 여기서 우리하고 입장의 차이가 나옵니다. 그러면 미국은 북한의 태도가 변하지 않으면 언제까지나 6자회담도 하지 않고 전략적 인내란 이름으로 방치할 것입니까? 그동안 북한은 유엔의 제재, 5·24 조치에도 불구하고 핵무기 고도화, 장거리 미사일 개발을 계속 추진해왔는데 언제까지 전제조건이 충족되지 않으면 전략적 인내로 아무것도 하지 않고 있을 것인가에 대해서는 어떤 입장이십니까?

데이비드 스트로브 | 미국은 북한과 다른 문제로 협상할 필요도 없고 관심도 없는데 핵은 미국에 굉장히 중요한 문제입니다. 그런데 북한 정부가 지금 분명히 하려는 것은 미국으로 하여금 북한이 핵 보유국임을 인정하게 하는 것입니다. 그래서 이 시점에 미국이 그냥 6자회담에 들어가서 협상을 하게 되면 핵을 없애는 데 전혀 도움이 안 될 거라고 미국이 판단을 하는 겁니다.

박병석 위원 | 대화조차 하지 않고 다른 특별한 제재 수단도 없이 '당신들이 변하지 않으면 협상은 없다'는 이 순간에도 핵무기는 계속 개발하고 있는데 그러한 입장만을 계속 취하는 것이 과연 북한 비핵화에 도움이 된다고 판단하십니까?

지금 이 순간에도 북한은 핵과 미사일의 고도화를 계속 추구하고 있습니다. 미국은 한반도 문제가 전 세계 전략의 하나, 아시아 정책의 하나일 수 있지만 대한민국으로서는 북핵 문제는 남북한 8000만 민족의 운명과 관련됐다는 점에서 미국의 입장과 한국의 입장이 반드시 같을 수는 없다는 데 동의하십니까?

데이비드 스트로브 | 모든 나라는 자기 입장에 따라 보는 시각이 있고 정책도 따로 마련하기 때문에 같지 않다고 봅니다. 그래서 우리도 보고서에 문제가 심각한데 미국이 방향을 바꾸지 않을 것 같으니, 앞으로 문제가 더 심각하게 발전할지 모르니까 적어도 대한민국이 좀 더 적극적으로 하는 것이 도움이 될 수 있다고 한 겁니다.

박병석 위원 | 그러면 지금 현재 6자회담 당사국들의 입장에서 보면 중국과 북한은 전제조건 없이 대화하면서 논의하자는 입장이고, 미국과 대한민국은 전제조건이 있는 겁니다. 동결하고 얘기하자는 것 아니에요? 여기에 관해 미국은 한국의 입장 변화에 대해서 동의할 수 있습니까?

데이비드 스트로브 | 지금 북한이 '무조건' 6자회담을 재개하자는 것은 말장난입니다. 북한은 조건을 만들었어요. 핵실험을 세 번이나 했고 앞으로도 계속할 것입니다.

박병석 위원 ㅣ 다시 한 번 말씀드릴게요. 미국 또는 국제사회가 북한의 봉쇄 조치를 확실하게 해서 북한이 견딜 수 없게 만들거나 아니면 북한을 끌어내서 대화를 하지 않는 한 북한은 지금 이 순간에도 개발을 하고 있습니다. 미국은 그것이 한반도 문제일지 모르지만 대한민국으로서는 우리 민족 문제입니다. 남북한의 문제, 우리 장래의 문제입니다.

또 하나 5·24 조치에 관해 말씀드리면, 유엔을 통하고 우리가 5·24 조치를 했는데 결과는 북한이 경제적으로 손을 들어야 되는데, 5·24 조치 이전에 대북 무역액 중에서 중국 의존도가 60%대였는데 작년에 89%로 올라왔습니다. 즉, 앞문은 걸어 잠갔지만 뒷문이 열려 있기 때문에 북한에 약간의 영향은 주지만 결정적 타격을 못 주고 있는 게 사실입니다. 그 이후에 어떤 일이 생겼느냐, 단순한 교역뿐만 아니라 지하자원, SOC 등 90% 이상을 중국이 가져갔습니다.

또 하나, 경제 통합에서 가장 중요한 것은 화폐의 통합입니다. 그런데 중국과 북한 국경지대는 물론 경제특구에서 중국 위안화와 북한 인민폐가 공식 화폐로 쓰입니다. 일종의 경제통합 초기 단계가 진행된 것입니다.

심지어 노무현-김정일 대화록에 보면, 정확한 워딩은 기억나지 않지만 김정일 위원장이 '중국은 우리 북한을 경제적으로 중국의 동북 4성처럼 취급하고 있다'고 발언한 내용이 나옵니다.

5·24 조치, 미국의 전략적 인내 조치로 북한을 옥죄는 성과가 있습니까? 핵 개발 억제하고 있습니까? 그러면 먼저 돌파구를 찾아야 되지 않겠어요?

신기욱 ㅣ 보고서 주요 논지를 보면 전략적 인내 정책은 한국에 유리하지 않고, 한반도 상황이 더 악화되고 있는데 미국이나 중국이 변화 의지가 없기 때문에 한국이 나서야 된다, 기다릴 게 아니라 우리가 주도적으로 공간을 만들고 동력을 만들어야 된다는 것이 기본 주장이기 때문에 위원님 말씀하고 같은 취지입니다.

박병석 위원 | 저는 적어도 학계에서는 좀 더 과감한 게 나올 줄 알았습니다. 예를 들어서 5·24 조치는 '선택적 해제'라는 표현을 쓰셨지요? 그거는 정치적 부담 때문에 그렇다고 해석하신 것으로 들었습니다만 '전면적 해제'를 하면서 예를 들어 '5·24 조치 해제할 테니 이산가족 전면적 재회하자' 이렇게 명분을 만들어 하면 되는 것이지 우회적으로 갈 필요가 없다고 봅니다.

　그리고 제가 걱정하는 바는 미국과 일본의 해양 세력과 중국과 러시아, 북한을 잇는 대륙 세력이 한반도에서 또다시 각축전을 벌이게 되는 상황이 시작되는 것 아니냐, 그 피해는 한반도가 보는 것 아니냐, 따라서 대한민국 정부는 필요하면 미국을 설득하고, 남북 관계를 개선해야 합니다. 그러한 주도권을 행사하지 못하는 한 대한민국, 한반도의 운명을 또 다시 강대국에 맡길 가능성이 있다, 정신 차려야 한다고 말해야 합니다. 이에 대해 어떻게 생각하십니까?

신기욱 | 그 취지는 저희가 100% 동감합니다. 그런데 학자들이 보통 이런 제안을 하면 '다 좋은 얘기인데 굉장히 비현실적이다'는 지적을 항상 받아서 가능하면 도움이 되는 현실적인 제안을 하고 싶었고, 이 정도 수준이면 대한민국 국민의 3분의 2 정도는 공감하지 않겠느냐를 생각하면서 제안하다 보니깐 조금 답답한 부분도 있다고 봅니다. 만약 말씀하신 대로 하면 다 좋은데 현실성이 있느냐 하는 다른 차원의 문제가 생기는 것 같습니다.

박병석 위원 | 저는 정말로 박근혜 정부 초기에 우리가 남북문제, 우리의

운명을 주도할 수 있는 결정적 기회를 놓쳤다고 생각합니다. 박근혜 정부 초기에 남북한을 비롯한 주변 4대강국이 모두 정권이 교체됐습니다. 북한도 김정은으로 바뀌었고, 오바마 2기를 맞았고, 아베 정권이 들어섰고, 푸틴이 다시 들어섰고, 시진핑으로 바뀐 이때가 대한민국이 외교적 활로를 통해서 남북문제를 개척하고 국민의 동의를 얻는다면 우리의 운명을 스스로 개척할 수 있는 절호의 시기였는데도 박근혜 정부는 그 황금시기를 놓쳤다고 생각합니다. 시간은 절대 우리 편이 아닙니다. 북한이 핵무기를 계속 개발하고 있고, 미사일을 계속 고도화시키기 때문에 시간을 끌면 끌수록 대한민국 입지는 약해집니다. 그렇기 때문에 북한과의 관계 개선에 적극 나서고 필요하다면 미국도 설득하고 대화할 필요가 있다는 것을 말씀드립니다.

마지막으로 중국 관계를 오래 했던 사람으로서 지금 한국 언론 보도가 너무 선정적이라고 지적하고 싶습니다. 북한에 대한 중국의 변화가 있지만 그것이 과연 근원적 변화인지, 전술적 변화인지, 전략적 변화인지에 관해서는 다시 판단해봐야 된다는 생각을 가지고 있다고 말씀드리고 싶습니다.

신기욱 | 저랑 의견이 똑같으십니다.

위원장 원혜영 | 1차 질의 마지막 질의입니다. 박홍근 위원님 질의해주시기 바랍니다.

박홍근 위원 | 말씀해주신 것처럼 대한민국이 새우가 아닌 돌고래로서 더 적극적이고 주도적인 역할을 해야 한다는 말씀, 그리고 오늘 맞춤형 인게이지먼트의 여러 가지 단계적 접근 그리고 한국적 페리 프로세스 제안까지 다 좋다고 생각합니다.

그런데 앞서 여러 위원님이 말씀을 하셨습니다마는 현실적으로 우리 정부의 대북정책에 관해서는 국민들도 그렇고 전문가들도 '그냥 요란한 빈 수레 같다, 먹을 것 없는 잔치' 같다는 평이 일반적입니다. 말씀처럼 북핵 문제를 포함해서 남북 관계의 진전을 일구어낼 수 있는 마지막 기회가 올해 후반기와 내년, 그러니까 미국도 선거가 없고 우리도 선거가 없는 시기가 될 것 같습니다. 그런 점에서 닉슨 대통령의 대중관계 개선 사례를 박근혜 대통령이 적극 수용해야 한다는 지적에 대해서도 전적으로 동의합니다.

우선 하나 짧게 묻겠습니다. DJ 정부의 햇볕정책과 맞춤형 인게이지먼트의 가장 결정적·핵심적 차이는 뭐라고 생각하십니까?

신기욱 | DJ 정부 때는 아마 정치·외교·안보 사항하고 경제 쪽은 기본적으로 분리한 것 같습니다. 그렇게 투 트랙으로 움직였는데 반대로 MB 때는 두 개를 연계시켰다고 보는데 저희는 둘 다 맞지 않다, 외교·안보 상황에 '맞게' 관여(engage)해야 된다는 게 저희 입장입니다. 그래서 좀 차이가 있다고 봅니다.

박홍근 위원 | 단계적으로 접근해야 한다는 말씀으로 정리가 되는데 저는 그 말씀을 들으면서 이 생각이 들었습니다. 올해 제가 중국에 가서 중국 당 간부들, 외교부 사람들을 만났는데 그들이 현 정부의 통일 대박론에 대해서 '정말 느닷없다'는 표현을 많이 했습니다. 그것은 이른바 흡수통일론이기 때문에 결국 북한의 위협을 가중시키고 남북 간에 긴장을 더 고조시킬 것이다는 평가를 많이 들었습니다. 그러니까 통일은 상대방이 있는 건데 지금 남한 정부에서만 통일 대박이라면서 이 얘기를 펴고 있는 것이고, 실질적 성과는 아무것도 없는 상황 아닙니까? 그래서 한반도 신뢰 프로세스하고 통일 대박론의 어떤 논리적 연결이 약하다는 표현을 쓰기도 하셨는데

그 부분을 좀 더 풀어서 말씀해주시기 바랍니다.

신기욱 ㅣ 지금 박근혜 정부 정책에 비판적이신 분들이 많은데 제가 볼 때는 적어도 작년까지는 잘했다고 평가합니다. 왜냐하면 새 정부가 들어서면 정책 검토에 시간이 조금 걸리는데 오바마, 시진핑과의 정상회담을 통해서 설명도 하고 지지를 받고 이러한 일종의 토대를 쌓은(groundwork) 것은 굉장히 잘했다고 평가합니다. 그리고 개성공단 폐쇄·재개 과정 동안 견제를 잘했고, 작년까지는 상당히 후하게 점수를 주고 싶습니다.

올해는 조금 더 발전할 것으로 기대를 했는데 통일 대박론이 나왔습니다. 제가 볼 때 통일 대박론은 정책이라기보다는 일종의 당위론에 가까운 것이라는 생각이 들고, 전문가 입장에서 볼 때도 한반도 신뢰 프로세스와 통일 대박론 간 연결 고리가 약하다는 생각을 합니다.

박홍근 위원 ㅣ 예, 알겠습니다. 대북정책을 수립할 때 고려할 몇 가지 지점을 말씀하시면서 특히 북핵 문제 해결과 관련해 데이비드 부소장께서 '미국은 핵과 별 상관없는 것에 대해서는 대한민국 정부가 적극적으로 추진해도 상관없다'는 말씀을 하셨습니다. 그래서 인도적 지원, 교육·문화 교류 협력, 나아가 경제협력 이렇게 나아가도 좋다고 얘기를 했는데 여전히 우리 대한민국 내에서는 이런 대북 인도적 지원까지도 결국 퍼주기이고 그래서 결국은 핵 개발, 무기 생산에 자금을 대는 것 아니냐는 비판적인 시각이 많습니다. 여기에 대해서 부소장님은 어떤 생각이십니까?

데이비드 스트로브 ㅣ 식량, 인도적 지원은 여러 가지 조심을 해야 되지만 기본적으로 핵과 관계가 없습니다. 물론 북한 인민들한테 식량 원조와 현금 지원을 한다면 그만큼 북한 정권이 다른 데다 쓸 수 있는 여지가 있는 것은 사실입니다. 하지만 북한에서는 보통 사람을 도와주는 데 있어서 절대적인 부족함(shortage)이 있기 때문에 대한민국이 원한다면 인도적 지원을 핵과 상관없이 할 수 있다고 봅니다. 아마 미국 정부도 남북 특수 관계로 이해해서 반대하지 않을 겁니다.

박홍근 위원 | 오늘 인권 이야기도 많이 나왔습니다. 저는 기본적인 방향에 대해 동의를 하고 당연히 북한 인권 문제에 대해 우리 정부도 언급을 하고 관심을 갖고 접근해야 한다고 생각합니다.

그런데 말씀처럼 남과 북이 대치하고 있는 상황에서 남한이 북한 인권을 많이 언급한다든가, 북한은 미국을 적대적 관계로 보고 있는데 그런 미국이 북한 인권 문제에 접근하는 것보다는 국제기구 또는 다른 나라를 통해서 이 문제를 접근하는 것이 훨씬 더 효과적이고 갈등을 줄이는 방법이라고 생각합니다. 이 견해에 동의하시는 거지요?

데이비드 스트로브 | 저도 대한민국, 미국, 일본보다 다른 나라들이 북한 인권 문제에 지도자 역할을 하는 것이 바람직하다고 봅니다. 유럽 국가 중에 많은 관심을 갖고 있는 나라들이 많고 사실은 그동안 적극적으로 여러 가지 공헌을 한 것으로 알고 있습니다.

박홍근 위원 | 예, 알겠습니다. 신 소장님께 하나 여쭤보겠습니다. 혹시 '코리안 포뮬러(한국의 북핵 구상)'에 대해서 얘기 들은 게 있으신가요? 최근에 보니까 대한민국 외교부가 한·미·중을 중심으로 해서 러시아·일본까지 포함해 북핵 해결을 위해서 노력하고 있다면서 8월에 윤병세 외교부 장관이 TV에 나와서 북한을 제외하고 코리안 포뮬러를 만들어서 긴밀히 협의해가고 있다고 했습니다. 그런데 북한을 제외하고 나머지 국가들 간

테이블이 잘 만들어질지 우려스럽습니다. 또 당사자인 북한을 제외하고 이것이 추진되는 것이 과연 바람직한 것인지, 이에 대해서 혹시 신 소장님 생각이 있으시면 말씀해주시기 바랍니다.

신기욱 ┃ 제가 그거는 사실 못 들었습니다.

박홍근 위원 ┃ 아직은 아마 공개되지 않은 부분인 것 같은데요. 이런 대한민국 정부의 구상이 과연 효과적인지에 대해서 우려가 되어서 한번 여쭤봤던 것입니다. 마지막으로 하나만 더 여쭤보겠습니다. 대한민국은 아시는 것처럼 '레드 콤플렉스'가 심하고 한국 사회 안에서 이념·세대 갈등이 크지 않습니까? 그런데 존경받고 전문성과 책임감 있는 인물로 대북정책을 전담토록 하자는 취지로 한국판 페리 프로세스를 말씀하셨는데, 이런 임무를 대한민국 국민들의 정서, 갈등을 고려했을 때 과연 가능할까 하는 현실적인 고민이 있습니다. 통일준비위원회만 하더라도 조금 편향적으로 구성되어 있지 않습니까? 통일부도 지금은 독점적으로 대북관계를 풀고 있는 것이고요. 이러한 상황을 고려하면 현실적으로 가능할까 하는 우려가 있습니다. 여기에 대한 의견을 주시면 좋겠습니다.

신기욱 ┃ 현실적으로 쉽지 않을 거라고 생각하는데, 그래도 만약에 정말 필요하다고 하면 최선의 인물을 찾아야 되지 않겠습니까?

위원장 원혜영 ┃ 이상으로 1차 질의가 끝났습니다. 이어서 심윤조 위원님 보충 질의해주시기 바랍니다.

심윤조 위원 ┃ 간단하게 한 가지만 스트로브 부소장님께 묻겠습니다. 최근 일본이 북한하고 이른바 일본인 납치자 문제를 포함한 북한에 있는 모든 일본인의 문제를 다룬다는 명목으로 접근을 시작하지 않았습니까? 일본은 일본 나름대로 중국, 한국과 관계가 좋지 않기 때문에 지렛대로 쓸 수 있고, 미국의 북핵 문제 해결에 대한 약간의 의구심도 있어서 일본 스스로 북한의 안보 위협을 줄이기 위한 방편에서 접근했다고 보입니다.

한편으로 북한은 보고서에 나온 것처럼 대중국 경제의존도를 줄이기 위해서 한국하고 관계개선을 하려고 하는데 잘 안되고, 중국도 최근 원유를 끊었네 마네 하는 소리가 들릴 정도로 중국과의 관계가 가깝지 않은 상황에서 탈출구를 모색하다 보니까 일본과 북한이 접근하는 양상을 띠었다 이렇게 보는 것 아니겠습니까?

제 질문은 이러한 일본, 북한의 접근이 미국의 입장, 그리고 한국의 대북관계 개선 노력에 어떠한 영향을 미칠 것인지입니다. 이에 대해 답변해주시기 바랍니다.

데이비드 스트로브 | 미국 관료들이 공개적으로 말하는 것을 보니까 일본이 북한과 협상하는 것이 불투명하다고 느끼고 걱정스러워 하는 것으로 보입니다. 한편으로 미국 지도자들은 일본이 납치된 자국민을 풀려고 하는 것에 대해서는 100% 이해합니다. 그래서 지금 시점에서는 앞으로 북한과 일본의 협상이 어떤 결과를 가지고 올 것인지 두고 봐야 할 것 같습니다.

심윤조 위원 | 미국 정부 입장 말고 스트로브 부소장님의 견해는?

데이비드 스트로브 | 북한이 납치된 대부분의 사람들을 절대 석방하지 않을 거라 보는데 아베 정권은 왜 그런 가능성이 있다고 보는지 궁금합니다. 만약 아베 정권도 다 풀리지 않을 거라고 생각했다면 왜 협상을 했는지도

궁금합니다. 다만 언론 보도를 보니까 일본 아베 총리도 공개적으로 '다 풀리지 않으면 협상은 끝난다'고 강하게 강조했거든요. 그래서 현 시점에서 판단하기는 어렵고, 조금 더 두고 봐야 될 것 같습니다.

그리고 남북 관계 개선에 미치는 영향은 아직까지는 별로 없다고 생각합니다. 그런데 북일 협상이 어떤 결과가 나오는지에 따라 전혀 영향이 없을 수도, 아니면 상당한 영향을 끼칠 수도 있을 것입니다. 예를 들어 북한이 인질을 다 석방시켜 일본에 보내고, 일본은 우리가 상상하는 그 이상의 여러 가지 혜택을 북한에 준다면 그것은 미국에도, 남북 관계에도 도움이 되지 않을 거라 생각합니다.

위원장 원혜영 | 박병석 위원님 보충 질의해주시기 바랍니다.

박병석 위원 | 부소장님 그리고 우리 신 교수님, 오랫동안 아주 성의 있는 답변을 해주셨습니다. 북한과 일본의 관계 개선, 북한과 미국의 관계 개선이 남북 관계 개선에 득이 됩니까, 실이 됩니까?

신기욱 | 저는 전체적으로는 도움이 될 거라고 생각합니다. '예(yes)' '아니오(no)'의 문제는 아니지만 전체적으로는 아마 긍정적인 효과가 있지 않을까 생각하는데, 북한 입장에서도 아마 미국이나 일본하고의 관계 개선을 상당히 전략적인 카드로 활용할 수는 있겠지요. 예를 들면 너무 중국에 의존하는 것에 대한 카드가 될 수도 있고, 또 한국에 대한 지렛대로 쓸 수도 있고, 그러한 전략적인 카드로 쓸 수 있는 부분이 있기는 하지만 그럼에도 관계 개선은 아마 전체적·장기적으로는 도움이 될 것이라 생각합니다.

박병석 위원 | 데이비드 부소장님도 같은 의견이신가요?

데이비드 스트로브 ┃ 일반적으로 두 나라 간의 관계가 나아지면 다른 나라 관계에도 도움이 될 수 있다고 생각하지만 답변하기가 참 어렵습니다. 상황에 따라서, 예를 들어 일본이 북한하고 협상 결과 무슨 합의를 하는지에 따라 도움이 될 수도 있고, 반면에 여러 가지 문제를 야기할 수도 있다고 생각합니다. 구체적으로 상황을 봐야 판단할 수 있을 것 같습니다. 저는 기본적으로 북한과 일본 관계가 나아졌으면 하는데……

박병석 위원 ┃ 최근에 미국 장관이 두 번에 걸쳐서 '아베 총리의 북한 방문은 적절하지 않다'는 경고의 메시지를 보낸 적이 있습니다. 그런데 지금까지 국제사회의 공통적인 견해는 '북한이 고립되지 말고 국제사회로 나와서 국제규범에 따라라'는 것 아니었습니까? 그러면 왜 이 시점에서 미국은 일본에 경고를 합니까? 그것은 적어도 미·일 간의 공조, 한·미·일의 공조가 전제되어야 한다는 것을 얘기하는 것 아니겠습니까?

데이비드 스트로브 ┃ 아마 미국 정부가 아베 정부의 대북정책 의도를 조금 의심하는 것 같습니다.

박병석 위원 ┃ 의심이라는 게 어떤 방면에 의심을 한다는 말씀이지요?

데이비드 스트로브 ┃ 혹시 국내 문제를 갖고 너무 적극적으로 북한한테 너무 많은 혜택을 주지 않을까 걱정하는 것 같습니다.

박병석 위원 ┃ 기본적으로 대한민국이 미국하고의 안보·군사의 가장 돈독한 우방이지요. 또 앞으로도 미국의 그런 돈독한 관계가 계속될 필요가 있고요. 그런데 미국이 좀 더 한국의 입장을 감안해야 될 것은 아까도 말씀드렸지만 미국의 한반도 정책이라는 것은 세계 전략의 일환, 아시아 전략의 일환입니다. 하지만 대한민국 남북한으로서는 우리의 운명에 관한 문제기 때문에 그런 점을 미국이 더 인식해주기를 바란다 하는 말씀을 드리겠습니다.

위원장 원혜영 | 박병석 위원님 수고하셨습니다. 이상 질의를 모두 마치도록 하겠습니다. 오늘 우리 위원회에 참석하셔서 좋은 의견을 발표해주신 미국 스탠퍼드대학교 아시아태평양연구센터 신기욱 소장님, 데이비드 스트로브 부소장님께 다시 한 번 감사의 말씀을 드립니다.

오늘 발표와 토론은 앞으로 우리 특별위원회가 남북관계 및 교류협력 발전을 위한 효과적인 방안을 모색하는 데 귀한 참고가 될 것으로 생각합니다. 오늘 회의는 이상으로 마치겠습니다.

부록 3: 브루킹스연구소 간담회 회의록

- 맞춤형 인게이지먼트(TAILORED ENGAGEMENT): 효과적이고 지속 가능한 남북 협력관계를 위한 정책안
- 일시: 2014년 9월 29일
- 장소: 브루킹스연구소 워싱턴 D.C. 본부

〈참석자〉
- 소개
  캐서린 문(Katharine H.S. Moon): 브루킹스연구소, SK-한국국제교류재단 한국 석좌(코리아 체어), 동아시아정책연구센터 선임연구위원
- 특별 연사
  신기욱: 스탠퍼드대 아시아태평양연구소 소장
  데이비드 스트로브: 스탠퍼드대 아시아태평양연구소 한국학 부소장
- 토론자
  존 메릴(John Merrill): 국제전략문제연구소 한국 부석좌, 존스홉킨스대 국제대학원(SAIS) 방문연구원

∴ 다음은 브루킹스연구소가 제공한 회의록을 스탠퍼드대 아태연구소가 명확성과 가독성 향상을 위해 편집한 것이다.

캐서린 문 ㅣ 여러분 안녕하십니까. 저는 캐서린 문입니다. 브루킹스연구소에 오신 것을 환영합니다. 오늘 저희는 신사 세 분을 모셨는데요. 스탠퍼드대 신기욱 소장님과 스탠퍼드대 데이비드 스트로브 부소장님께서 최근 수행하신 연구에 대해 소개해주실 것입니다. 그다음엔 존 메릴 박사님께서 연구에 대한 코멘트를 해주시겠습니다. 박사님들의 자세한 약력은 접수 데스크에 있는 책자에 나와 있으니 참고 바랍니다.

신 박사님은 스탠퍼드대 아태연구소 소장님이십니다. 사회학과 교수님이기도 하시고, 다른 많은 직책을 맡고 계시지만 자세한 약력은 책자를 참고하시기 바랍니다. 신 박사님께서는 또한 많은 책의 저자이기도 하십니다. 저도 학생들을 가르치거나 연구를 할 때 박사님 책을 참고합니다. 제가 아주 많이 존경하는 분입니다.

데이비드 스트로브 부소장님에 대해서는 많은 분들께서 이미 아시겠지만 30년 동안 미 국무부에서 일하셨고 주한미국대사관에서도 두 차례에 걸쳐 직책을 맡으셨습니다. 동북아 전문가이시고 현재 스탠퍼드대 아태연구소 한국학 부소장으로 계십니다.

메릴 박사님도 이미 아시는 분들이 많으실 텐데요. 워싱턴에서 유명하신 분이죠. 오랫동안 미 국무부 정보조사국 동북아 담당 국장으로 계셨고, 현재 존스홉킨스대 국제대학원 방문 연구원이시며 국제전략문제연구소 일도 하고 계십니다.

먼저 신 박사님과 스트로브 부소장님께서 최근 하신 연구에 대해 간략하게 소개해주시고, 존 메릴 박사님께서 그에 대한 코멘트를 해주시겠습니다. 그 후에 Q&A 세션을 갖겠습니다. 감사합니다.

신기욱 | 캐서린 님, 친절하게 소개해주셔서 감사합니다. 브루킹스연구소에 초대받아 정말 기쁩니다. 저희는 브루킹스연구소와 오랜 인연이 있습니다만 이렇게 합동 행사를 진행한 건 오랜만입니다. 워싱턴에 다시 돌아오니 정말 좋습니다. 그리고 캐서린 님, 브루킹스연구소의 한국 석좌가 되신 것 축하드립니다. 아마 이곳 초대 한국 석좌이시죠?

캐서린 문 | 네, 브루킹스에서는 최초 맞습니다.

신기욱 | 한국 석좌가 캐서린 님으로 끝나지 않고 앞으로도 이어지길 바랍니다. 먼저 제가 저희 연구의 배경과 주요 내용을 설명드리고, 한국 국회에서 저희 연구를 발표했을 때 반응이 어땠는지 말씀드리려고 합니다. 그 후에 데이비드 부소장님이 주요 연구결과와 연구내용, 그리고 저희의 제안에 대해 요약해서 말씀드릴 것입니다.

작년에 저희가 한국이 북한 문제와 관련해 리더십을 발휘해야 한다는 내용의 정책 보고서를 발표한 것을 기억하시는 분들이 계실 거라고 생각합니다. 올해 저희가 발표한 보고서는 작년 보고서에 구체적인 정책 제안을 추가한 것입니다. 이번 보고서를 준비하는 데 1년이 걸렸습니다. 생각보다 훨씬 오래 걸렸죠. 보고서를 준비하면서 총 세 번의 컨퍼런스를 열었는데 한 번은 서울대에서, 한 번은 중국 선양의 요녕대에서, 그리고 물론 스탠퍼드대에서도 한 번 개최했습니다.

약 2주 전에 저희는 한국 국회의 '남북관계 및 교류협력 발전 특별위원회'에서 저희 연구의 결과와 내용, 정책 제안을 발표했는데, 그 내용에 대해서는 잠시 후에 말씀드리겠습니다.

저희 보고서의 제목은 '맞춤형 인게이지먼트(Tailored Engagement)'입니다. '인게이지먼트'는 한국어로 번역하지 않고 영어 그대로 사용했습니다. 그 이유는 잠시 후에 설명해드리겠습니다.

저희는 '맞춤형 인게이지먼트'를 주장하고 있는데, 이것이 무엇이고 한국의 리더십 발휘가 왜 시급한지에 관해 말씀드리겠습니다. 저희가 볼 때 한반도 안보 상황은 전혀 나아지지 않고 있습니다. 오히려 악화되고 있습니다. 북한은 계속해서 핵·미사일 개발을 하고 있으며 미중 간 전략적 불신도 계속되고 있습니다. 북한 정권은 안정되지 않은 모습입니다. 김정은이 완전히 권력을 잡고 있는지도 분명치 않습니다. 김정은 정권의 군 수뇌부가 대거 교체됐습니다. 장성택이 처형된 후 최룡해가 임명됐다가 다시 황병서로 교체됐습니다. 물론 무슨 일이 일어나는지 정확히 알 수는 없지만 북한 정권에 일종의 불안정과 불확실성이 있는 것은 분명합니다. 최근 몇 년 동안 남북 관계는 경색 국면을 벗어나지 못했고, 미국의 동맹국인 일본과 한국 사이에 긴장감이 고조되어 북한에 대한 한·미·일 3자 안보협력에 지장을 주고 있습니다.

한반도 상황이 좋지 않은데도 주요 관련국인 미국과 중국은 상황을 바꾸려는 의지 또는 능력이 없습니다. 존 박사님께서도 고견을 주시겠지만 미국은 '전략적 인내(strategic patience)' 방식을 고수할 가능성이 큽니다. 이것이 가장 이상적인 정책이 아니라는 것은 알고 있지만 전략적 인내보다 더 명확하고 나은 대안이 없어 보이기 때문입니다. 따라서 적어도 당분간 미국은 이 정책을 유지할 것입니다. 중국 또한 '3대 불가(three no's): 전쟁 불가, 불안정 불가, 핵 불가' 정책을 고수할 것입니다. 중국으로서는 (북한 정권의) 안정이 북한의 비핵화보다 더 중요합니다.

전반적으로 현재 한반도 상황은 한국에 좋지 않고 시기상으로도 좋지 않습니다. 북한은 핵·미사일 개발을 계속할 것입니다. 중국과 일본의 군사력 경쟁도 계속될 것입니다. 중국과 미국, 러시아 간 불신도 심화될 것입니다. 중국에 대한 북한의 의존도, 안보적 측면뿐만 아니라 경제적 측면의 의존도도 증가할 것입니다. 한편 한국에서는 미국의 전술핵을 한국에 배치해야 한다거나 심지어는 한국도 핵무기를 개발해야 한다는 의견이 나오고 있습니다.

북한은 중국에 대한 의존도를 낮추고 싶어 하는 것으로 보입니다. 그래서 북미 관계를 정상화하고 싶어 하는지도 모릅니다. 그러나 미국은 북한이 핵무기를 포기하지 않는 한 북한의 요청을 수용하지 않을 것입니다. 이러한 상황을 고려할 때 북한은 남북 경협을 확대하고 싶어 할 것입니다. 현상황에서 한국에 기회가 있다는 뜻입니다.

제가 한국에서 중학교·고등학교에 다닐 때 배웠던 속담에 비유하자면, 한국은 더 이상 '고래 틈에 낀 새우'가 아닙니다. 제가 볼 때 한국은 이제 새우가 아닌 돌고래입니다. 고래들 틈에서 지금보다 더 효과적으로 움직일 수 있다고 생각합니다. 돌고래는 고래보다 작지만 더 빠르게 움직일 수 있습니다. 한국은 세계 7위의 수출국이며 현역 병력 기준으로 세계 7위의 군사강국입니다. 그런데도 북한 문제에 관해서는 여전히 많은 한국인들이 미국이나 중국에 의존하려 합니다. 안타깝지만 그것은 그들의 희망사항일 뿐입니다. 그것이 왜 희망사항인지도 저희 보고서에 나와 있습니다. 저는 지금이야말로 한국이 대북 문제에 리더십을 발휘할 때라고 확신합니다. 박근혜 대통령은 '한국의 닉슨'이 될 수 있습니다. 닉슨 대통령은 공산주의국가인 중국과 관계를 정상화했습니다. 닉슨 대통령이 강경한 반공주의자로 알려져 있었기 때문에 정치적으로 가능한 일이었습니다. 박 대통령도 한국 보수의 아이콘이기 때문에 닉슨 대통령이 했던 것처럼 남북 관계에서 큰 진전을 이룰 수 있는 유리한 위치에 있습니다. 이것이 저희 연구의 배경이자 의도입니다.

　　그렇다면 '맞춤형 인게이지먼트'란 무엇일까요? 이것은 저희가 제시한 개념인데요. 아마 '맞춤형 억제(tailored deterrence)'라는 말을 들어보신 분들 계실 겁니다. 한때 조지 부시 정부는 '맞춤형 봉쇄(tailored containment)'라는 개념을 사용하기도 했죠. 저희가 제안하는 정책은 '맞춤형 인게이지먼트'입니다. '인게이지먼트'는 북한에 대응하는 하나의 수단일 뿐이지만 동시에 매우 중요한 수단입니다. 한국인들은 '인게이지먼트'라는 단어의 개념을 오해하는 경우가 많습니다. 김대중 정부 시절 한국에서 '인게이지먼트'는 '포용정책'으로 번역됐습니다. 그렇지만 '포용'이라는 단어는 '인게이지먼트'보다는 '유화(appeasement)'에 가깝습니다. 군대에서 쓰는 용어 중에 '교전 규칙(rules of engagement)'이라는 단어가 있습니다. 이 말은 '포용 규칙(rules of appeasement)'을 의미하지 않습니다. '교전 규칙'이란 전투 시 지켜야 할 규칙을 뜻합니다. '인게이지먼트'를 번역하려고 시도해봤으나 적절한 단어를 찾지 못했습니다. 한국어로 번역할 수 있는 좋은 단어를 알고 계시면 저희에게 알려주시기 바랍니다. 그래서 저희는 일단 '맞춤형 인게이지먼트'를 설명할 때 영어 단어 '인게이지먼트'를 그대로 쓰고 있습니다.

인게이지먼트는 꼭 필요한 중요한 정책이지만 반드시 한반도 내외의 정치, 안보 변화에 맞춰서 진행되어야 합니다. 저희가 제시한 개념을 한국의 진보진영과 보수진영 정부들, 예를 들면 이명박 정부의 정책과 비교해보겠습니다. 이명박 정부 시절 한국은 대부분의 대북 사업을 핵 문제와 연계했습니다. 그래서 남북 관계에 거의 진전이 없었습니다. 한편 김대중 정부는 정치, 안보 상황과 대북 사업을 분리했습니다.

저희는 핵 문제를 남북 관계와 완전히 연계하거나 연계하지 않는 것보다 현재와 미래의 정치, 안보 상황에 '맞춰서' 진행하는 것이 옳다고 생각합니다. 물론 인게이지먼트가 만병통치약은 아니며 맞춤형 인게이지먼트의 시행에 어려움이 따른다는 점도 알고 있습니다. 그러나 시기적으로도 아주 좋은 상황은 아니지만 저희는 일단 시도해봐야 한다고 생각합니다. 데이비드 부소장님께서 맞춤형 인게이지먼트 정책의 실행 방법에 대해 좀 더 자세히 설명해주실 것입니다.

마지막으로 한국 국회에서 저희가 했던 발표에 대해 말씀드리려고 합니다. 공청회 자리였고, 저도 국회 공청회에서 발표하는 것은 처음이었습니다. 놀랍게도 여야 특위위원 거의 대부분이 참석하셨고, 특위위원이 아닌 분들까지 오셔서 총 22명의 의원이 오셨습니다. 위원회의 의원들은 각기 배정받은 질의응답 시간 10분을 꽉 채워서 사용했습니다. 굉장히 인상적이었습니다. 토론은 세 시간 넘게 진행됐습니다. 한국의 C-SPAN이라 할 수 있는 한국국회방송에서는 저희 발표를 생중계했습니다.

또 놀라웠던 점은 저희 연구가 여야 모두에게서 매우 좋은 평가를 받았다는 것이었습니다. 흥미롭게도 여당과 야당의 많은 의원들이 저희 정책이 그분들의 정책과 유사하다고 말씀하셨습니다. 여당에서는 "지금 하신 말씀이 저희 생각과 매우 유사합니다"라고 하셨고, 야당에서도 같은 이야기를 하셨습니다. 여당의 한 의원께서는 심지어 저희 연구가 박 대통령의 대북 신뢰 프로세스를 가장 잘 설명한다고 하셨습니다. 이 내용은 기록으로도 남아 있습니다. 과장이 아닙니다. 한국 국회가 제공하는 한국어 회의록을 보고 싶으시면 제가 기꺼이 보내드리겠습니다. 참고로 저희 연구의 한국어 요약본은 저희 아태연구소 홈페이지에서 보실 수 있습니다.

위원님들의 반응은 매우 고무적이었고 인상 깊었습니다. 동시에 이러한 열정적인 반응은 현 남북 관계에 대한 여야의 실망감과 상황 개선을 위해 새로운 조치를 취해야 한다는 의지를 반영한 것이기도 합니다. 또 한 가지 놀랐던 점은 5·24 조치의 완화와 같은 주요 사안에 대해 여야가 합의를 이룬 부분이 많다는 것입니다. 5·24 조치를 어떻게 해야 할 것인가에 대해서도 많은 논의를 했습니다. 대부분의 의원들은 일부 대북 사업의 경우 핵 문제와 연계해서 추진하면 안 된다는 점에 동의했습니다. 북한에 대한 중국의 입장에 대해서 질문하시는 분들도 많았습니다.

마지막에 저희는 주요 여당·야당이 만약, 정말 만약에, 어느 정도 정치적인 부분을 차치할 수 있다면 새로운 접근 방식에 대해 상당한 합의를 볼 수 있을 것 같다고 느꼈습니다.

여론조사에 따르면 대부분의 국민들은 저희가 제시하는 것과 같은 남북 교류 협력의 확대를 지지합니다. 한국 내 깊은 의견 분열을 고려할 때 대북 정책에 관한 완전한 합의를 도출하는 것은 불가능하지만 정치적인 부분을 차치한다면 한국 국민 중 70%에서 80%가 저희가 제시한 정책을 지지할 거라고 확신합니다.

국회에서 한 발표는 정말 의미 있는 시간이었고, 다시 한 번 말씀드리지만 오늘 브루킹스연구소에서 그 내용을 공유할 수 있어 매우 기쁘게 생각합니다. 이제 데이비드 부소장님께서 저희 연구에 대해 좀 더 자세히 설명해주실 것입니다. 감사합니다.

데이비드 스트로브 | 감사합니다, 신 박사님. 캐서린 님과 스태프 여러분께 매우 감사드리며 캐서린 님께 축하 인사를 드립니다. 또한 국무부에서 오랫동안 함께 일했던 존 메릴 박사님께도 감사드립니다. 오랫동안 알고 지냈던 친구들과 동료들을 이곳에서 만나니 정말 반갑습니다. 이렇게 많은 분들이 북한, 특히 대북 인게이지먼트를 논의하기 위해 이곳에 오신 것을 보고 놀랐습니다. 이 자리에 계신 한국 기자분들은 미국이 북한에 관심이 없다는 보도를 더 이상 하지 않으실 거라고 믿습니다.

신 박사님께서 말씀하셨듯이 저희는 대북 인게이지먼트가 얼마나 어려운지 인지하고 있으며 저희의 제안이 만병통치약이 아니라는 것도 알고 있습니다. 북한에 대응하려면 지속적인 핵 확산 저지 및 비핵화 노력, 강력한 억지 및 방어 노력이 필요합니다. 제재도 가하고 외교적인 방법도 써야 합니다. 그러나 저희는 현 상황의 심각성을 고려할 때 두 가지 결론을 내렸습니다. 인게이지먼트 정책을 시행하려면 추가적인 방법이 필요하고, 한국은 그것을 할 능력과 의지가 있는 유일한 국가라는 것입니다.

오늘 이 자리가 가치 있는 이유는 북한 문제를 새로운 시작으로 바라보고, 효과적으로 인게이지먼트를 실행하는 방법에 대해 논의한다는 데 있습니다. 발표를 마치고 여러분과 함께 할 토론도 저희에게 매우 가치 있는 시간이 될 것입니다.

토론에 앞서 저희 보고서 내용을 간략하게 설명해드리겠습니다. 신 박사님께서 이미 기본적인 틀과 프로세스, 요점을 짚어주셨습니다. 참고로 저희 보고서는 브루킹스연구소와 스탠퍼드대 아태연구소 홈페이지에서 온라인으로도 찾아보실 수 있습니다.

지금부터는 저희 연구 내용을 말씀드리겠습니다. 저희 연구는 신 박사님께서 말씀하셨듯이 별로 좋지 않은 현재 상황에 대한 설명으로 시작합니다. 상황은 악화되고 있으며 가까운 미래에 좋아질 기미도 보이지 않습니다.

그다음엔 문제가 어디부터 출발했는지 명확히 하기 위해 두세 페이지를 할애하여 문제의 기원을 살펴봤습니다. 저희는 이것이 한반도 분단으로 인한 뿌리 깊은 문제라고 생각하며 북한 정권 자체에 문제가 있다고 생각합니다. 따라서 빠르고 신속하거나 간단한 해결책은 있을 수 없습니다.

그 뒤엔 주요 관련국들의 정책 변수를 분석했습니다. 김정은 정권의 불확실성은 김정일 때보다 증가한 것으로 보입니다. 김정은 정권이 핵무기 개발을 고집하는 것은 분명합니다. 아마도 김정은이 여전히 권력을 공고히 하려고 노력 중이기 때문에 북한이 잘못된 행동과 수사를 계속하는지도 모릅니다. 이것이 사실이기를 (단기적 현상이기를) 바라며 상황이 나아지길 바랍니다. 북한에 살거나 북한을 여러 차례 방문했던 이들의 말을 종합해볼 때 북한은 정치적 · 경제적 · 사회적으로 격동의 시기를 겪고 있습니다. 그 어느 때보다도 빠르게 변하고 있습니다. 따라서 북한의 상황을 매우 주의 깊게 관찰해야 하지만 한편으로는 인게이지먼트와 외교적 측면에서 우리에게 기회가 될 수도 있습니다.

미국이 좀 더 적극적으로 대북 인게이지먼트를 추진해야 한다고 주장하는 사람들이 많지만 저희는 미국을 비판하지 않으며, 중국의 대북정책도 비판하지 않습니다. 국가들은 각자의 국익에 따라 판단을 내리기 때문입니다. 미국의 한반도 최우선 관심사는 한국의 '안보'이지, 북핵이 아닙니다. 다시 말씀드리지만 미국에 가장 중요한 문제는 한국의 안보입니다. 그다음이 북핵 문제입니다.

미국은 이제까지 북한이 했던 말과 행동을 바탕으로 북한이 핵무기를 포기할 의사가 없다는 판단을 내렸습니다. 미국 입장에서 북한이 핵무기 포기를 고려조차 하지 않는데 북한과 협상할 이유가 있겠습니까?

한반도 문제에서 중국의 최대 관심사는 '안정'입니다. 중국 지도자들이 북한 정권의 잘못된 행동에 실망한 것은 사실입니다. 하지만 저희는 중국이 대북정책을 근본적으로 바꿀 거라고 예상하지는 않습니다. 한반도 안정에 대한 중국 지도자들의 우려도 문제지만 미국에 대한 중국의 불신이 심화되고 있다는 점도 북한 문제, 더 나아가 한반도에 심각한 문제로 대두되고 있습니다.

일본과 러시아는 어떨까요? 저희는 이 부분에 '와일드 카드?'라는 제목을 붙였습니다. 이들은 매우 중요한 관련국이고 한반도에 주요 이해관계가 있으나 한반도 상황을 변화시킬 의지나 충분한 영향력이 없습니다.

그렇다면 상황을 변화시킬 수 있는 유일한 국가는 한국입니다. 한국은 전보다 영향력이 훨씬 커졌기 때문에 그러한 역할을 수행할 수 있고, 또 수행해야 합니다. 이 부분은 신 박사님께서 좀 전에 설명해주셨습니다. 또한 요즘 한국 국민들은 상황 개선을 위해 한국이 영향력을 발휘해야 한다고 생각합니다. 보수주의자인 박근혜 대통령은 '한국의 닉슨'이 될 수 있는 좋은 위치에 있습니다.

그다음은 박 대통령의 대북정책을 다뤘습니다. 저희는 박 대통령의 접근 방식에 많은 부분 동의합니다. 북핵 문제가 한국의 대북정책의 최우선 순위여야 한다는 의견에도 동의합니다. 그러나 저희는 모든 것을 핵 문제와 연계해서는 안 된다고 생각합니다. 비핵화 노력을 저해하지 않고도 인도적 지원과 교류 프로젝트는 얼마든지 추진할 수 있습니다. 저희는 또한 단계적으로 신뢰 구축을 해나가야 한다는 박 대통령의 접근 방식에 동의합니다. 한국의 진보진영은 한국이 포괄적인 대형 프로젝트를 진행해야 한다고 주장합니다. 그러나 그런 식의 프로젝트는 어느 정도의 신뢰가 구축되기 전까지는 실행할 수 없습니다. 현재는 남북 간 신뢰가 충분히 구축되지 않은 상태입니다. 이런 상황에서 바로 포괄적인 접근 방식을 취한다면 결국 실패할 수밖에 없고 상황을 더 악화시킬 수도 있습니다.

그러나 저희는 박 대통령의 대북 인도적 지원과 남북 교류의 규모와 속도에 대해서는 비판적인 입장입니다. 한국은 700만 달러의 대북 인도적 지원을 하겠다고 발표했습니다. 이것은 스위스의 대북 지원보다 고작 30만 달러 많은 액수입니다. 최근 몇 주 동안 한국 정부의 허가로 남북 간 민간 교류가 증가하기는 했습니다.

저희가 왜 통일을 강조하는 박 대통령의 정책에 대해 비판적인 입장인지도 설명했습니다. 저희는 한국의 평화통일을 간절히 바라며 이것이 궁극적인 목표가 되어야 한다는 점에 적극 동의합니다. 하지만 통일은 가까운 미래에 이루어지기 어렵고, 지금 통일을 강조하는 것은 오히려 역효과를 낳을 거라고 생각합니다.

그렇다면 한국은 어떤 방식으로 '맞춤형 인게이지먼트'를 추진해야 할까요? 무엇보다 대북정책의 세부 내용이 현실적이어야 하며 한국 내에서 광범위하고 지속적인 정치적 지지를 확보해야 합니다.

저희는 한반도 문제에 관한 가장 중요하고 어려운 네 가지 사안을 다루었습니다. 통일, 비핵화, 인권, 그리고 제재입니다. 통일과 관련하여 저희는 언젠가 북한에 극적인 변화가 발생할 거라고 예상하지만 언제, 어떻게, 무슨 변화가 일어날지 추측하는 것은 불가능하며 적어도 그러한 추측을 기반으로 정책을 수립할 수는 없다고 판단했습니다. 남북통일은 독일의 통일과 같은 방식으로 이루어지지 않을 가능성이 큽니다. 북한의 변화는 훨씬 복잡한 양상을 띨 것이며 그에 따른 결과도 완전히 다를 것입니다.

앞서 말씀드린 것처럼 저희는 통일을 바라지만 통일이 최대한 평화로운 방식으로 이루어지고 통일 한국이 지속 가능하려면 그전에 많은 것들이 이루어져야 한다고 생각합니다. 잘못된 방식으로 이루어진 통일은 지속 가능할 수 없습니다. 그렇다면 모두에게 얼마나 끔찍한 재앙이겠습니까? 저희는 이제 그 기반을 다져야 한다고 생각합니다. 다만, 통일을 하기에 적합한 시기가 왔을 때 필요한 정치적 합의와 제도, 자본을 갖추기 위해서 조용히 더 강력한 한국을 만들기 위해 노력해야 한다고 생각합니다.

핵 문제와 관련해 저희는 비핵화가 최우선 순위가 되어야 한다는 점에는 전적으로 동의하지만 인도적 지원과 교육, 문화, 스포츠 교류 등은 핵 문제와 연계하면 안 된다고 생각합니다.

인권 문제와 관련해서는 한 섹션을 한국 독자들을 염두에 두고 기술했습니다. 북한의 인권 문제는 매우 중요한 사안이며 여러 가지 이유로 국제사회에서도 점점 더 중요해지고 있습니다. 그 첫 번째 이유는 국제사회가 10~20년 전에 비해 인권 문제에 훨씬 높은 기준을 적용하고 있다는 것입니다. 두 번째 이유는 국제사회의 인권 기준 강화에 기여한 IT 혁명입니다. IT 혁명으로 더 많은 정보가 유통되면서 북한처럼 장막에 가려진 국가들까지 세계에 알려지기 시작했습니다. 그 영향력은 상당합니다. 세 번째 이유는 미국의 접근 방식 변화입니다. 미국은 지금까지 북핵 문제에 너무 집중한 나머지 북한의 인권 문제에는 그렇게까지 압력을 가하지 않았습니다. 현재 미국 관료들은 당분간은 북핵 문제를 해결할 수 없다고 판단하기 때문에 다른 중요한 사안들에 집중할 수 있으며, 실제로 그렇게 하고 있습니다. 존 케리(John Kerry) 국무장관이 북한 인권 문제를 언급하며 '악(evil)'이라는 단어를 세 번이나 사용한 것을 보셨을 겁니다. 이와 같은 상황 변화는 유엔에도 영향을 주었으며, 많은 관심을 받는 유엔의 노력은 앞으로 더 중대될 것으로 예상합니다.

보수든 진보든 어떤 한국 정부도 북한의 인권 문제를 외면할 수는 없을 것입니다. 과거에 진보진영은 북한 인권 문제를 다루면 북한과 협력할 수 없다고 주장했습니다. 그러나 한국 정부는 더 이상 그러한 입장을 견지할 수 없는 상황입니다. 그렇다고 전력을 다해 북한 인권 문제를 비판하는 보수진영의 접근 방식도 최선이 아니라고 생각합니다. 왜냐하면 그런 역할을 하려고 하고, 할 수 있는 국가들은 많으며 북한의 경쟁자가 이 사안을 주도한다는 인상을 주면 인권 문제 해결을 위한 노력이 부정적으로 비춰질 수 있기 때문입니다. 저희는 이미 인권 문제를 다루고 있는 국제사회의 다른 국가들이 이 사안을 주도적으로 다뤄야 한다고 생각합니다. 한국은 그러한 노력을 지지할 뿐 주도해서는 안 됩니다. 대신 적극적으로 북한 인권 문제를 기록하는 등의 활동은 해야 합니다.

마지막으로 대북 제재에 관해 말씀드리겠습니다. 저희는 대북 제재의 근거와 필요성을 이해하지만 대북 제재를 좀 더 정교하게 조정해야 한다고 생각합니다. 북한을 압박하면서도 대북 인게이지먼트 정책을 추진해야 합니다. 5·24 조치는 너무 광범위합니다. 5·24 조치를 집중적으로 다루지는 않았지만, 전 개인적으로 미국의 대북 제재도 때로는 초점이 제대로 맞춰져 있지 않고 너무 광범위하다고 생각합니다. 제재는 인도적 지원을 가로막는 등 의도하지 않은 불행한 결과를 초래하곤 합니다.

그다음에는 맞춤형 인게이지먼트의 본질인 정책 수행을 위한 방법을 제시했습니다. 기본적으로 세 가지 제안을 했는데요. 첫째, 한국 정부가 대북 정책에 대한 영향력을 강화하려면 미국이 1998~1999년에 시행한 페리 프로세스를 차용할 필요가 있습니다. 박 대통령은 국내외 다양한 사안 및 정책을 책임져야 하므로 북한 문제에만 집중할 수 없습니다. 한국의 여러 정부 부처와 민간, 군사 단체가 북한 문제를 다루고 있기 때문에 다른 민주주의 정부들이 그렇듯 부처 간 많은 경쟁과 이견이 존재합니다. 자연스러운 현상이지만 뭔가 다른 방식으로 프로젝트를 추진하고 싶다면 좀 더 일관성 있는 제도가 필요하며 박 대통령은 이를 시행하기 위해 누군가의 도움을 필요로 합니다. 그래서 저희는 박 대통령에게 한국의 '윌리엄 페리'를 임명하고 국민적·정치적 합의 도출과 대북 협상 등 남북 정상회담을 제외한 모든 업무를 일임할 것을 제안합니다.

둘째, 매우 중요한 부분인데요. 더욱 광범위한 국내 합의를 도출해야 합니다. 저는 한국의 당파 분열이 미국보다 심각하다고 생각합니다. 앞서 언급했듯이 5년마다 대통령 선거를 하기 때문에 5년마다 매우 다른 대북정책이 나올 가능성이 있다는 게 문제입니다. 그 가능성을 북한이 (아니 이 문제에 관해서는 미국과 중국을 비롯한 다른 국가들도) 예측하는 한, 대북 문제에 관한 한국의 영향력은 약화될 수밖에 없습니다. 저희는 70%에서 80%의 대중이 지지할 만한 정책을 제안했습니다. 저희가 제안한 정책을 통해 한국은 이제 미국, 중국 등의 관련국과 새로운 접근 방식을 구체적으로 상의하고 협력할 준비가 될 것이고, 관련국의 지지도 받을 수 있으리라 생각합니다.

책의 후반부는 '맞춤형 인게이지먼트' 원칙을 제시하는 데 할애했습니다. 그다음엔 시행 중 중단된 남북한 협력 사업 등 남북한이 함께 추진했던 다양한 인게이지먼트 프로젝트를 검토했습니다. 또 새로운 프로젝트에 대한 아이디어도 제안했습니다. 박 대통령이 주장한 것처럼 저희도 인도적 지원으로 시작해 교육, 문화 등의 인적 교류로 남북 교류를 확대해야 한다고 생각합니다. 핵 문제 때문에 지금 시점에서는 대규모 경제 및 발전 인게이지먼트를 제안하기 어렵습니다. 핵 문제에 대한 대북 압박이 약화될 수 있기 때문입니다. 언젠가는 북한도 한국의 노력에 좀 더 호의적으로 반응하고 핵 개발 중지를 위한 협상에 참여하겠다는 의지를 보일 것입니다.

이것이 저희 의견과 제안의 주요 내용입니다. 다시 말씀드리지만 저희는 맞춤형 인게이지먼트가 만병통치약이 아님을 알고 있습니다. 시행하기 어렵다는 것도 알고 있습니다. 그러나 현 상황을 고려했을 때 시도해볼 만한 가치가 있는 정책이라고 생각합니다. 이 정책을 통해 최소한 북한 주민들을 도울 수 있습니다. 군사적 충돌의 위험도 줄일 수 있습니다. 남북 간 사회적 격차도 줄어들어 통일의 중요한 발판이 될 것입니다. 향후에는 어쩌면 좀 더 근본적인 문제 해결에 기여할지도 모릅니다.

또한 저희가 반드시 필요하다고 주장하는 한국 내 국민적 합의 도출이 사실 쉽지 않을 거라는 것도 알고 있습니다. 저희가 정책 제안을 준비하고 발표할 때, 특히 국회에 갈 때 염두에 두었던 주요 목표 중 하나는 한국 국민들에게 한국은 그들이 생각하는 것보다 훨씬 더 많은 영향력을 갖고 있다는 것을 강조하자였습니다. 한국 국민들은 한국의 세계적인 지위가 향상된 현실을 제대로 인식하지 못하고 있으며, 보수·진보에 관계없이 어떤 정부에서든 지속 가능한 합의가 도출되면 한국이 훨씬 더 많은 영향력을 발휘할 수 있다는 사실을 정확히 인지하지 못하는 것 같습니다. 경청해주셔서 감사합니다. 존 박사님의 코멘트와 Q&A 세션 기대하겠습니다.

존 메릴 | 감사합니다, 데이비드 부소장님. 먼저 제가 이제 더 이상 국무부에서 일하지 않는다는 점을 말씀드려야 할 것 같습니다. 두 달 전에 은퇴해서 더 이상 국무부 소속이 아닙니다. 신 박사님께서 이번 보고서에 대한 코멘트를 해달라고 하셨을 때 기뻤습니다. 이것은 매우 중요한 문제라고 생각합니다. 비록 지금은 한반도가 조용하지만 그렇다고 문제가 사라진 건 아니기 때문입니다. 북한은 장거리 미사일과 핵·미사일 개발을 계속해서 많은 우려를 자아내고 있으며 한국 국방부도 전술 미사일 및 중거리 미사일 체제를 업그레이드하고 있다고 합니다. 안정적인 상황이라고 할 수 없습니다.

안타깝게도 미국은 세계 곳곳에서 우리가 직면한 문제들을 반성하지 않습니다. 북한은 핵무기의 효능을 우리에게서 배웠습니다. 몇 년 전에 저는 이스라엘인 공동 저자와 비핵화에 관한 논문을 한 편 썼습니다. 우리가 아이젠하워(Dwight Eisenhower) 정부 집권 초기에 거리에서 원자폭탄을 보여주며 한국전쟁이 멈추지 않으면 실제로 이걸 사용하겠다고 했던 내용을 논문에 포함시켰습니다. 북한은 B-52 폭격기에 특히 민감하고, 그럴 만한 이유가 있습니다. 냉전 중 미국 항공기들은 북한을 향해 비행하다가 막판에 방향을 바꾸어 북한의 방공 체계를 놀려주곤 했습니다. 그렇게 하면 모든 불이 켜져서 북한의 반응을 잘 볼 수가 있기 때문입니다.

그러니 우리도 일종의 자기반성이 필요하며 모든 한반도 문제가 북한이 악당이기 때문에 발생한 것처럼 묘사해서는 안 됩니다. 북한의 행동이 문제의 주요 원인인 것은 사실이지만 그게 전부는 아니며 우리도 지난 몇 년 동안 문제를 악화시키는 데 일조했습니다.

데이비드 부소장님께서 천안함 사건 이후 가해진 제재 중 일부에 대해 잠깐 말씀해주셨는데요. 저는 이 사건을 매우 면밀히 살펴본 기억이 납니다. 우리가 했던 분석에서도 누락된 점이 있었는데 바로 '작용·반작용' 과정이었습니다. 천안함 사건 이전에 한국 해군은 북한 초계함에 타격을 입혔습니다. 보복 조치에 강한 북한은 한국 해군을 추격하고 싶었지만 참았습니다. 1년 가까이 어떤 행동도 하지 않았습니다. 그것은 미국(스티브 보스워스와 성김)이 북한과 6자회담 프로세스를 준비하려던 중이었기 때문입니다. 그렇지만 우리는 마음을 정하지 못했습니다. 저는 북한이 결국에는 '될 대로 되라지. 우리 해군이 십여 명이나 죽었다. 복수해야 한다'라고 생각할 것 같았습니다.

한반도 폭발의 가능성은 매우 현실적이며 만약 그런 일이 발생할 경우, 정말 심각한 상황이 벌어질 것입니다. 아시다시피 북한은 어떻게 해서든 목표 대상을 공격할 수 있는 핵무기를 보유하고 있습니다. 그걸 가능하게 하는 것이 미사일만은 아닙니다. 지난주쯤 미 국방부 고위 관리에게 북한의 장거리 미사일 개발에 대한 이야기를 들었습니다. 이것이 우리 미래에 들이닥칠 일입니다. 북한이 두 프로그램을 하나로 묶어서 핵무장 미사일로 미국 본토를 공격할 능력을 갖춘다면 무슨 일이 일어나겠습니까? 당장 다음 주나 다음 달, 아니면 세 달 후쯤 이런 일이 일어날 거라는 말은 아닙니다. 그렇지만 상황이 이대로 흘러간다면 이런 일은 반드시 일어납니다. 그렇게 되면 우리가 서유럽에서 경험했던 분리(delinkage) 문제들이 발생할 것입니다. 이는 매우 혼란스러운 상황입니다.

미국 정부 내에는 북한과는 대화가 안 된다, 북한에 대응하는 것은 불가능하다는 의견이 있습니다. 저는 잘 모르겠습니다. 저는 1987년부터 국방부에서 일하기 시작했습니다. 당시는 레이건(Ronald Reagan) 정부 시절이었고, 개스턴 시거(Gaston J. Sigur)가 동아시아·태평양 담당 차관보였습니다. 이분은 굉장히 미래지향적인 남부 출신 신사였는데, 대북 '온건책(modest initiative)'을 주창하셨습니다. 신 소장님과 데이비드 부소장님의 주장과 매우 유사한 개념입니다. 그러나 이 정책은 오래가지 못했습니다. 핵 문제와 미사일 개발 문제가 대두됐기 때문입니다. 그렇지만 그분의 아이디어는 예전 기능주의적인 접근 방식을 반영했고, 제 생각에 '맞춤형 인게이지먼트'와도 근본적으로 같은 개념이라고 생각합니다.

북한 주민들도 현대 경제가 무엇인지 알고 있습니다. 김정은도 현대 경제가 무엇인지 알고 있습니다. 어떤 사람들은 김정은이 스위스에서 수년간 살긴 했지만 그때의 경험은 김정은에게 아무 영향도 끼치지 못했다고 말합니다. "그런 생각을 하다니 어쩌면 그렇게 순진하니?"라고 말합니다. 그러나 김정은은 외부의 영향을 많이 받는 나이에 스위스에서 살았고, 스위스는 세계에서 가장 선진적인 경제 국가 중 하나입니다. 북한은 또한 비교성장률에 대해서도 알고 있습니다. 최근 북한 경제는 상대적으로 잘 돌아가고 있는 편이며 더 이상 하락세도 아닙니다. 그러나 기본적으로는 여전히 제자리걸음입니다. 한편 경제 규모가 훨씬 큰 한국은 연 2~3%씩 성장합니다. 따라서 시간이 지날수록 남북 간 경제 격차는 더 심화될 것입니다. 이와 같은 장기적인 추세를 고려할 때 북한 사람들이 어떻게 한국과의 공존을 상상할 수 있겠습니까? 그들은 경제를 되살리기 위해 무언가 해야 합니다. 무언가 하기 위해서는 긴장 완화가 필요하다는 것을 북한 지도부는 알고 있을지도 모릅니다.

김정은은 계속해서 핵·미사일 개발을 하고 있습니다. 이것이 무엇을 의미하겠습니까? 음, 한 가지 가능성은, (물론 이런 일이 발생할 거라는 뜻은 아닙니다만) 북한은 이렇게 말할지도 모릅니다. "이제 안보 문제는 해결했으니 긴장 좀 풀어도 되겠다. 이젠 경제에 집중할 수 있겠다." 우리는 레이건 정부 시절 개스턴 시거가 그랬듯이 이러한 관점을 알리기 위해 할 수 있는 모든 것을 해야 합니다. DJ가 그랬듯이 말입니다. 북한과 교류하겠다고 발표한 박 대통령이 하고 있듯이 말입니다. 경제는 중요한 동기부여 요소가 될 수 있습니다.

또 미국의 리더십에 대한 의문도 있습니다. 신 박사님과 데이비드 부소장님은 이 부분을 언급하지 않으셨지만 미국은 그냥 빠져서 "그래, 한국, 우린 너희를 축복하니 어서 해봐라, 행운을 빈다" 이래도 되는 걸까요? 저는 미국이 그보단 좀 더 많은 지지를 보내야 한다고 생각합니다. 만약에 한국이 주도적으로 행동해 미국이 뒤에 남으면 사람들이 한국의 훌륭하고 충성스러운 동맹국이 이런 과정을 돕고 있는지에 대해 의문을 가질까 우려됩니다. 너무 많이는 아니고 딱 이 정도로만이라는 거죠.

이 책에는 굉장히 안타까운 부분에 대한 언급이 있습니다. 데이비드 부소장님께서 방금 전에 말씀하신 내용인데 미국의 대북 제재로 다양한 남북 협력 사업이 중단된 부분입니다. 제재는 의도하지 않았던 결과를 가져올 때가 많습니다. 저는 여러분이 이 책을 꼭 한번 훑어보시면서 이제까지 진행됐던 프로젝트가 얼마나 광범위한지 보셨으면 합니다. 그중 몇몇은 여전히 진행 중입니다. 아직 끝나지 않았습니다. 한번 보십시오. 시행될 수 있었고 여전히 시행할 수 있는 프로젝트들을 보여주는 유용한 자료입니다.

이제 북한을 악당으로 묘사하는 것은 멈춰야 합니다. 물론 상당 부분 사실이기는 하지만 우리의 책임감이 거기서 멈춰서는 안 됩니다. 한국의 인게이지먼트 노력을 지원해야 합니다. 제 생각엔 그런 노력들이 올바른 방향으로 진행되고 있는 것 같습니다. 이 책은 그에 대한 많은 증거를 제시하고 있습니다. 이 책에도 나와 있는지 모르겠지만 사실 박 대통령과 북한의 인연은 대통령이 되기 한참 전으로 거슬러 올라갑니다. 박 대통령은 2002년에 국회 대표단 자격으로 방북을 했고, 한국 정부로부터 김정일과 솔직한 대화를 나눠도 된다는 일종의 허락을 받았습니다. 저는 운 좋게도 지그 해커(Sig Hecker) 등 스탠퍼드대 박사들과 함께 북한의 영변 핵 시설 등을 몇 차례 방문한 적이 있습니다. 영변에서 오래된 플루토늄의 잔해를 봤습니다. 그 후로 시설이 재정비되어 다시 작동하고 있거나 곧 다시 작동할 거라고 생각합니다. 그때 저희는 심지어 몇 년 후 해커 박사가 보게 된 북한의 새로운 우라늄 농축시설 건물도 방문했습니다. 그때까지만 해도 거기엔 아무것도 없었습니다. 2010년 다시 방북했을 때 해커 박사는 왕성하게 작동하는 초현대적인, 아, 죄송합니다. 왕성하게 작동했다고 할 수는 없겠네요. 왜냐하면 해커 박사는 기계가 작동하고 있는지 확신할 수 없었습니다. 드라이버를 가지고 들어갈 수 없었기 때문입니다. 드라이버를 가지고 들어갔더라면 드라이버를 기계 옆에 대보고 소리가 나는지 봤을 겁니다. 그러면 기계가 작동하는지 알 수 있었겠지요. 그러나 북한은 허가하지 않았습니다. 우리는 엄청난 문제를 겪을 수도 있습니다. 이제 이 문제를 심각하게 받아들여야 합니다.

전 '전략적 인내'가 무슨 말인지 정말 모르겠습니다. 이번 연구는 미국 정부가 문제를 너무 쉽게 간과할 여지를 주는 것 같습니다. 죄송하지만 저는 우리 자신도 엄청난 문제에 직면했다고 믿으며 미국은 문제 해결을 위해 지금보다 훨씬 더 노력해야 한다고 생각합니다. 이번 연구에 대한 이야기는 여기서 마치겠습니다. 저는 이 연구가 굉장히 유용하다고 생각합니다. 여러분 모두에게 권해드리고 싶습니다. 시행될 수 있었고 여전히 시행할 수 있는 것들을 보여주는 연구입니다.

마지막으로 한 말씀 드리자면, 제 생각에 여기 오신 분들은 이런 생각을 받아들이기 어려울 거라고 생각하지만 그래도 일본인들처럼 이런 관점을 가진 사람들도 있을 거라고 생각합니다. 어떻게 결론이 났는지 모르겠지만 일본인 납치 문제에 관한 회의를 오늘 진행한다고 알고 있습니다. 동아시아 국가들은 점점 미국의 정책에 인내심을 잃어가고 스스로 뭔가 해내려는 노력을 하고 있습니다. 저는 이러한 행동이 저희와의 안보 관계에 해가 된다고 생각하지 않지만 우리의 이해 부족과 진취적인 노력 부족에 대한 그들의 실망감과 불만을 반영한다고 생각합니다.

재차 말씀드리지만 우리가 그냥 이대로 있으면 안 좋은 일들이 발생할 것입니다. 우리가 스티브 보스워스와 성김의 평양 방문을 다시 한 번 연기한 뒤에 천안함 사건이 발생한 것을 저는 기억하고 있습니다. 우리는 북한에 가야 할지 말아야 할지 결정하지 못했고 시간은 흘러갔습니다. 북한은 자신들의 배가 공격을 받은 것에 대해 보복하기로 결심했고, 수많은 한국 해군이 사망했습니다. 그 후 심각한 경색 국면으로 들어가게 된 것입니다.

그래서 저는 이 연구를 여러분께 권해드립니다. 굉장히 훌륭한 연구입니다. 저 또한 한국의 대북 교류 및 협력의 범위에 대해 몰랐던 점을 알게 됐고, 너무 늦기 전에, 그리고 안 좋은 일들이 일어나기 전에 우리가 문제의 심각성을 이해할 수 있게 되기를 바랍니다. 안 좋은 일들이 발생하고 나면 새로운 정책도 수행할 수 없습니다. 그러니 그전에 추진합시다.

마지막으로 한 말씀드리겠습니다. 저는 박 대통령이 이 문제를 깊이 있게 오랫동안 고민했을 거라고 생각합니다. 저는 운이 좋게도 박 대통령과 몇 번 대화할 수 있는 기회가 있어서 지난 몇 년 동안 개인적으로 대화를 나눈 적이 있었습니다. 저는 한국이 앞장서서 좀 더 주체적으로 이 문제의 해결을 위해 노력하기를 바랍니다. 감사합니다.

캐서린 문 ㅣ 감사합니다. 전향적인 연구에 대해 발표해주신 신 박사님과 데이비드 부소장님께 감사드리고, 역사가 이러한 문제에 대한 우리의 생각과 관점, 해결 방법에 얼마나 중요한 영향을 미치는지 상기시켜주신 존 박사님께도 감사의 말씀드립니다.

이제 데이비드 부소장님과 신 박사님께 10분가량을 드리겠습니다. (원하는 방식으로 하시면 됩니다) 존 박사님의 코멘트, 그러니까 미국 정부를 이 사안에서 너무 쉽게 빠져나가게 한 것은 아닌지, 또 저자 입장에서 생각하는 미국의 역할은 무엇인지에 관한 문제 또는 비판에 대해 답변해주시기 바랍니다. 그러고 나서 여기 오신 분들께 질문 기회를 드리겠습니다.

신기욱 ㅣ 한국의 리더십에 관한 문제로 잠시 돌아가 보겠습니다. 심지어 일본과 러시아도 북한 문제에 대해 좀 더 적극적으로 대응하고 있지만 실제로는 별다른 일이 진행되고 있지 않습니다. 저희는 여전히 한국만이 주도적인 역할을 할 수 있다고 생각합니다. 한국은 다른 관련국들이 대북 문제에 실제로 관여할 수 있도록 환경을 조성하고 추진력을 발휘할 수 있습니다. 지금 상황을 그대로 두고 아무것도 하지 않는 것은 우리 모두에게 좋지 않다는 의견에 동의합니다. 따라서 무언가를 해야 하는데, 리더십을 발휘할 수 있는 위치에 있는 국가는 미국이 아니라 한국입니다. 물론 한국만

이 이 일을 해야 한다는 것은 아니고, 혼자서 다 해야 한다는 것은 절대 아닙니다. 한국은 미국, 중국과 긴밀하게 상의하고 협력해야 합니다. 그럼에도 저희는 한국이 주도적으로 나서서 관련국들과 함께 협력해야 한다고 주장하는 것입니다.

캐서린 문 ┃ 데이비드 부소장님, 추가로 하실 말씀 있으신가요?

데이비드 스트로브 ┃ 네. 존 박사님, 감사합니다. 말씀하신 내용에 대부분 동의합니다. 그렇지만 미국의 역할과 관련해서는 분석적 측면에서 약간 이견이 있습니다. 제가 아직도 정부에서 근무하고 있다면 저는 오바마 대통령에게 현재의 대북정책과 완전히 다른 정책을 취하라고 조언하지 않을 것입니다. 여러분이 그 이유를 듣고 싶어 하신다면 더 자세히 말씀드릴 수 있겠지만 그것이 오늘 논의의 요지는 아닌 것 같습니다. 이번 연구에서 저희는 사실상 미국이 현 상황에서 다른 접근 방식을 취할 가능성은 거의 없다는 결론을 내렸습니다. 존 박사님께서 정확하게 지적하신 심각한 위험에도 불구하고 미국의 전략적·정치적 관점에서 볼 때 그건 이치에 맞지 않기 때문입니다. 지금과 다른 정책은 미국의 이해에 더 큰 위험을 초래할 수 있습니다. 지금 상황에서 완전히 다른 정책을 취했을 때 얻을 수 있는 긍정적인 효과는 너무 작습니다.

그러나 만약 한국이 저희가 제안한 정책을 시행할 수 있다면, 그것을 통해, 아니 단순하게 그런 노력 자체만으로도 한반도의 긴장은 완화되기 시작할 것이고, 확신하건대 미국 정부 관리들에게 한반도 상황을 다시 바라볼 여지와 의지를 심어줄 것입니다. 그럼에도 미국이 북한에 대한 접근 방식을 바꾸려면 북핵 문제에 실질적인 희망이 보여야 합니다. 그래서 저희에게 하신 질문 또는 비판에 대해 저는 한국이 주도적으로 행동하면 미국도 이 사안에 다시 관심을 가질 수 있다는 것이 저희 주장이라는 답변을 드리겠습니다.

캐서린 문 | 신 박사님?

신기욱 | 저희가 한국 지도자들에게 전달하고 싶었던 메시지는 좀 더 주도적으로 행동하라, 미국에 전적으로 의지할 필요가 없다는 것이었습니다. 한국 정치인들과 오피니언 리더를 비롯한 많은 분들이 저를 찾아와서 이렇게 말씀하십니다. "신 박사님, 왜 미국에 좀 더 적극적으로 북한에 대응하라고 요구하지 않으세요?" 그러면 저는 이렇게 대답합니다. "미국이 주도하기를 바라면서 미국을 주도하려는 생각은 왜 안 하시나요?" 저희가 돌고래 비유를 사용한 것은 말씀하신 것처럼 한국인들은 지금 한국이 국제적으로 중요한 위치를 차지하고 있다는 사실을 인식하지 못하기 때문입니다. 경제적, 군사적, 심지어 소프트파워 측면에서 한국은 세계 10위에서 15위 정도의 강국입니다. 한국은 좀 더 주도적 역할을 수행할 만한 능력이 있습니다. 어쨌든 북한은 한국의 문제입니다. 미국이나 중국의 문제가 아닙니다. 결국에는 한국의 문제예요. 저희는 이 부분을 한국 정치인들에게 전달하고 싶었습니다. 그래서 국회에 갔던 겁니다. 거기서 남북관계 및 교류협력 발전 특별위원회와 만남을 가졌고 저희는 강력하게 주장했습니다. 이 부분을 다시 강조하고 싶었습니다.

캐서린 문 | 존 박사님?

존 메릴 | 데이비드 부소장님과 신 박사님의 말씀 수용합니다. 한국이 좀 더 적극적인 역할을 하는 것은 중요합니다. 한국 국민들은 우리와 다른 관

점을 갖고 있는 것 같습니다. 저는 다만 누구 한 명을 꼭 집어서 비판하려는 것이 아니라 미국 정부가 이것을 한반도의 전략 체계와 평화의 문제로 본다는 것입니다. 그리고 미국 정부 내에는 북한에 대해 상당히 회의적인 시각이 많고, 이는 정책 인내(policy patience)가 아니라 정책 마비(policy paralysis)로 이어질 수 있습니다. 두 가지(핵과 미사일) 프로그램이 계속된다는 점을 고려하면 그건 위험할 수 있습니다. 또한 저는 신 박사님께서 생각하시는 것보다 북한이 더 안정적일 수도 있다고 생각합니다. 그러나 무언가 일어날 수도 있는 위험을 감수해서는 안 된다고 생각하고, 그래서 우리가 더 적극적인 태도를 보여야 한다고 생각합니다.

캐서린 문 ┃ 감사합니다. 저도 발표 내용과 보고서에 기초해 몇 가지 의견을 덧붙이고 싶습니다. 한국은 한미 관계에 있어 그 어느 때보다 적극적으로 나설 필요가 있습니다. 왜냐하면 신 박사님과 데이비드 부소장님이 지적하셨듯이 이건 한국의 문제이기 때문입니다. 실제로 바로 옆집 문제입니다. 이웃입니다. 집의 한 부분입니다. 따라서 직접 처리해야 합니다. 만약 집의 일부가 무너지고 있는데 방화벽이 없다면 뭔가 해야 할 것입니다. 물론 현재는 DMZ가 방화벽인 셈이지만 실제 상황에서 화재를 막아준다는 보장은 없습니다. 특히 핵무기나 탄도미사일 같은 종류의 위험이 발생한다면 말입니다.

두 번째로 북한은 한국과 미국의 사이를 갈라놓고 싶어 하기 때문에 한국이 적극적인 태도를 보인다면 한국의 행동에 신뢰와 타당성이 부여될 것입니다. 한국이 동맹국과의 협력에서 주도적이고 독립적인 태도를 취한다면 북한도 마음대로 한국을 밀어내서는 안 되며 한국과 협력해야 한다는 새로운 정치적 메시지를 받을 수 있습니다.

또 북한 주민들이 한국에서 재정 지원을 받을 때 주민들이 한국 정부, 한국 국민들과 소통하는 것이 중요합니다. 자금을 보내준 사람들과 소통해야 합니다. 존 박사님의 의견에 덧붙여서 말씀드리면 미국 정책입안자들은 북한 문제에 관해서는 전략적인 상황 자체를 보지 않습니다. 그러나 그런 관점 때문에 한반도 문제에 대한 이해가 어려워지는 것입니다. 미국인들, 특히 정부 관계자들은 북한과 한반도 문제에 굉장히 근시안적 관점을 갖고 있습니다. 반면 한국과 중국, 일본 국민들은 문제의 현상과 문제가 사회에 미칠 영향을 더욱 넓은 관점에서 바라봅니다. 이것은 정말 지역적인 문제입니다.

그런 점에서 동아시아 국민들, 특히 한국 국민들이 나서는 것이 중요합니다. 한국이 돌고래인지는 모르겠지만 말입니다. 사실 저는 박사님이 사람을 죽이지 않는 상어를 말씀하실 줄 알았는데 (웃음) 그렇게까지 가진 않으시더군요.

신기욱 ㅣ 상어는 좀 위험할 수 있죠.

캐서린 문 ㅣ 상어라고 다 위험한 것은 아닙니다. 사실은 어떤 상어들은 아주 순해요. (웃음) 굉장히 빠르고 사나워 보이긴 하죠. 그렇지만 실제로 물거나 죽이지는 않습니다. (웃음) 어쨌든 돌고래든 아니든 새우 시대가 지난 건 분명하고 심리적으로 봤을 때, 한국은 이제까지 성취한 지정학적·경제적 발전에 걸맞게 심리 상태를 조정해야 할 때입니다.

∴ 질의응답 세션

캐서린 문 ㅣ 질문 세 개를 먼저 받겠습니다.

마크 매닌 | 의회조사국의 마크 매닌(Mark Manyin)입니다. 훌륭한 보고서를 써주신 두 분께 감사드리고 위험을 무릅쓰고 이런 제안을 해주신 것에 찬사의 말씀을 드립니다. 언제나 비판은 쉬워도 제안은 어려운 법입니다.

저는 박사님들께서 쓰신 보고서의 개요와 내용을 좀 훑어봤는데요. 원칙을 상당히 강조하신다는 느낌을 받았습니다. 제 기억에 인게이지먼트를 '맞춤형(tailored)'으로 해야 한다는 부분이었던 것 같습니다. 예를 들어, 경제 및 인도적 인게이지먼트 프로젝트는 시장 중심적으로 이루어져야 한다고 주장하셨는데요. 주요 원칙에 대해 좀 더 설명을 부탁드려도 될까요? 그리고 한국이 용인하면 안 되는 북한(행동)에는 무엇이 있을까요? 예를 들면 인도적 지원과 관련해 북한은 한국이 식량 지원 등의 인도적 지원을 현금이나 곡식으로 하지 않으면 안 받겠다고 거절한 전례가 있습니다. 북한에 제안을 할 때 한국이 타협하면 안 되는 원칙에는 무엇이 있을까요?

캐서린 문 | 두 번째 질문 받겠습니다.

니브 파라고 | 존스홉킨스대 국제관계대학원(SAIS) 한미연구소 니브 파라고(Niv Farago)입니다. 굉장히 흥미로운 발표 잘 들었습니다. 맞춤형 인게이지먼트가 북한과 제로섬게임을 하는 것보다 좋은 방법이라는 주장에 전적으로 동의합니다.

제 질문은요. 북한이 의회에 서신을 보냈던 1970년대 이후 북한은 좀 더 개방적인 태도로 북미 관계 정상화에 관심을 갖고 있습니다. 현재 북한의 주 관심사죠. 북한이 한국에도 개방적인 태도를 취할 의지가 있을까요? 그리고 만약 미국이 이 과정에 동참하지 않는다면 어느 정도까지 열린 태도를 보일까요? 지난주에 바로 이곳에서 돈 그레그(Don Gregg) 씨의 발표를 들었는데요. 돈 그레그 씨는 오바마 정부에 대한 북한의 깊은 실망감에 대해 이야기했습니다. 제 질문은 이겁니다. 미국을 부조종석에 앉히지 않고도 맞춤형 인게이지먼트가 성공할 수 있을까요?

캐서린 문 ┃ 네, 그럼 질문을 하나 더 받겠습니다.

마이크 마세타 ┃ PBS 온라인뉴스아워의 마이크 마세타(Mike Macetta: 음차 표기)입니다. 북한은 북한 지도자의 건강에 대해 공식 설명을 발표했는데요. 여기 계신 분들 중 이 병이 신체적인 것인지, 정신적인 것인지, 아니면 정치적인 것인지 (웃음) 아시는 분 계신가요?

신기욱 ┃ 첫 번째 질문에 대한 답변 먼저 드리겠습니다. 이번 보고서를 준비하면서 저희는 김대중 정부가 적극적인 인게이지먼트를 기반으로 추진하려고 했던 많은 프로젝트를 검토하고 분석했습니다. 그리고 그 내용을 참고해 네 가지 원칙을 제안했습니다. 그중 하나는 대북정책을 추진할 때 상징성이나 민족적 정서에 호소하지 말고 상호 이해와 이익 추구에 초점을 맞춰야 한다는 것이었습니다.

　한 가지 예를 들어보겠습니다. 아시다시피 금강산 관광지구와 심지어 개성공단 경우를 살펴볼 때, 한국 정부는 프로젝트를 추진하기 위해 엄청난 보조금을 지원했습니다. 보통 현금으로 지원했죠. 지나고 나서 보니 그건 이해할 만한 결정이었습니다. 왜냐하면 당시는 북한과의 교류를 막 시작했기 때문입니다. 아마 15~20년 전에는 프로젝트를 보조하는 것, 심지어 현금을 주는 것도 이해할 수 있는 일이었습니다. 그러나 이제는 더 이상 그런 방식의 대북정책을 추진해서는 안 됩니다. 프로젝트에 대한 정부 보조금은 최소화되어야 합니다. 예를 들어 북한은 금강산 관광을 재개하고 싶어 합니다. 그렇다면 금강산 관광사업에 최대한 시장 원리를 적용하여 앞으로는 정부 보조금이 없어도 지속적으로 프로젝트가 운영되도록 해야 합니다. 연구의 후반부에 저희는 이러한 원칙을 다양한 프로젝트에 적용할 수 있는 방법을 설명했습니다.

데이비드 스트로브 | 두 번째 질문에 대해서는 제가 답변을 드리겠습니다. 제 경험에 의하면, 기본적으로 북한이 미국과 대화를 하고 싶어 하고 또 기본적으로 북미 관계를 정상화하고 싶어 하는 것은 사실입니다. 미국의 관점에서 볼 때 문제는 북한은 본인들이 원하는 방식으로 관계 개선을 하고 싶어 한다는 것입니다. 그들은 굉장히 까다로운 조건을 내세우고 있는데, 여러 면에서 미국이 받아들일 수 없는 조건들입니다. 게다가 저는 역사적·전략적 이유로 북한 정권이 한국 정부의 정당성을 완전히 인정하지 않는다는 점을 우려하고 있습니다.

　수십 년 동안 북한이 미국과 잘 지내려고 했던 주요한 이유는 단기적으로는 제재와 압박을 완화하고, 장기적으로는 미국을 한국으로부터 떼어내려는 것이었습니다. 이제 장기적 목표를 추구하는 건 우스운 일이 됐습니다. 그런 일은 가까운 미래에 일어나지 않을 테니까요. 미국이 그렇게 할 이유가 없고, 제 생각에 미국은 그렇게 하지 않을 것입니다. 그러나 어쨌든 이것이 북한의 전략적 판단이고 이 때문에 미국은 북한과 협상을 지속하기가 매우 매우 어렵습니다.

　미국이 북한과의 교류를 원치 않는 상황에서도 북한이 한국과 교류하고 싶어 할 것인가에 대해 구체적으로 질문해주셨는데요. 북한은 분명 미국과의 교류를 중요하게 생각합니다. 김대중 정부 시절에 북한은 한국과 충분히 깊이 있고 진지한 관계를 맺을 수 있었습니다. 그런데도 북한은 조지 부시 대통령이 취임하기 전에도 그렇게 하지 않았으면서 조지 부시 대통령이 취임하자 모든 남북 관계의 문제가 마치 조지 부시 대통령 때문이라는 인상을 주려고 애썼습니다. 사실 역사적 기록을 유심히 보면 아시겠지만 김대중 정부는 북한이 실제로 하려고 하는 일과 할 수 있는 일에 대해 한국 국민들에게 지키지 못할 약속을 했습니다. 김대중 정부가 '북한이 이렇게 할 것이다'라고 공개적으로 시사한 것 중 대부분을 북한은 이행하지 않았습니다. 심지어 부시 대통령이 당선되고 취임되기 전에도 말입니다.

부시 대통령이 당선되자 남북 관계는 훨씬 더 악화됐습니다. 북한은 노골적으로 부시 정부 탓을 했습니다. 그들이 했던 주장의 요지는 (지나친 단순화일지도 모르겠지만) 미국이 한국의 전시작전통제권을 갖고 있고 미군이 한국에 주둔하고 있기 때문에 한국은 미국의 종이고 완전한 주권국가가 아니라는 것이었습니다. 북한은 부시 대통령이 북한에 너무 강경한 태도를 취하기 때문에 한국과 대화하는 것은 의미가 없다고 주장했습니다. 주권국이 아닌 한국은 남북 관계 개선을 위해 필요한 일들을 할 수 없다는 것이 그 이유였습니다. 저는 미국인이지만 그 주장에 대해 여러 가지 면에서 불쾌함을 느낍니다. 제가 만약 한국인인데 그런 주장을 들었다면 굉장히 화가 많이 났을 것입니다. 그렇지만 이것이 한국에 대한 북한의 기본적인 접근 방식이며 태도였습니다.

그래도 최대한 낙관적으로 생각하려고 노력해본다면 북한은 미국 정부가 그들이 원하는 것을 주지 않을 거라는 사실을 점점 깨닫는 것 같습니다. 조지 부시 대통령이 행동하고 말하는 모습을 누군가 봤더라면 '아, 이 사람 정말 악덕하고 비합리적이네'라고 생각할 수도 있습니다. 그러나 오바마 대통령을 보고도 그렇게 말할 사람이 있을까요? 심지어 북한 내부에서도 이런 말이 오갈지 모릅니다. '아무래도 우리가 미국으로부터 얻을 수 있다고 생각했던 것을 얻지 못할 것 같아.' 그러면 북한은 어디로 가야 할까요?

저희 보고서에서도 언급했지만 북한은 지금 중국에 굉장히 많이 의존하고 있는데, 북중 관계는 실제로 좋지 않습니다. 역사적으로 북한은 가능한

한 자주적이고 독립적인 국가가 되려고 했기 때문에 중국과 러시아 사이를 이간질했습니다. 냉전 종식 이후에 북한은 실제로 중국 등 역내 국가들 간의 균형을 위해 미국을 이용하려 했습니다. 그러나 이제는 그럴 수 없을 것입니다. 다시 말씀드리지만 저는 북한 지도자들도 이 사실을 깨닫기 시작했다고 생각합니다. 그렇다면 북한은 이제 적어도 당분간은 한국과 밀접한 관계를 맺는 것이 좋겠다고 생각할 겁니다.

캐서린 문 | 존 박사님, 세 번째 질문에 대한 답변을 해주시겠습니까?

존 메릴 | 굉장히 흥미로운 것은 대중이 김정은의 건강 문제를 알고 있다는 것입니다. 많은 언론은 김정은이 통풍을 앓고 있는 것 같다고 추측하고 있습니다. 김정은은 과체중입니다. 구체적인 문제가 무엇이고 그의 상태가 얼마나 안 좋은지에 대해 확신할 수는 없지만 아마도 큰 문제는 아닐 거라고 생각합니다. 당분간 김정은은 별 문제가 없을 것이고 그는 우리가 대응해야 할 요인입니다. 북한에 대해서 우리는 헛된 희망을 갖기 쉽습니다. 그렇지만 북한은 김정은 건강에 문제가 있다는 것을 공개적으로 인정할 만큼 여유롭습니다. 이건 새로운 것입니다. 많은 면에서 북한 정권은 새로운 방향으로 움직이고 있습니다. 이것(김정은 건강에 대한 공개)이 그 예입니다.

　남북 관계에 대해 긍정적인 점 한 가지를 말씀드리겠습니다. 아시안게임 폐막식이 곧 열릴 것입니다. 제가 알기로 이번 아시안게임(그리고 북한의 아시안게임 참가)은 경기장 밖의 인공기 게양 문제를 제외하면 별 심각한 문제 없이 진행된 것 같습니다. 북한 주민들이 (한국에) 왔고, 경기에 참여했으며, 별다른 문제가 없었습니다. 이건 긍정적인 신호입니다. 한국도 그런 평가를 내릴 거라 생각하고 이것이 한국이 앞으로 수립할 정책에도 영향을 줄 것이라고 생각합니다.

신기욱 | 북한이 김정은의 건강을 공개하는 건 아마도 관심을 끌기 위해서 일 것입니다. 우리 모두는 김정은의 건강을 궁금해합니다. (웃음) 저는 그의 건강을 크게 걱정하지 않습니다. 김정은은 아직 어립니다. 약간의 문제가 있을 수는 있겠지만 곧 죽을 거라고 생각하지는 않습니다.

오히려 더 관심을 기울여야 할 부분은 군 수뇌부의 빈번한 교체입니다. 최룡해가 2인자 자리에 머물렀던 기간은 고작 6개월이었습니다. 굉장히 짧은 기간입니다. 북한에서만이 아니라 어떤 나라에서도 지도부의 빈번한 교체는 뭔가를 의미합니다. 물론 북한 내부에서 무슨 일이 일어나는지 알 수는 없지만 저는 김정은의 건강보다 이런 부분에서 무슨 일이 일어나고 있는지에 더 관심이 있습니다.

두 번째 질문에 대해서는 간접적으로 답변해드리겠습니다. 북한에 관한 많은 질문들이 있습니다. 그중 하나는 북한이 페리 프로세스에 더 빨리 답변을 했더라면 어떻게 되었을까 하는 것입니다. 1990년대 후반에 빌 페리는 굉장히 좋은 보고서를 작성했습니다. 그는 북한을 있는 그대로 받아들였습니다. 그의 결론은 우리가 북한을 있는 그대로 받아들여야 한다는 것이었습니다. 그는 이에 기초하여 매우 훌륭하고 신뢰할 만한 제안을 했습니다. 그런데 알 수 없는 이유로 북한은 1년가량을 망설였습니다. 북한은 클린턴 정부의 임기 마지막 해가 되어서야 조명록 국방위원회 제1부위원장을 미국으로 보내 답변을 했습니다. 그리고 나서 올브라이트 여사가 북한을 방문했고 북한은 심지어 클린턴 대통령의 방북을 제안하기까지 했습니다. 클린턴 대통령은 방북을 진지하게 고민했습니다. 이 모든 것이 1년 전에 발생했다면 어떻게 됐을까요? 이 모든 일들은 클린턴 정부의 임기가 거의 끝날 때쯤 일어났습니다. 그다음에는 아시다시피 플로리다 재검표 문제가 끼어들었습니다.

몇 년 후, 북한 대표단이 스탠퍼드대를 방문했을 때 저는 빌 페리에 대한 답변을 하기까지 왜 1년이나 걸렸냐고 물었습니다. 저는 그들에게 굉장히 좋은 기회를 놓친 것이라고 말했습니다. 만약 1년 전에 답변을 하고 빌 페리 프로세스를 시작했더라면 상황은 완전히 달라졌을 거라고 말했습니다. 빌 클린턴 대통령이 실제로 방북을 했을지도 모릅니다. 그들은 당연히 질문에 대한 답변을 피했지만 저는 그들이 후회했다고 확신합니다.

돌이켜 생각해보니 놓쳤던 기회들도 있었고, 문제 해결에 근접했던 시간들이 있었습니다. 물론 이 모든 것이 이제는 '만약 그랬더라면?'일 뿐입니다. 그러나 그런 기회들이 있었다는 것을 잊어서는 안 됩니다. 그래서 저는 수많은 난관에도 불구하고 여전히 낙관적인 입장입니다.

캐서린 문 | 네, 그럴 수도 있습니다. 우리가 얻은 교훈은 북한이 생각처럼 언제나 고집불통은 아니었다는 것입니다. 북한도 변화를 겪고 있으며 서로 다른 시기의 지도자들이 서로 다른 기회 앞에서 서로 다른 태도를 취하는 곳입니다. 어떤 면에서는 두 분 모두 지정학적 현실에 기초해 새로운 기회를 만들어야 한다고 주장하시는 것으로 보입니다. 그럼 다음 질문 받겠습니다.

이강덕 기자(KBS) | KBS의 이강덕 기자입니다. 북한을 포함한 관련국들 간의 대화는 언제쯤 재개될까요? 다음 달에 미국에서는 중간선거가 열립니다. 중간선거 이후에 대화가 재개될 수 있다고 예상하는 사람들도 있습니다. 이에 대해 어떻게 생각하시는지요?

스트로브 부소장님께서는 인적 교류와 인도적 지원의 확대에 대해 말씀하셨습니다. 그런데 제 생각에는 앞으로 더 나아가기 위해서는 좀 더 많은 조치가 필요하다고 생각합니다. 금강산 관광 재개와 5·24 조치 완화에 대해서는 어떻게 생각하십니까?

조나단 폴락 ㅣ 브루킹스연구소 조나단 폴락(Jonathan Pollack)입니다. 제 질문은 미국에 관한 것이 아닙니다. 북한에 관한 것도 아닙니다. 바로 이 보고서의 중심인 한국에 관한 것입니다. 비중에 관한 질문이기도 하고 전략적 정체성에 관한 질문이기도 합니다. 신 박사님께서 한국을 돌고래에 비유하신 것과 한국이 세계 7위의 무역국이라는 것에 기초해 떠오른 질문입니다. 물론 누구도 북한을 무시할 수는 없지만 한국의 장기적인 전략적 이해를 놓고 봤을 때 한국은 남북 관계를 얼마나 중요하게, 얼마나 중추적으로 다뤄야 한다고 보십니까? 한국에 주어진 현재와 미래의 기회와는 별개로 얼마나 많은 노력을 북한에 기울여야 하는 걸까요?

크리스 넬슨 ㅣ 넬슨 리포트의 크리스 넬슨(Chris Nelson)입니다. 두 가지만 빨리 여쭙겠습니다. 첫 번째로, 우리는 미국이 이제까지 상당히 유연한 대응을 했다는 것을 간과하는 경향이 있습니다. 클린턴 정부 말기에 우리는 정말로 클린턴 대통령이 방북을 할 거라고 생각했습니다. 저는 국가안전보장회의(National Security Council: NSC)에서 유출된 정보를 실시간으로 듣기도 했습니다. 직원들은 클린턴 대통령이 간다며 겁을 먹고 있더군요. 그날은 꽤 들뜬 분위기였습니다. 결국 클린턴 대통령은 방북을 하지 않았지만 그때를 잊어서는 안 된다고 생각합니다.

두 번째로, (오바마 선거본부에서 자문을 맡았던) 제프리 베이더(Jeffrey A. Bader)가 2008년 선거운동 당시 오늘 이 자리와 같은 행사에서 다음과 같이 발표한 것을 모두 기억하실 겁니다. 제프리 베이더는 한국과 미국은 한마음이며 공정한 선거를 통해 집권한 한국 정부와 미국 정부 사이에 단절이 있어서는 안 된다는 교훈을 얻었다고 공개적으로 발표했습니다. 오바마 정부가 그때의 선언을 잘 지키고 있다는 데에는 다들 동의하실 거라고 생각합니다. 오바마 정부의 접근 방식과 이제까지 일어난 일에 대해 불만이 있는 분들이 계시다면 그러한 방식이 한국 정부와 논의를 거친 결과라는 사실을 기억하셨으면 좋겠습니다.

　우리가 중국과 대치하지 않고 협력하려면 북한의 경제 발전을 위해 중국, 한국과 협력하는 방법도 고려할 수 있을 것 같습니다. 인위적이고 형식적인 금강산 관광이나 개성공단 같은 사업만 생각한다면 잃는 게 많을 것입니다. 북한에서 중국이 경제적으로 어떤 활동을 하고 있는지 혹시 조사해 보셨나요? 중국과 북한 간에 실질적인 사업이 진행 중입니까? 더 나은 환경이 조성되면 한국 기업들이 끼어들 자리가 있을까요? 그리고 한국이 이런 부분에 대해 중국과 대화를 해야 하는 건 아닌지요? 결국엔 '한반도' 문제니까요. 이건 너무 순진한 생각일까요? 아니면 중국은 정말로 북한에서 할 수 있는 모든 사업을 장악하려 하는 겁니까? 아니면 남북 경협에 관해 중국도 한국과 협력하겠다는 입장인가요? 한국이 관여할 수 있는 부분이 있을 거라고 생각합니다. 모든 문제를 해결할 수는 없겠지만 분명 분위기 개선에 도움이 될 겁니다.

신기욱 ㅣ 먼저 크리스 넬슨 님의 질문에 답변하겠습니다. 저는 지난 시월에 선양과 단동에 다녀왔습니다. (데이비드 부소장님은 올 3월에 갔다 오셨고요.) 아시다시피 단동은 북한과 매우 가까운 위치에 있는 도시입니다. 저는 북경과 상해는 여러 번 가봤는데 단동은 이번이 처음이었습니다. 단동에 갔다 온 뒤 북한과 관련해 중국에서 무슨 일이 일어나는가에 대한 생각이 완전히 달라졌습니다. 북경만 가본 사람은 북한에 대한 중국의 입장이 바뀌었다는 인상을 받을 것입니다. 어쨌든 중국도 대북 제재에 동참했고 북한에 비판적인 입장을 나타내기도 했으며 또 김정은과 시진핑 주석 간에 정상회담도 개최되지 않았으니까요. 중국이 이제는 북한에 질려서 적어도 조금이나마 북한에 대한 접근 방식을 바꾸고 있다는 인상을 받을 겁니다.

그렇지만 단동에 가보신다면 전혀 다른 생각을 갖게 되실 겁니다. 그곳에서는 북중 간 사업이 활발하게 진행되고 있습니다. 저는 대북 사업을 한다는 중국인 사업가를 열 명 정도 만났습니다. 그중 한 분이 저를 압록강이 내려다보이는 호텔로 초대했습니다. 북한산 해산물로 아주 훌륭한 점심을 준비해 놓으셨더군요. 북한산 해산물은 굉장히 신선하고 오염되지 않았다는 말씀을 하셨습니다. 그분은 북한에서 해산물을 사서 중국에 파는 사업을 하고 있습니다. 이 이야기를 앞서 질문하셨던 5·24 조치와 연관 지어 말씀드리겠습니다.

한국 입장에서는 5·24 조치를 완화하는 것이 정치적으로 결코 쉽지 않다는 점 이해합니다. 5·24 조치는 2010년 천안함 폭침과 연평도 포격 이후 가해진 조치이기 때문입니다. 그러나 어떤 면에서는 이미 일부분이 완화됐습니다. 한 가지 예를 들어보겠습니다. 박근혜 대통령과 푸틴 대통령은 정상회담을 갖고 북한 국경지대에 합작 프로젝트를 추진하기로 이미 합의했습니다. 저는 한국 통일부 장관에게 5·24 조치가 유효한데 그 프로젝트를 시행할 수 있겠냐고 물었습니다. '한국 정부가 예외를 적용하는 건가요?'라고 말입니다. 그랬더니 그는 이건 특별 케이스라고 답했습니다.

즉, 이미 5·24 조치 중 일부는 완화된 셈입니다. 국회 공청회 때 이 부분에 대해서 굉장히 활발한 논의가 이루어졌습니다. 참석자 대부분이 5·24 조치 완화의 필요성에 동의했습니다. 저는 심지어 정치적인 이유로 5·24 조치의 해제가 어렵다면 (5·24 조치를 대체할 수 있는) 신규 조치를 발표하는 것은 어떠냐고 제안했습니다. 어쨌든 5·24 조치는 이전 정부가 발표한 조치입니다. 그래서 현 정부는 자체적인 새로운 조치를 발표하면 어떨지 제안한 것입니다. 5·24 조치로 북한보다는 한국 사업가들이 피해를 입었다는 부분에 대해서도 공감이 형성된 것 같았습니다. 5·24 조치의 본래 의도는 북한에 제재를 가하는 것이었지만 실제로는 북한과 사업을 하는 한국 기업들에 피해가 돌아갔습니다. 중국 사업가들이 한국 사업가들의 자리를 차지했습니다.

그래서 저희 연구소에서는 대북 사업이 활발히 진행 중인 중국의 요녕과 흑룡강성, 길림성 부근을 다루는 새로운 프로젝트를 준비하고 있습니다. 저는 저희 연구센터의 미국인 동료들에게 그 지역을 꼭 방문해보라고 말합니다. 북경만으로는 완전히 잘못된 판단을 내리기가 쉽기 때문입니다.

중국 동북 3성과 러시아 극동지역에서는 대북 무역이 활발하게 이루어지고 있으며 어쩌면 한국 기업들도 참여하고 있을지 모릅니다.

데이비드 스트로브 | 이 기자님의 질문에 대한 답변을 드리겠습니다. 한국전쟁 이후 미국 선거에서 북한은 중요한 정치적 요인이 아니었습니다. 남북한은 모두 한반도가 미국 선거에 영향을 미칠 거라고 생각하지만 그건 사실이 아닙니다. 그렇기 때문에 저는 선거 후에 오바마 대통령이 6자회담을 마음 놓고 추진한다거나 (추진하기를 원한다) 하는 의견에는 동의할 수 없습니다. 그래서 이번 연구에서 저희는 미국이 뭔가 새로운 것을 할 거라고 기대해선 안 된다고 주장했습니다. 현 상황에서 미국은 주도적으로 뭔가를 하지 않을 것입니다.

관광과 관련하여 저희는 대북 관광사업이 최대한 원칙적으로 추진되어야 한다고 주장했습니다. 그렇게 하면 한국 국민 중 3분의 2 이상이 정치적 지지를 보낼 거라고 생각합니다. 저희는 연구에서 금강산 관광 문제를 다루었습니다. 금강산 관광은 남북 관광사업에 적용되어야 할 원칙에 기초해 추진되지 않았습니다. 금강산 관광에는 한국 국민들과 북한 주민들 간의 접촉이 없었기 때문입니다. 심지어 그곳에서 일하는 가이드들도 대부분 북한 주민이 아니라 조선족입니다. 그렇지만 금강산 관광은 이미 시행된 사업입니다. 남북 양측이 동의한 사안입니다. 따라서 지금은 양측이 금강산 관광 재개를 위한 방안을 찾아야 합니다. 그러나 앞으로 한국은 금강산 관광 같은 관광사업을 해서는 안 됩니다. 개성 관광사업의 경우, 적어도 남측 국민들을 태운 버스가 개성을 돌아다니는 모습을 개성 사람들이 볼 수 있었습니다. 한국 국민들과 북한 주민들 사이에 간접적인 접촉이라도 있었다는 점에서 금강산 관광보다는 훨씬 나았습니다.

조나단 폴락 님께서 한국이 북한 문제를 얼마만큼 중요하게 다뤄야 하냐는 질문을 해주셨는데요. 한국이 지속 가능한 인게이지먼트를 추진하기 위해서는 민족적 정서와 상징성에 호소해 프로젝트를 추진해서는 안 된다는 것이 저희가 제시한 원칙 중 하나입니다. 그러나 궁극적인 목표가 무엇이냐를 생각해보면 그건 결국 한국이 결정할 문제일 수밖에 없습니다. 통일이 여전히 한국에 중요한 문제일까요? 이것은 저희 같은 외국인이 대답할 수 있는 문제가 아닙니다. 물론 통일로든 다른 방법으로든 북한 문제가 해결되지 않는다면 뭔가 안 좋은 일이 발생할 위험은 언제나 존재합니다. 그러나 그것은 다른 문제입니다.

남북 경협 프로젝트 등에 대해 중국이 협력할 것인지를 물으셨는데 굉장히 좋은 질문입니다. 이 내용도 저희 책에 포함되어 있습니다. 저희는 그런 식의 협력이 중국뿐만 아니라 러시아와도 이루어져야 한다고 주장했지만 핵 문제에 진전이 있을 경우에만 신중하게 추진해야 한다고 덧붙였습니다. 저는 1~3차 6자회담에 참가하면서 제한적이지만 중국을 경험할 기회가 있었는데 미국 관료들과 대화할 때 중국인들은 북한에 대해 매우 불투명한 입장을 보입니다. 예를 들면, 중국이 대북 식량 지원을 했는데 얼마만큼 지원했는지 저희 미국인들에게 공개하지 않았습니다. 중국은 대북 에너지 지원도 했습니다. 그런데 그중 한 건도 6자회담 과정을 통해 지원하지 않았습니다. 만약 6자회담을 통해서 했더라면 굉장히 좋았을 텐데 말입니다. 그러나 중국이 6자회담을 통해서는 하지 않을 무언가를 한국과 하려고 할 수도 있습니다. 또한 재차 말씀드리지만 저는 미·중 간 전략적 불신이 심화되는 상황을 매우 우려하고 있습니다. 개선되지 않는다면 이 문제는 한반도, 특히 북한 문제에 영향을 미쳐서 상황을 악화시킬 것입니다.

존 메릴 ┃ 가끔 한국의 언론 기사를 보면 한국 내에도 5·24 조치를 완화해야 한다는 분위기가 무르익은 것이 분명합니다. 어느 정도까지 완화될지는 모르겠지만 앞으로 몇 달 안에는 5·24 조치의 완화가 분명히 이루어질 것이라 생각합니다.

신기욱 ┃ 맞습니다. 한국 정부는 공개적으로 언급하진 않았지만 이미 일부 조치를 완화했습니다. 저희가 참석한 공청회에 참석했던 국회 남북관계 및 교류협력 발전 특별위원회 위원 중 5·24 조치 완화를 반대한 분은 없었던 것으로 기억합니다. 공청회가 끝나고 나서 저는 위원장님께 5·24 조치 완화를 지지하는 공식 성명을 발표해야 한다고 제안했습니다. 그런데 그 제안이 아직 실현되지는 않은 것 같습니다. 국회의원들은 처리해야 할 정치적 문제가 많아 매우 바쁩니다만, 저는 모두가 5·24 조치 해제까지는 아니더라도 완화를 지지하는 입장이라는 인상을 강력하게 받았습니다.

캐서린 문 ┃ 저는 조나단 님의 질문을 다음과 같이 이해했습니다. 만약 한국이 협력하거나 도움을 받을 수 있는 여느 국가들과 마찬가지로 북한 문제를 다룬다면 한국이 북한을 특별히 중요하게 여긴다고 볼 수 있는가, 그러니까 좀 더 광범위한 한국의 외교정책이나 안건 측면에서 봤을 때, 다른 국가들에 비해 유독 한국이 북한을 중요하게 생각하느냐 하는 것이죠. 이런 의미 맞습니까?

조나단 폴락 ㅣ 네, 맞습니다.

캐서린 문 ㅣ 굉장히 훌륭한 질문이라고 생각합니다. 북한이 한국에 중요한 것은 명백합니다. 왜냐하면 북한은 한국을 괴롭히고 있고, 많은 무기가 있으며 나쁜 짓을 하겠다고 한국을 협박하기 때문입니다. 한국 또한 앞으로도 계속 못된 이웃과 함께 살고 싶지는 않습니다. 한국 입장에서 북한은 존재에 관한 딜레마이고, 한국은 그 위협을 막기 위해 수많은 자원을 동원할 수밖에 없습니다.

박 대통령은 매우 현명하게도 동남아시아와 중앙아시아, 유럽과의 외교정책을 다각화하고 있습니다. 다른 국가의 지지와 경제적 지원, 경제적 관계, 정치적 지지를 얻기 위한 방법으로 외교정책을 다각화할수록 한국은 한중·한미 관계를 더욱 강화할 수 있습니다. 왜냐하면 한국은 이 두 국가 사이에 끼어 있다는 느낌을 받고 있기 때문입니다. 국제사회의 지원을 다각화하면 한국은 운신의 폭을 넓힐 수 있습니다. 예를 들면 유럽은 미국과 친구 사이인데 한국이 유럽과 친구가 되면 한국은 친구의 친구를 만드는 셈이기 때문입니다. 그렇게 되면 한국의 정치적 위치도 강화될 것입니다. 제가 한국의 지도자라면 장기적으로 한국의 국익을 위해 외교정책을 다각화하는 데 열중할 것입니다. 통일은 언젠가는 이루어질 것입니다. 바라건대 평화적인 방법으로요. (그때가 되면 다각화 정책으로 인한 여러 국가들의 지지가 큰 도움이 될 것입니다.) 가장 이상적인 통일 시나리오에서도 한국은 국제사회의 경제적 지지와 지원을 상당히 많이 필요로 할 것입니다. 그런 지지는 갑자기 어디서 튀어나오는 것이 아닙니다. 난데없이 어디선가 나오는 것이 아닙니다. 우호관계와 국익, 즉 투자의 기반을 잘 다져놓아야 합니다.

제가 한국이라면 저는 북한에 대한 중국의 경제적 영향력을 상쇄하기 위해, 러시아의 경제적 갈망을 상쇄하기 위해, 또 심지어는 북한과 일본의 관계가 개선될 가능성에 대비해 북한에 대한 일본의 경제적 영향력에 (대응하기 위해) 대북 인게이지먼트에 최대한 많은 국가들을 참여시킬 것입니다.

이러한 이유들을 고려해볼 때, 좀 더 주도적이고 독립적인 대북정책을 추진하고 한국의 대북정책을 지탱해줄 다각화된 외교정책을 시행하는 것은 한국에 이익이 됩니다. 한국 입장에서 볼 때 세상은 매우 복잡하게 얽혀 있습니다. 단지 미국과 중국 문제가 아닙니다. 한국이 정말 현명하다면 한국의 대북정책을 지지해줄 세계 국가들과 정치적·외교적·경제적 관계를 수립할 수 있을 것입니다. 그것이 이상적인 외교정책입니다.

신기욱 ｜ 현실주의적 관점에서 터놓고 말하자면 한국 입장에서도 남북 관계를 개선하고, 바라건대 북한에 대해 영향력을 갖는 것이 역내 국가들과의 관계에서 한국의 전략적 가치를 높이는 방법입니다.

캐서린 문 ｜ 맞습니다.

신기욱 ｜ 저는 가끔 현 한국 정부가 북한 문제를 중국에 위임하다시피 하는 게 아닌가 하는 걱정을 합니다. 박 대통령이 시진핑 주석과 우호적인 관계를 유지하는 것은 매우 긍정적인 일이지만 가끔은 대북정책과 통일에 관한 중국의 지지를 얻으려고 너무 애쓰는 게 아닌가 하는 인상을 받습니다. 그건 중요한 일이긴 하지만 동시에 한국의 영향력을 약화시킬 수도 있는 일입니다. 그렇게 되면 중국이 모든 영향력을 갖게 됩니다. 그래서 저는 한국이 좀 더 전략적인 태도를 취하기 바랍니다. 남북 관계 개선은 평화를 유지하고 다른 목적을 달성하는 데에도 도움이 되지만 한국의 이해에도 도움이 됩니다.

캐서린 문 | 다음 질문 받겠습니다.

키리 | 제 이름은 키리(Kiri: 음차표기)입니다. 현재 조지타운대 대학원생입니다. 발표하신 인게이지먼트를 실행하기 위해서는 역내 주요 관련국들의 국가적 우선순위와 이해에 관한 조정이 필요하다고 생각합니다. 중진국으로서 한국이 국가적 우선순위들을 조율하기 위해 해야 하는 역할이 무엇이라고 생각하십니까? 특히 북한에 급격한 변화가 발생하면 상황이 혼란스러워질 거라고 말씀하셨기 때문에 저는 미국과 중국 간 전략적 불신이 심화되는 상황에서 한국, 미국, 중국이 합동비상계획을 수립할 때 한국이 어떤 역할을 할 수 있을지 궁금합니다.

무티아 알가파 | 저는 카네기재단의 무티아 알가파(Muthiah Alagappa)입니다. 맞춤형 인게이지먼트가 성취하려는 목표가 무엇인가요? 인게이지먼트는 방법일 뿐입니다. 또한 문제의 근본이 무엇입니까? 이 문제가 한국 자체의 문제라면 핵무기에 대한 미국의 관심과 이 문제는 전혀 다른 것입니다. 이 둘은 전혀 다른 문제이고, 두 문제를 다루는 방법도 다릅니다. 만약 이것이 하나의 국가로서 한국의 문제가 아니라 남북한 양국 체제를 그대로 유지한 채 하나의 한국으로 행동하는 것이라면, 이것도 전혀 다른 문제가 됩니다.

데이비드 스트로브 | 관련국 간 조정과 관련해 한국은 과거보다 더 큰 역할을 할 수 있습니다. 한국은 6자회담이 열릴 당시 굉장히 열정적이었고, 마지막 6자회담이 열린 이후로도 상당히 적극적으로 나서서 회담에 관한 조율을 해왔습니다. 문제는 조율 자체가 아닙니다. 한국의 영향력 확대가 중요합니다. 그래서 저희는 한국이 정권이 바뀌어도 지속될 수 있는 광범

위한 국민적 지지를 도출해야 한다고 주장하는 것입니다.

북한에서 일어날 일에 대비해 비상계획을 세우는 문제에 관해서는 지금까지는 중국이 다른 관련국들과 이 사안을 추진하고 싶어 하지 않았습니다. 이것이 제가 앞서 말씀드렸던 중국의 모호한 태도를 나타내는 또 다른 예입니다. 언젠가는 중국이 생각을 바꿀 수도 있겠지만 아직은 아닙니다.

저희는 맞춤형 인게이지먼트를 통해 당장 대단한 것을 이루려는 것이 아닙니다. 맞춤형 인게이지먼트를 추진하면 일단 인도적 지원을 통해 북한 주민을 도울 수 있습니다. 북한 주민들은 식량 부족과 거의 붕괴된 것이나 마찬가지인 보건 체계로 심각한 고통을 겪고 있습니다. 이 부분에 있어 한국이 더 적극적인 역할을 하는 것은 쉽습니다. 이것은 도덕적인 면에서도 좋은 일입니다. 한국의 국가적 측면에서도 좋은 일이며 한반도 전체의 상황을 개선하는 데 도움이 될 수 있습니다. 맞춤형 인게이지먼트는 한반도 긴장과 군사적 충돌의 위험을 완화하는 데에도 도움이 될 것입니다. 또한 박 대통령이 통일의 기반을 다지기 위해 매우 중요한 요소로 언급한 남북한 사회의 격차 해소에도 기여할 것입니다.

저희는 맞춤형 인게이지먼트 자체가 북핵 문제나 미국에 대한 북한의 태도 등 근본적인 문제를 해결해줄 거라고 주장하거나 맞춤형 인게이지먼트 정책을 통해 이런 문제들이 금세 해결될 거라고 주장하는 것이 아닙니다. 다만 시간이 지나면서 인게이지먼트 노력이 남북 관계의 진전으로 이어질 수 있고, 그렇게 되면 좀 더 근본적인 사안도 진전될 수 있습니다. 그러나 정책만으로는 부족합니다.

궁극적인 목표는, 다시 말씀드리지만 남북한 국민들이 결정할 사안입니다. 미국인이자 전 미국 정부 관리로서 저는 한국의 통일과 번영, 민주화, 동북아 안정을 보고 싶습니다. 어쩌면 한국 국민들은 남북한 양측이 우호적인 상태로 남아 오스트리아와 독일처럼 가족들이 남북을 자유롭게 오고

갈 수 있기를 바랄지도 모릅니다. 궁극적으로 무엇을 원하느냐는 한국 국민들이 결정할 사안입니다. 저희가 제시한 정책 자체만으로 통일을 이룰 수는 없지만 한국 국민들이 통일을 원하든 그렇지 않든 저희의 정책이 궁극적으로 도움을 줄 수 있을 것입니다.

신기욱 ｜ 아시다시피 박근혜 한국 대통령은 통일이 세계에 대박이 될 것이라고 선언했습니다. 이 선언은 저를 혼란스럽게 했는데, 왜냐하면 저는 박 대통령이 이전에 주창했던 신뢰 프로세스와 통일 대박론 사이에 어떠한 논리적·정책적 연결 고리도 찾을 수 없었기 때문입니다. 통일은 한국인들의 목표가 될 수 있으며 되어야만 하지만, 우리는 헛된 희망이나 장기적 목표에 기초한 정책을 추진해서는 안 됩니다. 그래서 저희는 한반도 프로세스는 적극 지지하지만 통일 대박론에 대해서는 비판적인 입장입니다. 통일 대박론은 정책이 아니라 수사입니다. 저희는 맞춤형 인게이지먼트가 한반도 안보 상황의 점진적 개선과 북한 주민들의 생활수준 향상, 그리고 앞서 언급했던 목표들을 성취하는 데 도움이 되기를 바랍니다. 저희는 정치적인 수사를 사용하거나 정치적으로 올바른 입장을 취하기보다 온건하지만 현실적인 정책을 주장합니다.

캐서린 문 ｜ 연구 내용은 스탠퍼드대 아태연구소와 브루킹스연구소 홈페이지에서 보실 수 있습니다. 오늘 발표해주신 모든 분께 감사드리며 특히 캘리포니아에서 오신 저자 두 분께 감사의 말씀을 전합니다. 이번 달에 브루킹스가 세 번째로 개최한 남북한 관련 워크숍에 참여해주신 모든 분께 다시 한 번 감사드립니다.

신기욱 ｜ 감사합니다.

| 지은이 |

신기욱(Gi-Wook Shin)

연세대학교에서 사회학을 전공한 후 미국 워싱턴주립대학에서 사회학 석사와 박사 학위를 받았으며 아이오와주립대학과 UCLA에 재직한 바 있다. 현재 스탠퍼드대학교 사회학과 교수로 동 대학 쇼렌스타인 아태연구소의 소장으로 재직 중이다. 또 스탠퍼드대학 프리드먼 스포글리 국제학연구소의 선임연구원 직을 맡고 있으며, 2001년 스탠퍼드대학에 한국학 프로그램을 설립하여 지금까지 책임자로 일하고 있다. 역사·비교정치 사회학자로 사회운동, 민족주의, 국제관계에 걸친 다양한 연구와 정책과제를 수행 중이다. 한국어로도 번역 출판된『하나의 동맹, 두 개의 렌즈: 새 시대의 한미관계』(2010),『한국 민족주의의 계보와 정치』(2006) 등 18권의 저서와 50여 편의 논문을 썼다. 한미 관계, 아시아 역사 문제, 북한 문제 등에 관하여 활발한 저서 활동과 정책 제안을 하고 있으며 국내외 언론에 칼럼 등을 기고하고 있다.

데이비드 스트로브(David Straub)

2008년부터 현재까지 스탠퍼드대학교 쇼렌스타인 아태연구소의 한국학 부소장으로 재직 중이며 2007년에는 동 연구소 팬택 연구원(Pantech Fellow)을 역임했다. 2006년 미 국무부 선임 외무담당관으로 은퇴하기까지 30여 년간 미 국무부 외교관으로 공직생활을 했으며, 1979년 주한 미 대사관에 처음 근무한 이후 약 12년간 한국 문제를 전담했다. 특히 한국에서 반미시위가 크게 일었던 1999년부터 2002년까지 주한 미 대사관 정치부를 지휘했으며, 2002년부터 2004년까지는 미 국무부 한국 데스크 부장으로 북핵 6자회담의 실무진 역할을 수행했다. 한미 관계에 대한 여러 논문을 썼으며, 현재 한미 관계에 관한 책을 집필 중이다.

조이스 리(Joyce Lee)

워싱턴주립대학에서 정치학과 심리학을 전공하고 코넬대학에서 공공정책학 석사학위를 받았다. 2010년부터 스탠퍼드대학교 쇼렌스타인 아태연구소 한국학 연구원 직을 맡고 있으며 한국의 다문화, 공적개발원조, 한미 관계, 남북 관계 등 다양한 분야를 연구하고 있다. 아태연구소에 영입되기 전까지 미 의회, 아시아재단 한미정책연구소, 외교통상부 등에서 한미 관계 및 남북문제에 대한 연구경험을 쌓으며 다수의 논문집, 학술지에 공동 저자로 기여했고, 2008년 미 대선기간에는 힐러리 클린턴 후보자 캠프 본부에서 정치부 인턴으로 일하며 정치정책 개발 수립에 대한 실무 경험을 쌓았다.

| 옮긴이 |

박진경

서강대학교에서 신문방송, 경영학을 전공하고, 이화여자대학교 통역번역대학원에서 한영 번역을 전공했다. 현재 전문번역가로 활동 중이다.

한울아카데미 1776

남북 관계, 어떻게 풀어야 하는가
효과적이고 지속 가능한 맞춤형 인게이지먼트

지은이 ┃ 신기욱·데이비드 스트로브·조이스 리
옮긴이 ┃ 박진경
펴낸이 ┃ 김종수
펴낸곳 ┃ 도서출판 한울

편집책임 ┃ 최규선
편집 ┃ 김진경

초판 1쇄 인쇄 ┃ 2015년 3월 6일
초판 1쇄 발행 ┃ 2015년 3월 16일

주소 ┃ 413-120 경기도 파주시 광인사길 153 한울시소빌딩 3층
전화 ┃ 031-955-0655
팩스 ┃ 031-955-0656
홈페이지 ┃ www.hanulbooks.co.kr
등록번호 ┃ 제406-2003-000051호

Printed in Korea.
ISBN 978-89-460-5776-0 93340(양장)
        978-89-460-4970-3 93340(반양장)

* 책값은 겉표지에 표시되어 있습니다.